Michaela Lindinger

Wallis Simpson

Michaela Lindinger

Wallis Simpson

Verhinderte Queen

Aufsteigerin

Meistgehasste Frau der Welt

Die Biografie

MOLDEN

Für die Mitarbeiterinnen und Mitarbeiter

der 1. Medizinischen Abteilung

der Klinik Ottakring

„Walking down the street
Mrs. Simpson, ain’t she sweet?
She’s been married twice before –
Now she’s knocking on Edward’s door.“

Satirisches Lied, England 1936

Bessiewallis Warfield (1896–ca. 1910)

Wallis Warfield (ca. 1910–1916)

Wallis Spencer (1916–1928)

Wallis Simpson (1928–1937)

Wallis, Herzogin von Windsor (1937–1986)

I
Urlaub bei Freunden

Das berühmteste Paar der Welt in Österreich

Der Ex-König strickte. Er saß am vorweihnachtlich vor sich hin knisternden Kaminfeuer in einem großen Bibliotheksraum, den ihm seine Gastgeberin Kitty Rothschild zur Verfügung gestellt hatte. Da er nie ein Buch las, war die Bibliothek vergebliche Liebesmüh, und auch sonst war der extrem nervöse Edward schwer zu beruhigen. Von Kindheit an hatte er Schwierigkeiten gehabt, sich zu konzentrieren. Einfache Handarbeiten, die ihm von seiner Großmutter Königin Alexandra und seiner Mutter Königin Mary beigebracht worden waren, lenkten ihn noch am ehesten von seiner inneren Unrast und seinen Befürchtungen ab. Anfangs hatte der überanstrengte und ausgelaugte Edward der Baronin Rothschild leidgetan. Sie scheute weder Kosten noch Mühen, um ihm das Leben im österreichischen „Exil" so bequem und gemütlich wie möglich zu machen. Eine ganze Suite von Räumen hatte er zu seiner persönlichen Verwendung erhalten, ein Schlafzimmer, ein Gesellschaftszimmer, die Bibliothek mit einem angrenzenden Rauchsalon, selbstverständlich gab es ein Bad für den früheren Monarchen, der mit Vorliebe zweimal am Tag duschte. Bedienstete hörten ihn manchmal in der Badewanne singen. Kitty heuerte zusätzlich zum vorhandenen Personal, das nagelneue Livreen tragen musste, Reinigungskräfte aus der Umgebung an und einen Koch aus Paris – für einen Mann, der seit seiner Teenagerzeit an einer Art Anorexia Nervosa litt. Edward war auf Dauerdiät, mächtig stolz auf seine dünnen Beine und nahm außer Earl-Grey-Tee, rohem Obst sowie kostspieligen Spirituosen kaum etwas zu sich.

Die Belagerung von Enzesfeld

Es war Dezember, das Thermometer zeigte um die null Grad und ein nicht allzu kalter Winter kündigte sich an. Schnee fiel noch nicht in der Nähe von Wien. Am Morgen, wenn Edward vorsichtig aus dem geschlossenen

Vorsatzblatt: Wallis mit ihrem Hund Slipper aka Mr. Loo, ein Geschenk Edwards an sie zu Weihnachten 1934.
S. 9: Das Ehepaar Windsor auf Hochzeitsreise im Park des Kärntner Schlosses Wasserleonburg. Wallis trägt ein von österreichischer Trachtenmode inspiriertes Kostüm.

Das winterliche Schloss Enzesfeld nahe Bad Vöslau.
Dank der Kontakte seiner Braut fand Ex-König Edward
hier Zuflucht nach seiner Abdankung im Dezember 1936.

Schlafzimmerfenster blickte, sah er unten vor dem Schloss Enzesfeld, das seit 1880 im Besitz der Familie Rothschild war, die Journalistenmassen, die sich vor dem schmiedeeisernen Tor drängten. Bildreporter kletterten auf Bäume, um einen Schnappschuss des Ex-Königs zu ergattern. Seit inoffiziell durchgesickert war, dass Edward nach seiner Abdankung am 10. Dezember 1936 nicht in die Schweiz, wie er es ursprünglich geplant hatte, sondern nach Enzesfeld bei Bad Vöslau kommen wollte, kannte die Presse kein Halten mehr. Allgemein hieß es, der englische König, Kaiser von Indien und Herr über das größte Empire der Welt habe sein Amt niedergelegt, weil ihm seine Regierung nicht erlauben wollte, die geschiedene und zum zweiten Mal verheiratete Amerikanerin Wallis Simpson zu heiraten. Es war *die* Story für die Zeitungen im kleinen Österreich. Ausgerechnet hierher hatte sich Edward zurückgezogen!

Doch auch Reporter aus England, selbstverständlich die Kollegen aus Amerika, leicht erkennbar an ihrem allerneuesten technischen Equipment, und aus den Dominions, also aus den britischen Hoheitsgebieten wie Kanada, Australien, Neuseeland und Irland, belagerten die nicht allzu große Burg in Niederösterreich, die sich zum Mittelpunkt des Medieninteresses entwickelt hatte. Polizisten „begleiteten" die Journalisten und versuchten, sie vom Eingang des Schlosses fernzuhalten. Presseleute hielten sich in den Büschen rund um das feudale Anwesen versteckt. Dabei war die Situation hier auf jeden Fall leichter zu managen, als wenn Edward sein Vorhaben, sich in Zürich im Dolder Grand Hotel zu „verstecken", weiterverfolgt hätte. Dieses bis heute existierende Fünfsternehotel liegt auf einem Hügel oberhalb der Stadt und war damals nur per Bahn zu erreichen. Einer seiner Berater hatte begeistert von diesem Ort gesprochen, ein Hotel in den Alpen und in einer deutschsprachigen Region. Edward war sofort Feuer und Flamme gewesen. Weitere Erkundigungen hatte er nicht einholen lassen. Dass er dort keineswegs der einzige Gast gewesen wäre, war ihm nicht in den Sinn gekommen. Auch brachte er eine Entourage mit, für die niemand vorgesorgt hatte. Er wäre dort Freiwild für die angereisten Pressevertreter gewesen, hätte keinerlei Privatsphäre gehabt. Diese Art des für Edward typischen unüberlegten „Handelns" wird Wallis, Herzogin von Windsor, viel später so beschreiben: „Ich habe einen Klingelknopfdrücker

Kitty Baronin Rothschild, Eigentümerin des Schlosses Enzesfeld.
Die weithin bekannte Schönheit tat alles, um ihrem schwierigen Gast aus
England den Aufenthalt in Österreich so friktionsfrei wie möglich zu gestalten.

Gedenktafel für die wohltätige „Pretty Kitty“
an der katholischen Kirche in Enzesfeld.

geheiratet. Meine Aufgabe ist es nun, dafür zu sorgen, dass jemand auf sein Klingeln antwortet."

Es war Edwards Glück, dass Wallis, die bei amerikanischen Freunden in Südfrankreich im wahrsten Sinn des Wortes „untergekrochen" war, Kitty Rothschild kannte. Beide Frauen waren Amerikanerinnen, beide geschieden, beide schätzten die Gesellschaft (männlicher) europäischer Adeliger. Andererseits war auch Edwards Großvater Edward VII. mit Albert Salomon Rothschild, dem ehemaligen Besitzer von Gut und Schloss Enzesfeld, bekannt gewesen. Der derzeitige Eigentümer war Albert Salomons Sohn Eugen, der Katharine Wolff geheiratet hatte. Die schillernde „Pretty Kitty" Rothschild, die Bayern schon als Kind verlassen hatte und mit ihren Eltern nach Amerika ausgewandert war, ehelichte als 20-Jährige einen Zahnarzt aus Philadelphia, von dem sie sich rasch scheiden ließ. Sie konvertierte zum katholischen Glauben und heiratete den reichen Diplomaten Erwin Schönborn-Buchheim, den sie zugunsten einer dritten Heirat mit Eugen Rothschild ebenso verließ. Ob sie für diese Ehe den jüdischen Glauben angenommen hat, ist nicht gesichert. Sie dürfte eher katholisch geblieben sein, denn an der Kirche in Enzesfeld erinnert eine Gedenktafel an ihre zahlreichen wohltätigen Unternehmungen für den Ort und seine Umgebung. Jedenfalls wurde sie am 28. April 1925 Baronin Rothschild. Wallis hatte Kitty in den USA bei diversen Society-Veranstaltungen getroffen und ließ sie über Edwards Freund Perry Brownlow in Enzesfeld kontaktieren: Ob es möglich wäre, „Brownlows Bruder" (= Edward, das Telefon wurde von der Polizei abgehört) über den Winter zu beherbergen? Edwards Muttersprache war Deutsch und er schätzte Österreich mit seinen alpinen Landschaften sehr, das wusste Wallis schon lange. Schließlich hatte sie bereits mit ihm einen wenig erbaulichen Skiurlaub in Kitzbühel verbringen müssen.

Soko Kitz

Dieser Urlaub fand zwei Jahre zuvor im Februar 1935 statt, dauerte einen Monat und trug einiges dazu bei, dass die Freundschaft zwischen der bürgerlichen Amerikanerin und dem damals noch als Thronerbe und Prinz von Wales amtierenden Edward einer breiten Öffentlichkeit bekannt wurde. Pressefotos zeigten Wallis im eleganten schwarzen Winter-Look, hinter ihr Edward in Skipullover und Anorak mit seinen Skiern auf der Schulter. Die royale Gesellschaft stieg im Grand Hotel ab, was Wallis gut passte. Sie

Wallis im modischen schwarzen Skianzug in Kitzbühel, dahinter Skifahranfänger Edward, Februar 1935.

verbrachte die Nachmittage bei heißem Kakao und besuchte Volksmusikabende, um Tiroler Gstanzln, gespielt auf Zither und Ziehharmonika, zu lauschen. Als Südstaatlerin hatte Wallis vom Skifahren nicht die geringste Ahnung und auch keine Lust, es zu lernen. Schon gar nicht von Edward, der sich zwar für ein Naturtalent hielt, aber kaum einen Stemmbogen fahren konnte. Dafür brüllte er von der Mitte des Hanges zur ängstlich und frierend auf dem „Gipfel" des Hügels ausharrenden, gelangweilten Wallis: „Sieh dir das an, Wallis! Bin ich nicht toll?!" Kaum jemand konnte sich dieser Meinung guten Gewissens anschließen. Der 23-jährige Dudley Forwood, Junioriattaché an der britischen Botschaft in Wien, ausgestattet mit perfekten Manieren sowie ausgezeichneten Deutschkenntnissen, war dazu abgestellt worden, den Prinzen von Wales nach Kitzbühel zu begleiten und ihm das Leben in Österreich zu erleichtern. Er erinnerte sich später an seine Erlebnisse bei dieser speziellen Soko Kitz:

„Der Prinz beherrschte keinen Sport gut. Er liebte Golf, war aber kein großartiger Golfspieler. Er liebte es, Hindernisrennen zu reiten, doch er war kein guter Reiter. Da er auch kein guter Skifahrer war, blieb er auf dem ‚Idiotenbühel', und dort befanden sich auch zwei sehr typische französische Damen, die, kaum dass sie ihn erblickt hatten, laut ausriefen: ‚Oh, da ist der Prinz von Wales, wie elegant und charmant er doch ist! Oh, mon dieu!'"

Edward fand die Kommentare lästig und irritierend, verlor die Kontrolle über seine Skier, raste ungebremst den Hügel hinunter und krachte kopfüber in eine Schneewechte. Nur mehr die Skispitzen ragten heraus. Die Französinnen machten sich voller Vorfreude auf den Weg in Richtung Wechte. Sie hatten jedoch nicht mit dem Aufpasser Forwood gerechnet, der Edward rasch aus seiner misslichen Lage befreite und ihm die Skier abschnallte. Edward war unzufrieden mit sich selbst – wollte er doch vor Wallis eine gute Figur machen – und wütend auf die mondänen Touristinnen. Forwood getraute sich zu fragen: „Sir, ist das das erste Mal, dass England von Frankreich überfallen wird?" Wallis hörte alles mit, begriff im Gegensatz zu Edward die an sich impertinente, spitze Bemerkung des undiplomatischen Jungdiplomaten und war froh, dass sich Edward zu einer Weiterreise nach Wien entschloss: „Ich möchte Walzer tanzen gehen", verkündete er.

Gar nicht glücklich über die Spontanpläne der Royal Highness waren die offiziellen Stellen in Wien, die innerhalb weniger Stunden einen Privatbesuch des zukünftigen Königs von England arrangieren mussten, der seine anderweitig verheiratete Freundin im Schlepptau hatte, von der man in der britischen Heimat auf keinen Fall erfahren durfte. Den Reisenden wurde ein Nachtzug nach Wien zur Verfügung gestellt und eine ganze Etage im Hotel Bristol. Wallis ging in der Innenstadt shoppen. Edward saß in den Kaffeehäusern und las Zeitung, besichtigte aber auch Unterkünfte für Arbeiter und unterhielt sich, selbstverständlich auf Deutsch, mit den Bewohnern. Das Interesse für die Lebens- und Arbeitsbedingungen der werktätigen Bevölkerung gehörte zu seinen liebsten Steckenpferden, was ihm zwei Jahre später enorm viel Ungemach einbringen wird. Des Nachts konnte man den wie einen Schuljungen bis über beide Ohren verknallten englischen Prinzen mit seiner Angebeteten in den Nachtlokalen des ersten Bezirks flirten und tanzen sehen – buchstäblich bis zum Umfallen. Beide waren leidenschaftliche Nachtschwärmer und frönten in den 1930er-Jahren dem hedonistischen Tanz auf dem Vulkan. Mit Vorliebe besuchte das Paar den Rascal-Club, in dem Travestie-Shows geboten wurden: Frauen traten als Männer auf und umgekehrt.

Nach ein paar Tagen in Wien kam Edward kurzfristig die Idee, er wolle die Musik ungarischer Roma-Kapellen hören, und so fuhr man weiter nach Budapest. Dort machten sich Wallis und Edward, immer begleitet von Offiziellen und Geheimpolizei, auf die Suche nach den authentischsten Plätzen. Die politische Lage, etwa im romantisch verschneiten Österreich, schien dem Paar auf seiner Ferienfahrt keine Sorgen zu bereiten: Es gab hier eine zwar verbotene, aber im Untergrund immer stärker werdende NSDAP. Der Bundeskanzler des faschistischen „Ständestaates“, Engelbert Dollfuß, war erst im Jahr davor von österreichischen Nationalsozialisten ermordet worden. Anhänger linker Parteien befanden sich im Gefängnis, im Exil oder waren tot. Österreich galt als instabiles, politisch unsicheres Land. Edwards Vater, der englische König George V., hatte bereits Krankheiten hinter sich, war kein gesunder Mann mehr. Es wäre Edward gut angestanden, an seine womöglich sehr bald auf ihn zukommenden Pflichten als Herrscher zu denken und dementsprechend aufzutreten. Aber George V. hatte ohnehin prophezeit: „Wenn der Junge auf den Thron kommt, wird er sich in zwölf Monaten ruinieren.“ Oder: „Mein Sohn wird nie herrschen. Er wird abdanken.“ Seine Präferenzen für die Zukunft hatte er klar artikuliert: „Nichts soll zwischen Bertie (später George VI.) und Lilibet (später Elizabeth II.) und den Thron kommen!“

Und so war es geschehen.

Wie Edward nach Enzesfeld kam

Edward reiste nach seiner Abdankung sogleich nach Österreich. In seiner Heimat könne er nicht bleiben, erklärte Wallis ihrer Freundin Kitty Rothschild am Telefon, da die neue Königin Elizabeth, heute bekannt als die 2002 im 102. Lebensjahr verstorbene „Queen Mum", erklärt habe: „Es kann nicht zwei Könige in England geben." Auf die Frage, wann Edward nach London zurückkehren könne, antwortete die 36-jährige Ehefrau von George VI.: „Zu meinem Begräbnis kann er gerne kommen." Und da die altkeltische Sitte, wonach unfähige oder sonstwie missliebige Herrscher einfach umgebracht und im Moor versenkt wurden, auch nicht mehr en vogue war, musste ein Aufenthaltsort für Edward gefunden werden. Ein Großteil seiner Berater hatte sich aus dem Staub gemacht, sobald die Abdankungsurkunde am 11. Dezember 1936 vom Parlament ratifiziert worden war. Wer konnte, dockte beim neuen König George VI. an, den man in der Familie „Bertie" nannte. Edward stand fast ganz allein da. Seine Freundin Wallis, für die es ein gewaltiger Schock war, ab sofort einen Hof mit unzähligen Dienern und Polit-Experten in ihrer Person vereinigen zu müssen, war weit weg in Cannes und wartete dort auf ihre Scheidungspapiere.

Sich scheiden zu lassen, war im damaligen England nicht nur kompliziert, teuer und juristisch unlogisch (wenn zum Beispiel beide Eheleute eine außereheliche Beziehung führten, war eine Scheidung nicht möglich; nur einer „durfte" fremdgehen und somit „schuldig" sein), sondern auch langwierig. Man benötigte zwei Urteile, ein vorläufiges und ein endgültiges, dazwischen vergingen etwa sechs Monate. Auch durfte die Scheidung nicht zwischen den Ehepartnern „abgesprochen" sein. Einvernehmliche Scheidungen waren illegal – bei Wallis jedoch traf dies zu. Ihr Mann wusste seit Langem von der Scheidungsabsicht seiner Frau und hatte versprochen, keinen Einspruch einzulegen. Dank Edwards hoher Stellung war bisher nichts davon offiziell durchgedrungen. Im Oktober 1936 erhielt Wallis das vorläufige Scheidungsdekret. Sie musste nun auf das zweite warten. Solange dieses nicht ausgestellt war, dufte das Paar nicht im selben Land leben.

Bei Nacht und Nebel verließ der Ex-König am 12. Dezember 1936 um zwei Uhr früh auf dem Kriegsschiff „Fury" bei schlechtem Wetter sein Land. Ursprünglich hatte man ihm für die Reise das Schiff „Enchantress" (= die Zauberin) vorgeschlagen, doch in Hinblick auf den Grund der Abdankung wurde davon wieder Abstand genommen. Am 14. Dezember erreichte Edward per Bahn Wien, wo er vom britischen Botschafter in Empfang genommen wurde und auch den jungen Botschaftsangehörigen Dudley Forwood wiedertraf, der in Kitzbühel für sein Wohl gesorgt hatte. Der Kurzzeit-König trug einen schwarzen Wintermantel mit Persianerkragen, einen roten Wollschal und auf dem Kopf eine Melone. Unter dem Arm hatte er den geliebten Cairn Terrier Slipper, den Wallis „Mr. Loo" nannte, weil es ihr nicht gelingen wollte, ihn zur Stubenreinheit zu erziehen. Seinem Ruf war Mr. Loo gerecht geworden, kaum dass er mit seinem Herrchen die „Fury" betreten hatte. Er verunzierte die Kapitänskajüte mit einem ordentlichen Häufchen.

Der Wiener Bahnsteig war voller Presseleute, an denen sich der erschöpfte Herzog von Windsor zuerst mit Forwoods Unterstützung vorbeikämpfen wollte, doch dann drehte er sich um und meinte großzügig: „Lassen Sie die Journalisten mitkommen. Sie warten schon lange und verdienen ein paar Fotos." Er stellte nochmals klar, dass er sich vollkommen inkognito in Österreich aufhalte. Edward ersuchte Forwood, gänzlich in seine Dienste zu treten, solange er in Österreich Station machen werde. Er wurde von Forwood mit dem Auto nach Enzesfeld gebracht und der junge Mann fand bald heraus, dass der Ex-König keinen persönlichen Diener mitgebracht hatte, ohne Personal jedoch hoffnungslos überfordert war. Edward fühlte sich zutiefst gekränkt, denn niemand aus seiner engsten persönlichen Dienerschaft war ihm ins Exil gefolgt. Eugen Rothschild, der so rasch wie möglich nach Paris abzureisen gedachte, beobachtete noch, wie das internationale Modevorbild Edward Windsor in Enzesfeld zwischen seinen Tonnen von Anzügen, Hemden und Schuhen in allen knalligen Farben des Regenbogens stand, unfähig, die Sachen zu sortieren, aufzuhängen oder zu verstauen. Mit seinem berühmten schiefen Grinsen meinte der Herzog zum Baron: „Ich fürchte, ich kann das nicht. Wissen Sie, ich habe so etwas noch nie alleine gemacht." Zumindest schaffte er es, 16 Fotos von Wallis im Schlafzimmer zu gruppieren. „Wie in einer Krypta" sei es gewesen, sagte Perry Brownlow, Edwards treuer Freund, der Wallis Anfang Dezember 1936 nach Südfrankreich eskortiert hatte. Ihre überstürzte Flucht war sich gerade noch ausgegangen, denn am nächsten Tag beendete die britische Presse ihr selbst auferlegtes Schweigen zur Beziehung des Königs mit der Amerikanerin. Brownlow kam Edward in Enzesfeld besuchen und sah, wie der Ex-König auf einem Kissen schlief, das Wallis benutzt hatte und das mit ihren Initialen bestickt war.

Zukunftssorgen

Der Pulli in ihrer Lieblingsfarbe Blau, den Edward für Wallis am Kaminfeuer in der Enzesfelder Bibliothek strickte und den er ihr zum Wiedersehen überreichen wollte, wuchs eher langsam. Die Probleme des Herzogs jedoch türmten sich mit einer täglich unüberwindbarer scheinenden Wucht vor ihm auf. Seine Gedanken kreisten ständig um seine ferne Freundin. Würde er sie überhaupt heiraten können? Niemand konnte im Dezember 1936 sagen, ob Wallis' endgültige Scheidung von ihrem zweiten Mann Ernest Simpson, dem Schiffsmakler in finanziellen Nöten, durchgehen würde. Und wenn ja: Wovon sollte er mit Wallis leben, nach der Heirat? Würde ihm sein Bruder, der König, eine Aufgabe zuteilen, die seinen Diensten und Erfahrungen auf der ganzen Welt als Prinz von Wales adäquat war? Wo sollten Wallis und er als Ehepaar wohnen, wenn es weiterhin in England keinen Platz für sie gab? Welchen Titel würde Wallis tragen, nun, da sie hoffentlich bald Mitglied der „Firma", also der Royal Family, sein würde? Und wie würde er ihr helfen können, das alles zu erreichen?

Langsam dämmerte es ihm nämlich, dass er keinerlei Einfluss mehr hatte, dass es niemanden kümmerte, was er dachte, sagte und wünschte. Dass es nie um ihn, Edward, den man in der Familie mit dem letzten seiner sieben Vornamen David – nach dem walisischen Schutzpatron – rief, gegangen war. Sondern nur um seine Stellung als Prinz von Wales und dann als König und Kaiser. Doch das war er jetzt alles nicht mehr. Nun war er nur noch ein kleiner, kaum 165 Zentimeter großer, mit 42 Jahren etwas „überstandiger" Junggeselle und Herzog von Windsor, der schlechter behandelt wurde als seine jüngeren Brüder. Wallis hatte es ihm deutlich vor Augen geführt: „You can't abdicate and eat it." (Du kannst nicht abdanken und den Kuchen trotzdem essen.)

Edward wog zeitlebens weniger als 60 Kilogramm und passte somit gut zu seiner zukünftigen Frau, die ebenfalls einem möglichst geringen Körpergewicht allergrößte Bedeutung beimaß. Eines ihrer zahlreichen Sofakissen war mit dem Satz „You can never be too rich or too thin" bestickt. Wallis war 162 Zentimeter groß und wog um die 45 Kilo.

Im Verborgenen

Ebenso voller Angst und Sorgen hatte sie sich in der Villa „Lou Viei" oberhalb von Cannes verbarrikadiert, die einem Ehepaar gehörte, das Wallis Mitte der

1920er-Jahre in China kennengelernt hatte: Herman und Katherine Rogers. Die Rogers waren immer für sie da gewesen, wenn Wallis wieder einmal in ein Lebensdrama geschlittert war, doch ein so enormes wie die sogenannte Verfassungskrise und die Abdankung des Königs – das hatte niemand vorhersehen können. Wallis' Alltag gestaltete sich als der einer Gefangenen. Aufgrund des enormen Presseinteresses konnte sie das Haus nicht verlassen, nicht einmal ein Fenster öffnen. Die Fotografen saßen in den höchsten Baumkronen und hätten sofort abgedrückt. Gerade ihre amerikanischen Landsleute verfolgten sie ohne Unterlass und sie wird einmal sagen, dass sie der US-Presse die vulgären Berichte und gestohlenen Fotos nie verzeihen würde. „Die Publicity hat mich praktisch umgebracht", schrieb sie in ihrer Autobiografie, eine beängstigende Analogie zu Lady Di, die 1997 in Paris, verfolgt von Journalisten und Fotografen, einem Autounfall zum Opfer fiel. Abends wurde es besonders schlimm, denn täglich um 19 Uhr rief der Ex-König aus Enzesfeld in Cannes an. Beim Haus „Lou Viei" (= Das Alte) handelte es sich um ein umgebautes Kloster aus dem 12. Jahrhundert mit dicken Steinmauern, für den Winter ungeeignet, zugig und kalt. Die Telefonleitungen waren miserabel, Wallis musste zigmal wiederholen, was sie zu sagen hatte, und laut schreien, um sich verständlich zu machen.

Edward am österreichischen Ende wurde durch diese technischen Unzulänglichkeiten immer enervierter, obwohl er sich den ganzen Tag auf nichts anderes freute als auf die Telefonate mit seiner Freundin, die er schmerzlich vermisste. Doch wenn die Gespräche vorbei waren, musste er sich hinlegen, so erschöpft fühlte er sich. Es ging immer um die gleichen Themen: Geld und Status. Stundenlang. Jeden Tag. Wallis war nie zufrieden mit Edwards Bemühungen, immer meinte sie, er hätte dies oder jenes sagen, dies oder jenes tun sollen. Natürlich hatte er nichts davon getan. Er war der Prinz von Wales gewesen; hatte ein Vollkasko-Leben geführt; sich nie um etwas kümmern müssen, nie für sich selbst sorgen, nie den nächsten Tag planen müssen. Edward hatte keine Vorstellung von Geld und Geldeswert, hatte niemals etwas selbst einkaufen müssen. Zukunftsangst, Schwierigkeiten, die grundlegenden Lebenshaltungskosten bestreiten zu können – solche Dinge hatte das Dasein der 40-jährigen Wallis jahrzehntelang bestimmt. Edward konnte sich Derartiges nicht einmal in der Fantasie ausmalen.

Sein langjähriger Freund Edward Dudley Metcalfe, genannt „Fruity", ein irischer Kavallerieoffizier, stattete ihm in Enzesfeld einen Besuch ab und bekam die telefonischen Auseinandersetzungen live mit. Er schrieb an seine Frau Alexandra, genannt „Baba", die einmal die Geliebte des britischen Faschistenführers Oswald Mosley gewesen war: „Er muss sich bei ihr dauernd für etwas entschuldigen, das er ihrer Meinung nach wieder verbockt hat. Langsam tut er mir wirklich leid. Er schafft es einfach nicht, die Dinge so zu erledigen, wie sie es für richtig hält. Ich habe noch nie einen Mann gesehen, der so verrückt verliebt ist."

Es war allerdings genau das, was Edward in Wahrheit so sehr an Wallis schätzte und was ihm seine vielen Affären und auch die längeren Freundschaften mit Frauen, bevor er Wallis traf, nicht geben konnten. Erstmals hatte er das Gefühl, eine Frau hört ihm zu, berät ihn, macht ihm Vorschläge, weiß, wo's langgeht. Sie versorgte ihn mit Kraft und Bestätigung, mit emotionaler Unterstützung und Zuneigung – auch wenn andere das kaum so interpretieren würden.

Winter in Enzesfeld

Kitty Rothschild ging der vor lauter Nervosität aufbrausende Edward, der kein König mehr war, aber wie ein Kaiser und König behandelt werden wollte, inklusive Verbeugungen und Knicksen, gehörig auf die Nerven. Sie war ja keine Untertanin der britischen Krone, musste sich weder ehrfürchtig verhalten noch ihrem Gast ein Heer an unsichtbaren und geräuschlosen Domestiken anbieten, wie er es von den Wohnsitzen der Windsors gewohnt war. Die Baronin, die ihr Schloss Enzesfeld sehr liebte, war selbstbewusst und sprach auch Dinge an, die in England nie ein Thema gewesen wären. Es gab sicher angenehmere Gesellschaft als einen Ex-König auf der Suche nach sich selbst sowie nach einem Platz in einem neuen, völlig ungewohnten Leben. Anspannung und Stress machten Edward regelrecht krank: Die erzwungene Trennung von Wallis nach der Abdankung; das Unbehagen, trotz aller Fürsorge nur geduldeter Gast im Schloss zu sein; die horriblen, händisch zu verbindenden Ferngespräche nach Frankreich; besonders die ungewisse Zukunft für ihn und Wallis. Weihnachten stand vor der Tür und der hochadelige Hausgast wirkte immer mürrischer, gelangweilter, deprimierter. Es gab außerordentliche Bemühungen vonseiten der Gastgeberin, sie lud ein Pariser Orchester ein, das für Edward am Heiligen Abend spielen sollte, doch er hielt es nicht einmal für notwendig, seine Zimmerflucht zu verlassen. Kitty wusste es wohl nicht, aber Edward verstand nichts von klassischer Musik.

Besonders deutlich war dies im Sommer 1936 gewesen, bei einem repräsentativen Dinner der englischen Innendekorateurin Sibyl Colefax, gut bekannt mit Wallis. Das Ehepaar Churchill war auch zugegen, sogar der polnische Starpianist Artur Rubinstein. Nach dem Essen gelang es Colefax, Rubinstein zu überreden, für die Gesellschaft zu spielen, was er selten tat. Er trug drei Chopin-Stücke vor, bei denen Edward sich bereits als störanfällig erwiesen hatte. Er war neben dem Klavier platziert worden und tratschte dennoch ununterbrochen. Rubinstein ließ sich nicht beirren und wollte gerade ein viertes Stück beginnen, da sprang der König auf und legte Rubinstein die Hand auf die Schulter: „Wir haben das sehr genossen, vielen Dank, Mr. Rubinstein." Dieses Signal, die Darbietung zu beenden, verstanden alle Gäste, sie zeigten sich mehr als peinlich berührt. Artur Rubinstein verließ zusammen mit dem Leiter der Londoner National Gallery beleidigt das Haus von Sibyl Colefax, nicht ohne in Richtung Edward leise zu murmeln: „Ich fürchte, Sie mögen mein Klavierspiel nicht, Eure Majestät."

Die Nähmaschinen-Erbin und Musikmäzenin Winnaretta Singer, verheiratete Prinzessin de Polignac, war auch dabei und ebenso geschockt über das unmögliche Benehmen des Königs von England. Sie meinte, in Paris, wo sie selbst Musiksalons veranstaltete, wäre so etwas unvorstellbar. Die Anwesenheit Edwards trug immer wieder zu ähnlichen Fauxpas bei. Bei einer Soiree der damals berühmten Gesellschaftshostess „Emerald" Cunard – wie Wallis Amerikanerin und sehr bemüht, ihre Landsfrau in die Londoner Society einzuführen – gab ein gut gelaunter Edward folgende Wortspende zum Besten, nachdem eine Komposition von Wolfgang Amadeus Mozart zur Aufführung gelangt war: „Did that Mozart-Chap write anything else?"

In Enzesfeld sah er sich gerne Mickey-Mouse-Filme an, die Kitty in großen Rollen bestellen musste. Ansonsten liebte er seichte Komödien, Musicals und Wiener Lieder. Ernsthafte Unterhaltung langweilte ihn rasch. Trotzdem legte ihm Kitty Rothschild am 25. Dezember 1936 ein wertvolles Geschenk neben seinen Frühstücksteller, ein Paar mit Saphiren – passend zu

Edward mit dem weltberühmten Wiener Ohrenarzt Dr. Heinrich Neumann, der ihn in Österreich behandelte. Neumann wurde 1938 von den Nationalsozialisten inhaftiert und floh 1939 in die USA, wo er noch im selben Jahr starb.

seinen berühmten, wehmütig blauen Augen – besetzte Manschettenknöpfe von Cartier. Wie üblich hatte Edward außer an Wallis und sich selbst keine Gedanken an andere verschwendet und stand nun ohne Präsent für seine Gastgeberin da. Es war ihm zwar nicht recht, doch er nuschelte nur abwesend, er werde sich um eine Gabe kümmern. Die Schlossherrin erhielt schließlich das Standardgeschenk fürs Dienstpersonal, eine gerahmte Fotografie von ihm als König Edward VIII. samt Autogramm. Das war bereits ein Affront, doch als der Herzog, der in diesen Wochen an Schlaflosigkeit litt, auch noch begann, mitten in der Nacht Ziehharmonika und Dudelsack zu spielen, war's das für Kitty. Sie hatte zusätzlich von jenem unerhörten Gerücht erfahren, das Wallis von Cannes aus in die Welt setzte: Sie, Wallis, habe vernommen, ihr Freund habe sich in seiner Depression von Kitty „trösten" lassen und eine Liaison mit ihr begonnen – ganz im Gegensatz zu Wallis galt Kitty als eine der attraktivsten Frauen Europas. Dabei hatte Wallis Kitty noch beschworen, sie solle „nett zum Herzog" sein …

Wallis' Erfahrungen mit Männern reichten in ihre frühen Teenager-Jahre zurück. Sie setzte einen ihrer uralten, vielfach erprobten Tricks ein: Erniedrigung einer viel hübscheren „Rivalin" mit gleichzeitiger Verunsicherung der „Beute", in diesem Fall Edward. Die unrichtigen Vorwürfe mussten erst einmal verdaut werden. Fruity Metcalfe erlebte seinen alten Freund in einem „schrecklichen Zustand" und berichtete seiner Frau, er werde es „hier nicht mehr lange aushalten". Zuerst aber brach Kitty Rothschild ihre Zelte in Enzesfeld ab und reiste wie ihr Mann nach Paris. Edward hatte weder ein Dankeschön für sie übrig, noch verabschiedete er sich von ihr. Fruity überredete Edward schließlich, ihr wenigstens einen Dankesbrief zu schreiben, mit dem er der Baronin zum Bahnhof nacheilte. Auch verteilte der Herzog an die Angestellten in Enzesfeld nie Trinkgelder und dankte ihnen nicht für ihre Dienste. 800 Pfund hatte der Ex-König vertelefoniert (heute etwa zu multiplizieren mit 50) und da er sich einbildete, er werde bald ein armer Mann sein und seine Ehefrau kaum erhalten können, ging er davon aus, dass die sprichwörtlich vermögenden Rothschilds seine Rechnungen stillschweigend übernehmen würden – was sie auch taten. Die stundenlangen, nicht enden wollenden Telefonate trieben Kitty die Schweißperlen auf die Stirn. Denn der Ex-König führte auch zahllose Ferngespräche mit seinem Bruder, von dem er glaubte, ihn beraten zu müssen. Telefonate auf die Britischen Inseln waren noch teurer als solche in Kontinentaleuropa. Bis heute existiert der vielleicht bewegendste Brief der Abdankungskrise, eine Bitte der neuen Königin Elizabeth an Edward, ihren für den Monarchenjob nicht ausgebildeten Mann doch zu unterstützen:

„Bertie findet es schrecklich schwierig zu sagen, was er wirklich denkt, Du weißt, wie scheu er ist – also bitte hilf ihm. Ich würde mir wünschen, Du könntest verstehen, wie hart es für ihn in den letzten Tagen war. Ich *weiß*, dass er Dich mehr schätzt als jeder andere und als seine Frau muss ich Dir schreiben, um es Dir zu sagen. Ich bin in Panik wegen ihm – also bitte HILF ihm, und sage ihm um Himmels willen nicht, dass ich geschrieben habe."

Die von Bertie unverlangten Ratschläge aus Enzesfeld wurden oft zu ihm durchgestellt, wenn er dafür gar keine Zeit hatte oder wenn er mit ganz anderen Dingen beschäftigt war. Schließlich amtierte er als König von England, hatte von acht Uhr früh bis spät in die Nacht einen voll durchorganisierten Terminkalender. Der Feriengast in Österreich ließ, wenn er seinen Bruder im Buckingham Palace nicht gleich erreichte, ausrichten, dieser solle ihn um eine bestimmte Zeit zurückrufen, und zwar nur dann, sonst stehe er nicht zur Verfügung. Edward benahm sich, als sei er weiterhin König und Bertie bestenfalls Regent an seiner statt. So konnte es nicht weitergehen und schließlich verbat sich George VI. jegliche Beratungsanrufe vonseiten seines Vorgängers. Kitty wird wegen des Bruderzwists im Hause Windsor womöglich erleichtert aufgeseufzt haben. Wenigstens die Telefonrechnungen wurden dadurch überschaubarer …

Beim Kartenspiel in Enzesfeld soll Edward hohe Summen gewonnen und diese eingesteckt haben. Verlor er jedoch, weigerte er sich zu zahlen. Metcalfe beschwerte sich, dass sein royaler Freund nie anbot, die Rechnungen zu übernehmen, wenn man in Wien ausging oder zum Skifahren auf den Semmering fuhr.

Weihnachten 1936

Von alldem hörten Edwards ehemalige Untertanen in England nichts. Was vor allem die hohen Vertreter der anglikanischen Kirche stutzig machte, war das sonderbare Benehmen Edwards in Bezug auf die Weihnachtsgottesdienste 1936. Der Ex-König, von dem man wusste, dass er nicht an Gott glaubte und

Edward und Wallis während ihres fatalen Besuchs im „Dritten Reich", eskortiert vom Leiter der „Deutschen Arbeitsfront" (DAF) Robert Ley, Herbst 1937.

in seiner Zeit als Prinz von Wales kaum jemals an religiösen Zeremonien teilgenommen hatte, ging in Wien mit Freuden zur Christmette in den Stephansdom und wurde auch in der kleinen katholischen Kirche in Enzesfeld gesichtet. Er sang lautstark „Stille Nacht, heilige Nacht" auf Deutsch mit, was den machtbewussten Selbstdarsteller Cosmo Gordon Lang, den Erzbischof von Canterbury, überraschte, aber auch beruhigte. Was immer dieser frühere König, den er für geisteskrank hielt, tat – er war weit weg. Nur darauf kam es an. Mit dem neuen König George VI. war Lang ausgesprochen zufrieden. Er stotterte zwar zum Gotterbarmen, verlas aber wie sein Vater brav und ohne Widerrede die Ansprachen, die der oberste Fürst der anglikanischen Staatskirche für den Monarchen verfasst hatte. Der Film „The King's Speech" aus dem Jahr 2010 befasste sich detailreich mit Berties Artikulationsschwierigkeiten. Helena Bonham Carter ist dort als formidable Königin Elizabeth zu sehen, die alles tut, um ihrem gehemmten Mann über diese Unzulänglichkeit hinwegzuhelfen. Die britische Schauspielerin Eve Best hat als Wallis Simpson einen kurzen Filmauftritt.

Im Gegensatz zum Heiligen Abend kamen Edward die niederösterreichischen Neujahrsbräuche nicht so gut zupass. In der Silvesternacht 1936/37 trieben einige rußverschmierte Rauchfangkehrer eine Horde Schweine in den Park von Schloss Enzesfeld und wollten dem Gast viel Glück für die Zukunft und das neue Jahr wünschen. Edward kam auf den Schlossbalkon heraus und winkte freundlich, doch mit den Schweinen wollte er nichts zu schaffen haben. Ein Rauchfangkehrer erklärte ihm, er müsse die Schnauze eines Schweins berühren, sonst werde ihm das neue Jahr nicht hold sein. Doch Edward verweigerte standhaft. Schließlich übernahm Kitty Rothschild für ihren Gast den Silvesterspaß. Wer weiß, vielleicht hat Edward nach den desaströsen Berichten über seine Tour mit Wallis durch das „Dritte Reich" und das gemeinsame Treffen mit Adolf Hitler am Obersalzberg 1937 an die Rauchfangkehrer mit ihren Tieren zurückgedacht ... Glück hat dem Ehepaar Windsor das Jahr 1937 sicher nicht gebracht.

Wallis nahm über die Weihnachtstage eine Einladung des englischen Schriftstellers W. Somerset Maugham an, dessen Werke sie einst in einem Kaff in Virginia gelesen hatte, als sie auf ihre erste Scheidung wartete. Maughams geschiedene Frau Syrie war eine erfolgreiche Innenarchitektin, die Wallis Anfang der 1930er-Jahre mit der Einrichtung ihrer Londoner Wohnung beauftragt hatte. Syrie Maugham schätzte die Farbe Weiß, große Spiegel und noch größere, intensiv rote Blumenarrangements. Nach der

Scheidung von Syrie 1928 bewohnte der Autor auf der Halbinsel Cap Ferrat an der Côte d'Azur die riesige Villa Mauresque, die einst dem belgischen König und Kongo-Schlächter Leopold II. gehört hatte. Dessen Tochter Stephanie war 1881 die Ehefrau des Kronprinzen Rudolf geworden.

Die Villa Mauresque – heute ein Luxushotel – wurde auch wegen ihrer opulenten Ausstattung mit Maughams Kunstsammlung international bekannt. Dass Wallis Weihnachten bei Maugham verbrachte, entlastete das Ehepaar Rogers ein wenig. Die amerikanische Freundin hatte bereits mehrere silberne Löffel mit Korallengriffen und andere kunsthandwerkliche Gegenstände aus dem Besitz der Rogers ruiniert, wenn sie den Telefonhörer mit Vehemenz auf die Gabel geknallt hatte, entweder weil Edward in Enzesfeld sich so beratungsresistent zeigte oder die Telefonleitung so miserabel war oder beides. Auch fanden die aufwühlenden Telefonate im Esszimmer statt und meist eben um 19 Uhr, wenn das Personal der Rogers das Abendessen servieren wollte. Wallis und Edward waren bestimmt ähnlich mühsame Hausgäste. Ihrem Frust machte Wallis beim Kartenspielen in der Villa Mauresque Luft. Als sie ihre Könige nicht ausspielen wollte, begründete sie dies mit der Aussage: „Wozu? Die sind für nichts nütze. Sie danken nur ab." Somerset Maugham fand den Witz geschmacklos. Er war aber typisch für Wallis' ständige Witzeleien und süffisanten Bemerkungen, die Edward unwiderstehlich fand und von denen er nicht genug bekommen konnte.

Kurz nach dem Jahreswechsel schrieb sie Edward, nachdem er wieder einmal eine ihrer Forderungen nicht hatte durchsetzen können, nämlich die Verlautbarung ihrer Hochzeit im britischen „Court Circular", also in den Hofnachrichten: „Das ist alles sehr schade, denn ich hasse es, würdelos behandelt zu werden und dass ich offenbar nur einen Titel bekomme wie zahllose andere Titel, die es in Europa gibt und die keinerlei Bedeutung haben. Wenn wir unsere gemeinsame Reise mit einem angemessenen Hintergrund beginnen könnten, so würde mir das viel bedeuten. Aber was immer auch passiert, wir werden etwas aus unseren Leben machen." Zu diesem Zeitpunkt wusste sie aber ohnehin noch nicht, ob und wann sie die Frau des Herzogs von Windsor werden könnte. Dieser plante schon die Flitterwochen. Von Österreich schien er trotz der Widrigkeiten in Enzesfeld noch lange nicht genug zu haben.

Ein Schloss beim Pressegger See

Edwards Bekannter William, dritter Earl of Dudley, der mit Edwards Jugendliebe Rosemary Leveson-Gower bis zu deren Unfalltod 1930 verheiratet war, hatte ihm vom Schloss Wasserleonburg in Kärnten erzählt. Dieses wiederum gehörte einem Familienangehörigen des Earl, dem Grafen Paul William Alexander Münster, Freiherr von Grothaus. Er war der Nachkomme eines Spitzendiplomaten am britischen Hof und durch seine Mutter mit dem englischen Hochadel verwandt. Münster investierte gerade eine Menge Geld in die einstmals mittelalterliche Burg in der Nähe von Nötsch im Gailtal. Das Schloss liegt im Wald und ist von der Straße aus bis heute nicht einsehbar – der ideale Ort für die gestressten „Jung"verheirateten, die beide nur eines wollten: Ruhe vor der Presse und der Weltöffentlichkeit.

Im Februar 1937 verabredete Edward ein Treffen mit dem Grafen Münster in Kärnten und ließ sich das Schloss zeigen. Die moderne Einrichtung überzeugte den Herzog. Es gab alles, was er benötigte: Zimmer für das Personal in einem Wirtschaftstrakt, ausgezeichnete Sportanlagen, einen neuen Swimmingpool, Tennisplätze. In der nicht weit entfernten Ortschaft Dellach war ein Golfplatz für die vielen englischen Touristen, die in den 1930er-Jahren gerne nach Kärnten kamen, eröffnet worden. Man konnte direkt vom Schloss auf den Villacher Hausberg Dobratsch wandern, was Edward bald in Angriff zu nehmen gedachte. Dass er eine Frau heiraten wollte, die mit dem Landleben nichts anfangen konnte, die für und von Gesellschaften lebte und die Tratsch und Klatsch aus der weiten Welt mit ihren Freundinnen und Freunden diskutieren wollte, schien Edward ausgeblendet zu haben. Wasserleonburg hatte außer der guten Luft und der zweifelsfrei abgelegenen Lage nichts zu bieten, was Wallis länger als ein bis zwei Tage in Atem halten konnte. Fast unnötig zu erwähnen, dass die Besichtigung von Schloss Wasserleonburg durch den Ex-König von England nicht unbemerkt vonstattengegangen war. Am nächsten Tag spekulierten mehrere regionale Tageszeitungen, ob der Herzog von Windsor in Zukunft vielleicht in Kärnten leben wolle? Möglicherweise plane er, Wasserleonburg zu kaufen …

Doch das war noch Zukunftsmusik. Im Jänner 1937 hielt der Winter Einzug in den Wiener Alpen, die Tage wurden etwas länger und Edward fuhr nun häufig mit seinem privaten amerikanischen Buick zum Skifahren nach Spital am Semmering. Er hatte den damals sehr bekannten Walter Delle Karth als Skilehrer engagiert, der die vornehme Gästeschar des

Südbahnhotels am Semmering in seiner Skischule unterwies. Der nordische Kombinierer konnte Edward vor allzu folgenschweren Stürzen bewahren. Auf der Rückreise nach Enzesfeld deponierte der Herzog seine Skiausrüstung im Skistall des Hotels „Erzherzog Johann" direkt in Semmering. Lag nicht genug Schnee, spazierte Edward stundenlang am Kleinen Jauerling in der Wachau oder er besuchte auf den Spuren von Kronprinz Rudolf näher gelegene Ziele wie Alland und Mayerling. Einmal in der Woche fuhr er mit dem Buick nach Wien und ging ins Dianabad im zweiten Bezirk, wo er ein Dampfbad genoss. In seinem früheren Wohnschloss Fort Belvedere nahe Windsor Castle hatte er sich eine eigene Dampfkabine installieren lassen, da damals diese Art des Badens für die Erhaltung einer schlanken Figur von Ärzten empfohlen wurde. Als ihn einmal Zahnweh plagte, wurde extra der englische Dentist Henry Moore eingeflogen, der Edward im Hotel Bristol in Wien behandelte. Viel Zeit verbrachte Edward in der englischen Botschaft, wo er Eingaben machte, die sich mit der Finanzierung seiner Zukunft und der offiziellen Anrede seiner zukünftigen Frau befassten. Gelegentlich dinierte er mit englischen Diplomaten oder ließ sich im elitären Jockey Club sehen, der ausschließlich Männer und Juden nur ungern aufnahm. Baron Nathaniel Rothschild, zeitlebens unverheiratet und kinderlos, hatte Enzesfeld einst erworben und war im 19. Jahrhundert der erste Jude gewesen, der Zugang zum Jockey Club erlangt hatte. Er hatte dafür viel Zeit, Energie und Geld aufwenden müssen.

Obwohl es die königliche Familie in England nicht für ersprießlich hielt, besuchte im Februar 1937 einer der jüngeren Brüder des Ex-Königs diesen in Enzesfeld, nämlich Prinz George, der Herzog von Kent. In seiner Jugend war George das große Sorgenkind seiner Eltern gewesen, er fiel durch Drogenkonsum sowie Sexabenteuer mit Frauen und Männern auf. Es gab Erpressungsversuche. Eine seiner Freundinnen war die Königin des exzessiven und promisk lebenden (kolonialen) Happy-Valley-Sets in Kenia, Kiki Preston. Man nannte sie „das Mädchen mit der silbernen Spritze". Edward schickte Kiki „zur Erholung" in die Schweiz und sorgte dafür, dass George einen Entzug machte. Er saß nächtelang an seinem Bett, kümmerte sich rührend um den kranken Bruder, eine Erfahrung, die die Prinzen eng zusammenschweißte. Nach seiner Heirat mit der glamourösen Prinzessin Marina von

Griechenland trat in Georges Dasein etwas mehr Ruhe ein. Kiki Preston beging 1946 in New York Selbstmord.

Edward zeigte George den Semmering und sprach mit ihm bestimmt auch darüber, wie es nun weitergehen sollte. Er plante nämlich bereits, Enzesfeld zu verlassen, spätestens zu Ostern im März 1937. Eines war klar: Er war bereits viel länger geblieben, als er willkommen war. Vorher musste er sich aber eine weitere Bleibe in Österreich suchen, denn von Wallis' endgültigem Scheidungsdekret war weiterhin nichts zu hören oder zu sehen. Im März, als die Temperaturen stiegen, besichtigte Edward nicht nur Kaiserin Elisabeths Schlösschen im Lainzer Tiergarten, die Hermesvilla, sondern spielte dort auch Golf. Damals gab es den Lainzer Country Club, der nahe beim Lainzer Tor eine Anlage betrieb. Auch Perry Brownlow und Fruity Metcalfe waren beim Golfvergnügen mit dabei. Mitte März kam dann Louis Mountbatten, ebenfalls einer von Edwards langgedienten Freunden – Edward war Trauzeuge von Mountbatten und seiner Frau Edwina gewesen – zu Besuch. Er landete mit eigener Maschine auf dem Flugfeld Aspern und fuhr anschließend in die britische Botschaft, wo er von Edward herzlich in Empfang genommen wurde. Anschließend ging es gemeinsam nach Enzesfeld. Als durchsickerte, dass Edward sich als nächste Destination die Pension Appesbach in St. Wolfgang ausgesucht hatte, plante Enzesfeld eine Abschiedsfeier für seinen berühmten Gast. Am 28. März 1937 war das ganze Dorf auf den Beinen. Die Schulkinder zogen abends mit Lampions, in denen Kerzen brannten, rund um das Schloss. Edward fasste sich ein Herz und verschenkte an die zwei Polizeibeamten, die für seine Sicherheit gesorgt hatten, eine silberne Zigarettendose mit seinem goldenen Monogramm und eine goldene Krawattennadel.

Der König von St. Wolfgang

Am nächsten Tag brach er ins Salzkammergut auf. Seine Mini-Entourage bestand aus zwei österreichischen Dienern, einem Koch und seinem Chauffeur. Als man die Tourismus-Verantwortlichen der Region von des Ex-Königs Wahl informierte, glühten die Wangen der Herren. Eine bessere Werbung konnte man sich kaum vorstellen. Der bekannteste Mann der Welt an den Salzkammergutseen! In Lederhose und Stutzen! Die Hauptstelle in Wien hatte per Brief darauf hingewiesen, dass der Herzog von Windsor sein Inkognito zu wahren wünsche, aber: Es gäbe ja keinen Grund, die Befindlichkeiten des Gastes zu eng auszulegen, „da zu bedenken ist, daß Lichtbilder des Herzogs in der österreichischen Umgebung eine ausgezeichnete Wirkung haben“, lautete die hoffnungsfrohe Post aus Wien. Es habe zwar in Enzesfeld Auseinandersetzungen mit Fotografen gegeben, doch „gelegentliches, taktvolles Photographieren“ (Hervorhebung im Original) sei bestimmt möglich. Man solle die örtliche Polizei darauf hinweisen, in einem solchen Fall nicht gleich amtszuhandeln.

Die Reise wurde durch zahlreiche Besichtigungen unterbrochen, was man dem (hoch-)kulturell kaum interessierten Jazz-Age-Prinzen gar nicht zugetraut hätte. Aber wenn jemand für Überraschungen gut war, dann Edward. Er nahm an Führungen durch die Klöster Melk und St. Florian bei Linz teil, wobei er sich in den Kaiserzimmern des oberösterreichischen Augustiner-Chorherren-Stifts besonders lange aufhielt und versprach, wiederzukommen.

St. Wolfgang hatte er bereits im Herbst 1935 in noch geheimerer Mission als diesmal zusammen mit Wallis besucht. Es gibt dazu kaum Aufzeichnungen, aber als ein Jahr nach Wallis' Tod deren milliardenschwere Juwelensammlung versteigert wurde, befanden sich darunter zwei Stücke mit eindeutigen Hinweisen: Auf einem Anhänger aus Gold mit Rubinen konnte man folgende Gravur lesen: „22. September 1935 David – Wallis St. Wolfgang“. Noch deutlicher und viel bekannter ist einer von mehreren Anhängern aus unterschiedlichen Materialien und verschiedenen Edelsteinen in Kreuzform von Cartier, die Wallis als Bettelarmband und Edward als Anhänger an seiner Halskette trug. Auf einem dieser Kreuze steht: „David – Wallis St. Wolfgang, Sept. 1935. God bless WE (= Wir. Wallis & Edward)“.

In St. Wolfgang angekommen, begegneten Edward sogleich wohlbekannte Gesichter. Die Journalisten aus Niederösterreich waren ihm vorausgefahren und bildeten das Empfangskomitee. Der Herzog wechselte höflich ein paar deutsche Worte, ließ sich kurz ablichten und verschwand dann in der Pension, bei der es sich um eine große Villa im englischen Landhausstil handelte, das heute als Viersternehotel geführte „Landhaus zu Appesbach“, direkt am Wolfgangsee. Schon zu jener Zeit bot diese „splendid isolation“ für Betuchte aus Adel und Großbürgertum alle Annehmlichkeiten wie Telefonanlage, Tennisplätze, Parkanlagen, Seebad und Schiffsanlegestelle. Man kann die „Windsor-Suite“ (damals Appartement 5) buchen und sich dort

Edward am See beim Landhaus zu Appesbach, St. Wolfgang.

Unterschrift Edwards in einem seiner zahlreichen Briefe an Wallis. Innerhalb der Familie wurde er mit seinem letzten Vornamen „David“ gerufen – dem Schutzheiligen von Wales.

Your David

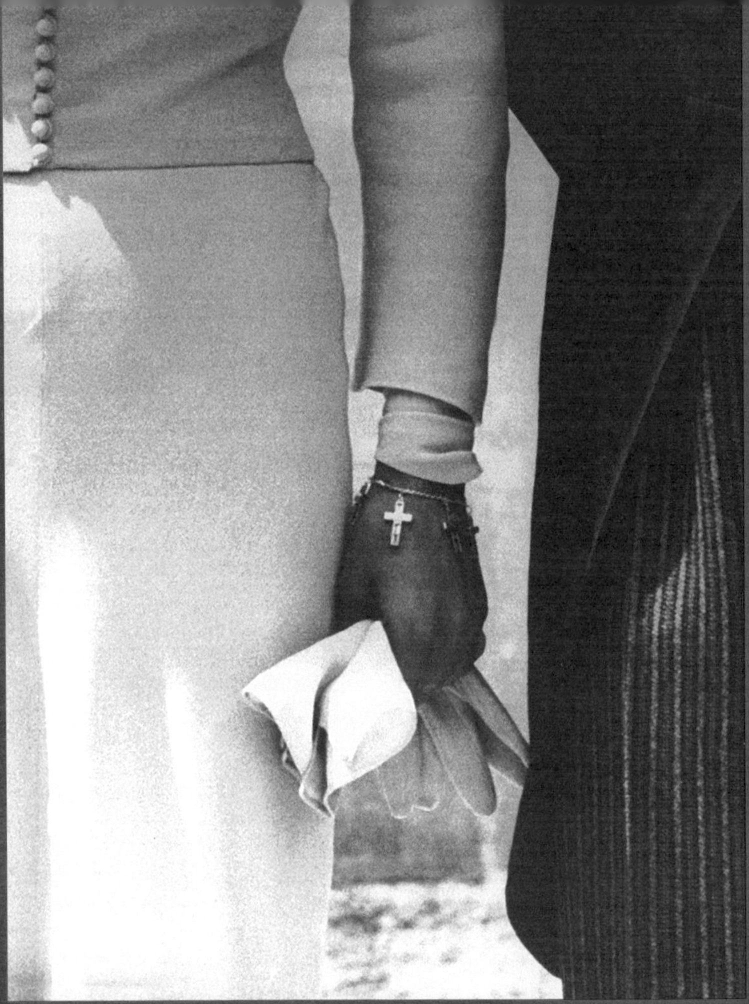

Wallis trug bei ihrer dritten Hochzeit das berühmte
Bettelarmband mit den Kreuzanhängern.
Darunter das Schmuckstück bei der Versteigerung 50 Jahre später (1987).

fühlen wie ein Ex-König in den Ferien. Fast alles blieb unverändert, besonders beeindruckt das in Schwarz-Weiß gehaltene riesige Marmorbad mit in den Boden eingelassener Wanne. „Es ist so friedlich hier. Ein herrliches Fleckchen Erde", meldete Edward an Wallis in Frankreich. Er fühlte sich hier wohler als im „Gefängnisquartier" Enzesfeld, wie er schrieb, und forderte Wallis auf: „Halte durch so gut Du kannst, Du weißt, ich mache das auch. Ich liebe Dich immer mehr und mehr. Dein David."

Am übernächsten Tag setzte der Herzog seine Österreich-Rundfahrt fort. Er besuchte Hallstatt, damals fast ebenso belagert wie heute, nur waren es 1937 die britischen Fotografen, die Edward das Leben schwermachten. Er ärgerte sich so sehr über deren Zudringlichkeiten, dass er Polizisten anwies, den Bildreportern ihre Apparate wegzunehmen und die Platten zu entfernen. Es gab das, was man in Österreich einen „Bahöö" nennt, Glas splitterte, gar nicht royale englische Schimpfwörter wurden laut und Edward flüchtete sich ins Hallstätter Beinhaus mit den bunt bemalten Schädeln, um Ruhe und Kraft zu tanken. Abends schien er sich erholt zu haben und schunkelte in Strobl und St. Gilgen zu lokaler Volksmusik. Dann ging es nach Salzburg zum Sightseeing mit Dom, Mirabellgarten, Festspielhaus, St. Peter. Fast hätte man annehmen können, der Mann würde plötzlich seriös werden ...

Da er seine Wandertouren in Ostösterreich in Halbschuhen unternommen hatte, die vielleicht gut genug waren für den Lainzer Tiergarten, so besorgte er sich nun auf Anraten seines Bergführers aus St. Wolfgang ordentliche Bergschuhe. Und schon ging es munter drauflos auf die höheren Berge rund um Gmunden, oberhalb des Attersees und auf den „Rigi Österreichs", den Schafberg. Zu Fuß erreichte Edward den fischreichen Schwarzensee, nicht allzu weit entfernt von seinem Domizil Appesbach. Er mietete ein Ruderboot und ruderte selbst rund um den Wolfgangsee. Im Mai 1937 zog es ihn wieder zu Golf und Bad, wobei sich Bad Ischl dafür als perfekte Destination erwies. Es gab einen Golfplatz und seine Bäder nahm Edward im örtlichen Bademittelhaus. Selbstverständlich wurde auch die Kaiservilla beehrt, danach verzeichnet das Besuchsprotokoll Ausflüge nach Schörfling und Burgau am Attersee.

Doch es gab auch andere Tage. Solche, in denen Depressionen und Zukunftsängste den abgedankten König fest im Griff hatten und er seine Pension nicht verließ. Und dann endlich, wohl kurz vor dem endgültigen Überschnappen des getrennten Paares, die erlösende Nachricht aus Cannes: Am 3. Mai 1937 wurde Wallis Simpson das endgültige Scheidungsdekret ausgefolgt. Sie war frei für Ehe Nummer drei.

Badezimmer Edwards im Landhaus zu Appesbach.
Seine Suite ist bis heute praktisch unverändert.

Wedding Planner

Ähnlich wie Edward in Enzesfeld hatte auch Wallis die Gastfreundschaft des Ehepaars Rogers in Cannes bei Weitem überstrapaziert. Vor allem mit Katherine Rogers kam sie gar nicht mehr zurecht, obwohl sich die Frauen schon gekannt hatten, bevor die groß gewachsene Katherine Bigelow den sehr vermögenden, athletischen Möchtegern-Schriftsteller Herman Rogers geheiratet hatte. Wallis hatte dafür gesorgt, dass die Ehe der Rogers mehr oder weniger am Ende war. Herman zog nach Wallis' Ankunft in den Gästetrakt im oberen Stock, da die Braut des Königs aufgrund der Morddrohungen, die auf postalischem Weg in Cannes einlangten, völlig aufgelöst war. Er schlief in einem Zimmer, das an ihres angrenzte, mit einer Pistole unterm Kopfpolster. Nur für den Fall, dass tatsächlich ein Attentäter in der Nähe unterwegs sein sollte. Katherine blieb allein im unteren Stockwerk zurück, was der Intimität in der Rogers-Ehe nicht guttat.

Wallis war nie eine Frau für Frauenfreundschaften gewesen. Eine Schwester ihres ersten Ehemannes hatte dies sogleich erkannt: In einem Raum voller Frauen würde kein Mensch Wallis auch nur die geringste Aufmerksamkeit schenken, erklärte sie. Doch betrat ein Mann das Zimmer, änderte sich alles. Wallis knipste ihren Charme an und strahlte von innen heraus. Innerhalb einer Sekunde schien sie nicht nur die begehrenswerteste, sondern die einzige Frau im Raum zu sein. Herman Rogers war daher auf der Hut. Viele Jahre später, nach dem Tod von Katherine Rogers, wird Wallis zu Hermans zweiter Frau Lucy an deren Hochzeitstag sagen: „Sollte Herman etwas zustoßen, werde ich dich persönlich dafür verantwortlich machen. Er ist der einzige Mann, den ich je geliebt habe." Lucy, die Wallis' Spielchen durchschaute, konterte kühl: „Das wird den Herzog aber freuen."

Katherine Rogers hatte es satt, zuzusehen, wie Wallis, für die, wie es schien, ein König abgedankt hatte, nun ganze Tage mit ihrem Mann verbrachte. Gleichzeitig schrieb Wallis Ernest Simpson, von dem sie bald geschieden sein sollte, Jammerbriefe, in denen sie sich über die unangenehme Situation in der Villa „Lou Viei" beklagte: „Ich werde bald von hier weggehen, aber noch weiß es niemand, also sage bitte nichts. Ich gehe in ein Haus, das Freunden der Rogers gehört, in der Nähe von Tours. Eine Klimaveränderung ist dringend notwendig. Du kannst Dir vorstellen, wie sehr ich Katherine bereits umbringen könnte." In einem anderen Brief an ihren Ex bezeichnete Wallis ihren Zukünftigen wiederholt als „Peter Pan", den Jungen, der nicht erwachsen werden wollte, und nannte seine Vorhaben „Peter-Pan-Pläne“, an denen sie keinen Anteil habe, die sie aber auch nicht ändern könne.

Wallis in Paris

Katherine Rogers hatte sich bemüht, es der seit ihrer Beziehung mit dem Prinzen sehr verwöhnten Dame aus Baltimore recht zu machen. Aber wer konnte das schon. Während Edward von Enzesfeld und Wien aus versucht hatte, für sich (und Wallis) einen gebührlichen Unterhalt zu sichern und eine sinnvolle Beschäftigung zu erkämpfen, kümmerte sich Wallis um ihr Hochzeitskleid. Die Anproben führten sie mehrere Male nach Paris, wo sie – so Wallis-Biograf Charles Higham – ein Verhältnis mit dem US-Botschafter in Frankreich, William C. Bullitt, unterhielt, das sie auch nach ihrer Heirat mit Edward fortsetzte. Mehrgleisiges Fahren gehörte für Wallis seit ihrer Schulzeit zum normalen Lebensalltag.

Ähnlich wie Edward mit seinen depressiven Verstimmungen litt auch Wallis unter den unausgegorenen Zuständen. Das seit jeher an ihr nagende Gefühl, im Leben zu kurz gekommen zu sein, kompensierte sie mit ausgedehnten Shopping-Trips in die französische Hauptstadt. Einmal orderte sie bei der berühmten Designerin Elsa Schiaparelli nicht weniger als 18 Modelle, darunter das berühmte „Hummer-Kleid“: Ein lebensgroßer Hummer, gemalt von Salvador Dalí, zierte die Vorderseite des bodenlangen Kleidungsstücks. Dalí soll verstimmt gewesen sein, weil er den Hummer nicht mit Mayonnaise verzieren durfte. Über die Entwürfe von Schiaparelli sagte der damals aufstrebende junge Modeschöpfer Cristóbal Balenciaga: „Gabrielle Chanel hat vielleicht wenig Geschmack, aber der ist gut. Schiap hat sehr viel Geschmack, aber der ist schlecht.“ Wallis genoss die Aufmerksamkeit, die jedes Schiaparelli-Stück – gemacht für Exhibitionistinnen – mit sich brachte: Schwarze Handschuhe mit eingearbeiteten roten Fingernägeln, Hüte in Palatschinkenform, königsblaue Leggings unter schwarzen Abendkleidern, gerne kombiniert mit roten Augenwimpern.

Die Suche nach einer Hochzeits-Location erwies sich als weitere Herausforderung. Sowohl Termin als auch Ort waren mit der Royal Family zu akkordieren, denn keinesfalls durfte die „Hochzeit des Jahrhunderts" einer Veranstaltung der „Firma" die Show stehlen. Als Wallis im Château de la Croë am Cap d'Antibes heiraten wollte, einer von außen nicht einsehbaren, palastartigen und dem Weißen Haus in Washington ähnelnden Anlage (als Besitz des Oligarchen Roman Abramowitsch derzeit vom französischen Staat beschlagnahmt), kam aus dem Buckingham Palace ein dezidiertes „No". Zu sehr verbinde man diesen Landstrich mit den (Neu-)Reichen und Schauspielern des „Riviera-Sets". Es passe nicht zum englischen Königshaus.

Hochzeit an der Loire

Erneut sprangen die Rogers mit Rat und Tat zur Seite und empfahlen das Château de Candé im Loire-Tal nahe der Stadt Tours. Edwards Familie akzeptierte den Vorschlag. Ein Loire-Schloss in Privatbesitz als Fotohintergrund, damit konnte die königliche Familie leben. Noch bevor Edward Enzesfeld hinter sich ließ, reiste Wallis Anfang März 1937 mit ihrem loyalen Dienstmädchen Mary Burke und 27 Koffern in dieses Schloss, das durchaus nicht unbedenklichen Leuten gehörte: Dem amerikanischen Ehepaar Charles und Fern Bedaux. Herman Rogers' Bruder Edmund agierte in den USA als führender Finanzvertreter des Selfmademan Charles Bedaux, daher die Bekanntschaft.

Aus Enzesfeld schickte Edward den Terrier Slipper aka Mr. Loo nach Candé, damit er Wallis Gesellschaft leisten konnte. In Cannes war dies nicht möglich gewesen, denn die Rogers besaßen grimmige Westies, die mit Slipper kurzen Prozess gemacht hätten. Wallis freute sich über die Ankunft des gemeinsamen Haustieres und bezeichnete den kleinen Hund als den „wichtigsten Gast der Hochzeit".

Der Schlossherr von Candé, Charles Bedaux, war ein zwielichtiger, in Frankreich geborener amerikanischer Millionär, der nach einer Episode in der Fremdenlegion als Unternehmensberater das große Geld gemacht hatte. Ein von ihm erfundenes, auf dem Taylorismus beruhendes System zur Produktivitätsbeurteilung versprach eine deutliche Anhebung der Mitarbeitereffizienz. Man kann sich gut vorstellen, wie sehr ein solches Verfahren etwa den Nationalsozialisten mit ihrer kriegsvorbereitenden Waffenindustrie imponierte und wie sehr es gewerkschaftlichen Widerstand auf den Plan rief. Britische und französische Geheimdienstmitarbeiter überwachten Bedaux bereits und waren über seine Kontakte zu führenden NS-Größen wie Hermann Göring im Bild.

Bedaux und seine zweite Ehefrau, die Amerikanerin Fern, zeigten sich hocherfreut, dass das berühmteste Liebespaar der Welt sich in ihrem Schloss das Jawort geben würde. Es gab nur eine Bedingung: Volle Presseöffentlichkeit für die Bedaux als Gastgeber. Charles Bedaux erläuterte: „Ich bin ein hart arbeitender Geschäftsmann und in diesen kritischen Zeiten ist es mir wichtig zu betonen, dass wir das Schloss kostenlos zur Verfügung stellen. Nicht dass jemand sagt, wir müssten es vermieten – das hätte eine desaströse Wirkung auf meine Karriere.“ Dem pathologisch knausrigen Edward war dies mehr als recht. Wallis war angetan von all den typisch amerikanischen technischen Neuerungen, die von den Bedaux in den letzten zehn Jahren, seit sie das Schloss erworben hatten, installiert worden waren. Es gab Fließwasser in vielen Räumen, Zentralheizung, die Badewanne konnte in weniger als einer Minute befüllt und abgelassen werden, ein privates Telefon, was sonst in Frankreich nur im Élysée-Palast und anderen Regierungsgebäuden erwartbar gewesen wäre. Fern besaß einen Fitnessraum mit den aktuellsten Turngeräten und Wallis bewunderte ihre Qualitäten als Hostess. Ihre Detailverliebtheit konnte sich mit der von Wallis durchaus messen.

„Beeil dich“, sagte Wallis am Telefon zu Edward, nachdem sie ihn in der Pension Appesbach erreicht hatte und ihm die Frohbotschaft vom Einlangen des endgültigen Scheidungsdekrets mitteilen konnte. Schon am nächsten Tag, dem 4. Mai morgens, traf Edward im Buick und zusammen mit Dudley Forwood vor dem Loire-Schloss ein. Der blaue Pulli war fertig und ein Dirndl aus St. Wolfgang würde Wallis auch ihr Eigen nennen können. Der Bräutigam nahm drei Treppenstufen auf einmal, um Wallis, die er fast ein halbes Jahr nicht gesehen hatte, endlich in die Arme zu schließen. Eine Woche später wurde die Verlobung offiziell bekannt gegeben und genau einen Monat nach der Scheidung von Ernest, am 3. Juni 1937, wurden Wallis und Edward vor dem französischen Staat und dem anglikanischen Gott Mann und Frau.

Honeymoon in Kärnten

Am Abend des Hochzeitstages brach das Ehepaar samt Entourage und 266 Gepäckstücken zur lange geplanten Hochzeitsreise nach Kärnten auf. Über drei Monate, also den ganzen Sommer 1937, wollten sich die Frischvermählten in Wasserleonburg aufhalten. In einem mit roten und gelben Rosen angefüllten Privatcoupé ging es auf persönliche Einladung des italienischen Diktators Benito Mussolini zuerst nach Venedig. Die Windsors nahmen eine Gondel, um den Canal Grande entlangzuschippern, und wurden von Einheimischen und Touristen gleichermaßen als „Liebespaar des Jahrhunderts" frenetisch gefeiert. Immer hinter ihnen her jagte ein Heer von Pressefotografen und Journalisten. Wallis fütterte vor zahlreichen Kameras die Tauben auf dem Markusplatz und folgte einer Führung durch den Dogenpalast. Danach tranken die Windsors Tee im Hotel Excelsior am Lido. Der Zug nach Wien wartete schon. Nach dem Umsteigen in der Hauptstadt erreichten die Flitternden am 4. Juni 1937 um Mitternacht den Bahnhof Arnoldstein. Der Bürgermeister im Kärntner Anzug stand parat und begrüßte das Paar mit einer kurzen Rede. 50 Kärntner Kinder in Tracht sangen ein Willkommenslied, ein kleines Mädchen im Dirndlkleid überreichte Wallis einen Strauß weißer und roter Rosen. Die Zeitungen berichteten, wie sich schon Stunden vor der Ankunft der Windsors Schaulustige am Bahnhof versammelt hätten. „Den Pressevertretern, denen anfänglich die Anwesenheit auf dem Bahnsteig untersagt worden war, wurde dann doch die Bewilligung gegeben, beim Empfang des Herzogs anwesend zu sein", hieß es. Jedoch mit einer Einschränkung, denn, so wurde ebenfalls mitgeteilt: „Enttäuscht wurden allerdings die Pressefotografen und Kameraleute, da jede Aufnahme strengstens untersagt war." Ein Verstoß hätte die „Beschlagnahme der Aufnahmegeräte" nach sich gezogen, so der Zeitungsbericht weiter. Das riesige Medieninteresse bezeugt die Liste der anwesenden Agentur- und Print-Mitarbeiter: Reuters, United Press, Associated Press, New York Times, Daily Mail, Daily Telegraph.

Nach dem Spießrutenlauf durch die Pressemeute konnten die Windsors den kleinen Dorfbahnhof endlich verlassen, wurden von der Gräfin Münster im Auto abgeholt und zum Schloss gefahren. „Es war wie verzaubert, als das Schloss im Mondlicht auftauchte", schrieb Wallis in ihrer Autobiografie. An die 30 Dienstboten standen Spalier und sahen zu, wie Edward Wallis über die Schwelle trug.

Hier verbrachten die Windsors ihren drei Monate dauernden Honeymoon: Schloss Wasserleonburg oberhalb von Nötsch im Gailtal.
Darunter die einstige Herrin der Anlage, Anna Neumann von Wasserleonburg (1535–1623). Sie war eine der mächtigsten und reichsten Frauen der Gegend.

Schlossherrinnen

Bei Wasserleonburg handelte es sich um ein Schloss mit dunkler Vergangenheit. Hier hatte im 16. Jahrhundert Anna Neumann von Wasserleonburg residiert, eine immens reiche Frau, von der die Sage berichtet, sie habe ihre fünf Ehemänner ermordet, einen nach dem anderen, in der Hochzeitsnacht auf dem Schloss und mithilfe einer todbringenden Salbe. Die herrenlosen Besitzungen, die die Männer in die Ehe mitgebracht hatten, fielen nun ihr zu. Der sechste Ehemann, ein Schwarzenberg, den sie im Alter von 82 Jahren heiratete, überlebte und erbte schließlich den gesamten Besitz. Vieles von diesen Überlieferungen hält einer Recherche nicht stand, denn die ersten fünf Ehemänner starben zwar alle recht bald, aber definitiv nicht in der Hochzeitsnacht. Der sechste Mann war tatsächlich ein junger Graf von Schwarzenberg, der einiges erbte, nicht jedoch die Herrschaft Wasserleonburg. Diese hinterließ Anna, die das damals unglaubliche Alter von 88 Jahren erreichte, ihrem Verwalter Christian Proy. Mehrmals hatte sie diesen zu mehr Sparsamkeit und einem bescheideneren Lebensstil auffordern müssen: „Ich höre, dass du vier Streitrösser besitzt, als ob du der Herr über Wasserleonburg wärst, doch du bist nur ein Diener. Und wenn du dich nicht anders verhalten willst und gehorsamer zeigst als bisher, dann werde ich bei dir bald Änderungen machen." Anna war eine bemerkenswerte Frau mit viel Wirtschaftssinn, der sich etwa darin zeigte, dass sie Angestellte anwies, saure Äpfel nicht wegzuwerfen, sondern diese in der Schlossmeierei zu Essig zu verarbeiten, der verkauft werden sollte. Ihre ungewöhnlichen sechs Ehen, ihr hohes Alter und vor allem ihr Selbstbewusstsein haben sie in der Legende zu einer Mörderin werden lassen. Wie Wallis war sie eine Frau im Rampenlicht, auch wenn es das in der frühen Neuzeit noch gar nicht gab. Doch Anna war prominent, stand in der Öffentlichkeit und musste sich somit warm anziehen. Eine Schlossherrin, die sich nicht alles bieten ließ und widerständig zeigte, galt umgehend als schwierig, undankbar, labil. Es macht Sinn, die Perspektive auf Schicksale bekannter Frauen genau zu beleuchten und in der Folge geradezurücken.

Die vielen auswärtigen Journalisten, die mit der Kärntner Sagenwelt nicht vertraut waren, erfuhren rasch vom angeblich im Schloss herumspukenden Geist der „mörderischen" Anna Neumann und stellten genüsslich Vergleiche zwischen den beiden erstaunlichen Frauen und ihren Ehemännern an. Man fütterte die Leserschaft mit Geschichten über die amerikanische

„Goldgräberin", die mit dem zweifellos reichen Edward die beste Partei der Welt gemacht habe. An Wallis dürften diese wenig schmeichelhaften Presseberichte unbemerkt vorbeigerauscht sein, denn sie sah sich mit einem neuen Alltag konfrontiert, den sie zwar geahnt hatte, doch wurden ihre Befürchtungen noch übertroffen. Sie musste Edward seine Familie, sein Land und seinen Job als Repräsentant eines Großreiches ersetzen. Dudley Forwood verstand die missliche Lage: „Was für eine schreckliche, schreckliche Verantwortung! Es war eine heilige Pflicht, aber sie war entschlossen, ihn als den zu behandeln, der er war, ein früherer König von England."

Dieser Ex-König stand am ersten Morgen auf dem Kärntner Schloss in Schlapfen vor ihrem Bett und fragte fröhlich: „Nun Darling, was steht heute auf dem Programm?" Wie sie später dem US-Schriftsteller Gore Vidal erzählte, hatte Wallis in diesem Moment das Gefühl, das Herz rutsche ihr in die Hose. So würde es nun jeden Tag sein. Sie würde kein eigenes Leben mehr haben, keine Gesellschaften für ihre Freunde mehr geben, keinen Plan für sich allein fassen können. Sie musste ihr Dasein diesem kleinen Mann unterordnen, der es gewohnt war, nach Stundenplänen zu leben, die andere ihm vorgaben. Und da keine anderen mehr da waren, war sie jetzt an der Reihe. Wallis weiter: „Ich musste den Platz der gesamten britischen Regierung einnehmen, musste mir ständig Dinge ausdenken, die er unternehmen könnte. Mein Leben hat ja keine Rolle gespielt. Aber ich denke, seines schon. Es war so eine Verschwendung (dass er abdankte, Anm.), einfach für jeden."

Wallis war keine emotionale Person, doch sie regte sich sehr darüber auf, dass ihr Mann von seiner Familie in ein schändliches Exil gezwungen worden war – so stellte es sich für sie dar. Edward hatte in seiner ikonischen Abdankungsrede am 11. Dezember 1936 davon gesprochen, dass er seine „Pflichten als König nicht so wahrnehmen" könne, wie er sich das wünsche, „ohne Beistand und Unterstützung der Frau, die ich liebe". Die Bürden waren auf Wallis übergegangen. Sie sagte, es habe für sie eine gewaltige Belastung dargestellt, Ehefrau des Herzogs zu werden. Sich um ihn entsprechend zu kümmern war eine Aufgabe, der sie sich nicht gewachsen fühlte. In Wasserleonburg ging sie allein in den Wald, setzte sich auf einen Stein und heulte wie ein Schlosshund. Glückliche Bräute sehen wohl anders aus.

Alltag im Schloss

Doch irgendwie musste es weitergehen. Als Beschäftigungstherapie nahm Wallis die Ausgestaltung der Räume im Schloss in Angriff, nachdem die Gräfin Münster sie in alles eingewiesen hatte. Edward sortierte die Postberge mithilfe einer Sekretärin aus Wien, empfohlen von der britischen Botschaft. Ansonsten waren in Wasserleonburg neben dem „ausgeliehenen" Personal der gräflichen Besitzer noch ein österreichischer und ein englischer Chauffeur anwesend, der Wallis im Buick nach Klagenfurt zum Shopping kutschierte, da sie weder Autofahren konnte noch Deutsch sprach. Edward fuhr meist selbst, er liebte Autofahren genauso wie Fliegen (obwohl er nach der Abdankung keine Flugzeuge mehr besaß) und redete ohnehin lieber Deutsch als Englisch. Ein österreichischer Koch sorgte dafür, dass immer genügend englischer Spezialtee, Grapefruits und andere Veggie-Speisen vorrätig waren. Wenn Gäste kamen, durfte er auch kochen. Zwei österreichische Kammerdiener reinigten und bügelten die Garderobe des Erfinders des Windsor-Krawattenknotens, den seine Gegner schon als jungen Mann höhnisch als „Schneiderpuppe" verunglimpft hatten. Wallis' unzählige Kostüme, Sommerkleider, Hüte und Broschen gehörten zum Aufgabenkreis von Mary Burke und einer englischen Kammerzofe. Eine weitere, österreichische Kammerzofe hielt die Zimmer des Ehepaares, Handtücher und Bettwäsche in Schuss.

Nachdem die wichtigsten alltäglichen Dinge verstaut waren und Wallis und Edward sich in Kärnten akklimatisiert hatten, beschlossen sie, am 9. Juni 1937 eine Pressekonferenz zu geben, um die Journalistenanfragen in einem Aufwasch zu erledigen. Dieser fromme Wunsch erfüllte sich nicht, es folgten zahlreiche weitere Pressetermine. Doch nun ging es einmal darum, was Edward zu tun gedenke, wo er doch nach der Hochzeit in Candé angekündigt hatte, sich zurückziehen zu wollen, um ein „fruchtbares Privatleben" zu führen. Wie werde dieses aussehen? Fünf Fotografen, drei aus Wien, einer aus England und einer aus Frankreich, durften sich über neue Bilder des Paares freuen. Filmreporter wurden abgewiesen, da sie hauptsächlich aus Amerika stammten und Wallis die US-Presse zu hassen gelernt hatte. Edward wich den Fragen aus. Er hatte bisher keine Jobangebote von George VI. erhalten, was ihn extrem beunruhigte und auch verletzte. Sprechen konnte er darüber nicht. Also lächelte er die Probleme weg, sagte, dass er sich in Österreich wie zu Hause fühle und dass es ihm und seiner Frau guttue, dass das Interesse an seiner Person im Vergleich zu den Monaten vor der Hochzeit etwas nachlasse.

Zur Feier seines 43. Geburtstags am 23. Juni lud Edward Wallis auf eine Autofahrt nach Wien ein. Selbstverständlich lenkte er den Wagen selbst. Wallis hatte Bedenken wegen eines Lysol-Attentats angemeldet, vor dem sie sich in der Hauptstadt fürchtete. Damit die Sicherheit für beide Windsors gewährleistet war, wurde bekannt gegeben, dass Wallis eventuell auch allein ausgehen wolle, und sie wurde somit getrennt beschützt. Die Ausflugspläne konnten nicht unter Verschluss gehalten werden. Eine überwältigende Menschenmenge wartete schon vor dem Hotel Bristol, um die Windsors zu begrüßen. Niemand hatte Lysol dabei. Stürmische Ovationen gab es auch sonst in der Stadt, wenn das flanierende Paar erkannt wurde. Den Fotografen wurden aber nur bei der Ankunft Bilder erlaubt, dann wollten Wallis und Edward in Ruhe einkaufen oder feiern. Das bis heute berühmte Restaurant „Zu den drei Husaren" wurde für das Paar geräumt, sodass sie in aller Ruhe speisen konnten. Auch die Eden-Bar hatten die beiden ganz für sich allein. Während Edward sich wieder einmal in der britischen Botschaft einfand, um über seine Zukunft zu verhandeln, ging Wallis zu Braun am Graben und erwarb Wäschestücke. Gesehen wurde sie auch bei einem Juwelier am Kohlmarkt und im Pelzgeschäft Horowitz, ebenso am Kohlmarkt gelegen. Gemeinsam mit ihrem Mann besuchte sie das Café Sacher. Einmal war das Ehepaar bei Alfons und Clarisse Rothschild zum Abendessen eingeladen. Treffen zwischen Kitty Rothschild und den Windsors fanden nicht statt, obwohl in diesen Tagen auch Kitty im Bristol abgestiegen war. Ihr Mann Eugen weilte erneut in Paris. Das Verhältnis zu Edward dürfte weiterhin eher unterkühlt gewesen sein. Der Herzog kam auch wieder zum beliebten Golfkurs im Lainzer Tiergarten und begleitete seine Frau einmal zum Friseur. An seinem Geburtstag benutzte er die Dampfkabine im geschätzten Dianabad und verbrachte den Abend mit Wallis am Cobenzl.

Der kurze Ausflug war erfolgreich und man kehrte wohlbehalten nach Wasserleonburg zurück. Dort hatte sich mittlerweile eine Urlaubsroutine durchgesetzt: Am Vormittag mähte Edward pfeifend und Pfeife rauchend die Wiesen im Schlosspark. Er liebte jegliche Gartenarbeit und schon bei ihrer ersten Einladung ins Fort Belvedere waren damals Wallis und Ernest Simpson Gartenkrallen in die Hand gedrückt worden: Edward, in Kniehosen und dem von ihm populär gemachten Fair-Isle-Pullover, verlangte, sie sollten ihn beim Unkrautjäten unterstützen. Ernest, immer der diensteifrige Untertan, hatte sogleich mit der Arbeit begonnen. Doch Wallis ließ das Werkzeug liegen, hakte sich beim Prinzen unter und ließ sich von ihm seine Pflanzungen zeigen. Sie wusste, was zu tun war.

Noch immer war sie mit dem Beantworten der Glückwunschschreiben zur Hochzeit beschäftigt und erledigte das an einem Schreibtisch, der für sie in den Garten gestellt worden war. Sie legte auch ein Fotoalbum zur Hochzeit an. Gut ging es ihr dabei nicht. Materielle Sicherheit hatte sie bestimmt gefunden, aber leidenschaftliche Liebe war bei dieser dritten Heirat nicht im Spiel. Von der Hochzeitsreise mit ihrem dritten Ehemann schrieb Wallis an ihren zweiten, vom dem sie wusste, dass er ihre emotionale Lage verstand: „Ich denke so viel an uns, obwohl ich versuche, es nicht zu tun. Wie es Dir wohl geht? Und der Firma? Ich würde so gerne von Dir hören, wenn Du mir etwas erzählen möchtest …“ Sie berichtete, dass es sehr friedlich sei in Kärnten und dass sie sich erholen könne von „diesen entsetzlichen Monaten und alldem, das wir alle durchmachen mussten. Ich fasse gerade Mut für die Zukunft.“ Sie analysierte – fast freudianisch – ihre Motivationen: „Die duale Seite meines Charakters will sich entfalten und die eine Seite hast Du perfekt ausfüllen können. Wie auch immer, ich werde mit mir selbst kämpfen bis zum Grab und wo andere Leute glücklich werden, da wird es mir nie gelingen, beide Seiten ausreichend zufriedenzustellen.“

Da sie mit ihrem Mann über solche Dinge nicht reden konnte, musste der Ex herhalten. Doch es ging nicht nur darum, dass Wallis ein Ventil für ihre widerstreitenden Emotionen benötigte. Eine Rolle spielte auch die neue Frau in Ernests Leben, die einmal ihre beste Freundin aus Jugendtagen im Höhere-Töchter-Internat gewesen war: Die sehr hübsche und aus gut situiertem Haus stammende Mary Kirk, geschiedene Raffray. Nun stand Mary kurz vor ihrer zweiten Eheschließung – mit Ernest Simpson, für den es die dritte Ehe werden sollte. Wie so viele Frauen, die das Pech hatten, Wallis' Wege zu kreuzen, hatte auch Mary mit Wallis mittlerweile gebrochen. Aus Rache bombardierte die Herzogin von Windsor Ernest mit Briefen, die sicher nicht zu einer Frischvermählten passten. Sie wusste, wie sehr sich Mary darüber ärgern und dass sie Ernest Fragen dazu stellen würde. Ernest selbst verhielt sich auch wenig hilfreich. Er schrieb an seine geschiedene Frau: „Ich weiß, dass irgendwo in Deinem Herzen eine kleine Flamme für mich brennt. Pass gut auf sie auf, mein Schatz, und lass sie nicht ausgehen.“ Doch vor allem genoss Wallis die Eifersucht anderer Frauen.

Drohbriefe

Edward bekam von den psychischen Problemen seiner Frau kaum etwas mit. In seinen Augen strahlte sie Sicherheit aus, Haltung und Schwung, Eigenschaften, die Edward bewunderte. Die darunter verborgene Unsicherheit erkannte er nicht. Als Wallis' wohlhabende Tante Bessie Merryman aus Amerika zu Besuch kam, war er erfreut, dass die Frauen gemeinsam Ausflüge nach Villach und Klagenfurt unternehmen konnten. Er selber kämpfte mit den Enzesfeld-ähnlichen Zuständen im Golfhotel Dellach am Pressegger See, das er regelmäßig aufsuchte, um dem Golfsport zu frönen. Natürlich ging er automatisch davon aus, dass das Hotelpersonal Berufs- und Amateurfotografen auf Abstand halten würde. Das Kärntner Provinzhotel im Besitz des Bierproduzenten Major „Jimmy" Foster war mit dem Ansturm von Fans und Journalisten vollständig überfordert und man musste um zwei Polizisten als Verstärkung ersuchen. Wallis empfahl, den geplagten Hotelburschen eine Auszeit zu gönnen und schlug vor, zu den Salzburger Festspielen zu fahren, wo sie und Bessie gern den „Fidelio" sehen wollten. Edward stimmte sogleich zu, obwohl er sich bei Opernvorstellungen fast zu Tode langweilte. Die Autofahrt über die Großglockner-Hochalpenstraße entschädigte ihn. Er und Wallis wohnten im Landhaus Fuschl, das sich im Besitz der Familie Mayr-Melnhof befand. Der Herzog wollte verhindern, dass das Quartier öffentlich bekannt gegeben würde. Er bat um „keinerlei Aufsehen" und wurde nur von zwei Polizeibeamten in Zivil begleitet.

Die Abreise nach Salzburg war auch verschiedenen Drohbriefen geschuldet: Einer kam aus Kanada, er wurde laut Poststempel am 4. Juni 1937, also einen Tag nach der Hochzeit der Windsors, in Ontario aufgegeben. Darin verleihen „wir 7 österreichisch-amerikanische Nazis" der Hoffnung Ausdruck, „unsere guten Brüder in Wien" würden „2 bekannte und unmoralische Charaktere, Eduard Windsor und seine jüdisch-amerikanische Frau Bessie Simpson-Windsor, Enkelin des Juden Salomon Davies Warfield und Stieftochter des Juden Solomon Rasin aus unserem Lande" entfernen oder ausweisen. „Unser schönes Heimatland wird durch die Anwesenheit einer solchen schmutzigen unmoralischen Jüdin und ihres noch schlechteren Liebhabers herabgewürdigt und besudelt." Unterzeichnet war das Schriftstück mit sieben Abkürzungen von

Uebersetzung

Canada

Wir 7 österreichisch-amerikanische Nazis werden uns freuen, wenn unsere guten Brüder in Wien ihr Aeusserstes tun werden,um diese 2 bekannten und unmoralischen Charaktere Eduard Windsor und seine jüdisch-amerikanische Frau Bessie Simpson_Windsor, Enkelin des Juden Solomon Davies Warefield und Stieftochter des Juden Solomon Rasin aus unserem anständigen Lande zu entfernen oder auszuweisen.

Unser schönes Heimatland wird durch die Anwesenheit einer solchen schmutzigen unmoralischen Jüdin und ihres noch schlechteren Liebhabers herabgewürdigt und besudelt.

Wir danken ihnen

F.H. S.T. F.L.
K.M. F.M. L.P.
V.M.

Adresse auf dem Briefumschlag: An das Sekretariat des Nazi_Klubs oder der Zentrale Wien-Oesterreich_Europa.

Poststempel: Toronto, Ontario, 4.VI.1937.

Ein nationalsozialistischer Drohbrief aus Kanada schockierte die Windsors auf ihrem abgelegenen Ferienwohnsitz in den Bergen.

Vor- und Nachnamen. Als Adresse stand auf dem Briefumschlag: „Sekretariat des Nazi-Klubs oder der Zentrale Wien – Österreich – Europa."

Einen zweiten Drohbrief hatten österreichische Nationalsozialisten verfasst, die ankündigten, den Bundespräsidenten Wilhelm Miklas und Edward als Geiseln nehmen zu wollen, um ihre politischen Forderungen durchzusetzen. Als Reaktion auf solche Schreiben fanden in Nötsch und Umgebung verstärkt „Fremdenkontrollen" statt. Sieben Polizisten bewachten das Schloss, auch wenn das Herzogspaar auswärts unterwegs war. Zwei Polizeibeamte patrouillierten in der Nacht. Insgesamt 18 Gendarmen waren aus der Umgebung angefordert worden, mit klarem Dienstprofil: „Nur gebildete Leute mit Umgangsformen" kamen infrage, so der Akt im Archiv der Republik in Wien. In den Räumen des kleinen Polizeipostens Nötsch wurde eine eigene Telefonverbindung zum Schloss installiert. Beim Schloss selbst musste man mit strengsten Passantenkontrollen rechnen: „Jede Belästigung durch Privatpersonen" sollte verhindert werden.

Geladene Gäste kamen problemlos durch, es gab deren viele und fast alle blieben bis weit nach Mitternacht. Besonders gern holte Edward Musiker nach Wasserleonburg, einmal zwei Ziehharmonikaspieler aus der Umgebung; und als er hörte, dass in Velden am Wörthersee gerade eine Wiener Kapelle gastierte, lud er auch diese aufs Schloss ein. Recht falsch – wie immer – sang der Herzog von Windsor mit umso größerem Enthusiasmus mit: „Wien war einst eine Kaiserstadt", „Lass mich schaun, schaun, schaun" oder eines seiner Lieblingslieder „Hat der Stephansdom an Schnupfen?". Unter den internationalen Besuchern waren die Interior-Designerin Sibyl Colefax, die Edward mit der Musik Mozarts bekannt gemacht hatte, Alfonso, der Ex-König von Spanien, Dudley Forwood und immer wieder das Ehepaar Bedaux, das mit den Windsors die anstehende Fahrt nach NS-Deutschland vorbereitete. Zusammen mit dem Schlosseigentümer Graf Münster besuchten Wallis und Edward die Kärntner Landesmeisterschaft im Tennis und ließen sich danach in einer Bar in Pörtschach am Wörthersee feiern. Nicht alle gemeinsamen Unternehmungen verliefen so friktionsfrei. Während eines Ausflugs nach Tirol stritt das Ehepaar in einem Restaurant so heftig, dass Wallis sich an einen anderen Tisch setzte. Edward war gezwungen, seiner Frau zu folgen. Sonst wäre ein Skandal unausweichlich gewesen.

Eine Berühmtheit in Nötsch war der Maler Franz Wiegele („Nötscher Kreis"), dessen Atelier Edward in Begleitung von Wiegeles Bruder Alfred, dem Bürgermeister der kleinen Gemeinde, gerne aufsuchte. Alfred Wiegele, eine Sportskanone mit eigenem Tennisplatz, ließ es sich nicht nehmen, mit dem Feriengast öffentlichkeitswirksam die Bälle hin und her zu schupfen. Der Bürgermeister übte im Hauptberuf sein Handwerk als Mühlenbesitzer und Bäcker aus, seine frisch gebackenen Semmeln und Mehlspeisen wurden täglich am Morgen nach Wasserleonburg transportiert. Bis heute existiert in Nötsch die Bäckerei Wiegele.

Im August 1937 wurde es recht turbulent. Edwards Bruder George hatte sich mit seiner Ehefrau Marina angesagt, die beiden reisten am 9. August aus Wien an. Anfang August hatten die Wasserratten von Windsor – beide genossen das Schwimmen im Meer – nochmals einen Ausflug nach Venedig unternommen. Sie stiegen wieder im „Excelsior" am Lido ab, kauften Murano-Glas ein und besuchten eine Aufführung von „Romeo und Julia". Da sich im Hochsommer besonders viele Engländer und Amerikaner als Touristen in der Lagunenstadt aufhielten, kam es zu großen Menschenaufläufen. Autogrammjäger nervten Edward, der nur eine kurze Hose und eine Art Rippunterhemd trug. Daneben wirkte Wallis in ihrem türkisblauen Leinenkostüm umso eleganter.

Im Sommer lockte die Kärntner Alpenlandschaft mit unzähligen Einladungen zu Kirchweihfesten, denen Wallis mit großer Ausdauer nachkam. Sie führte ihre diversen österreichischen Dirndl aus, die sie von Edward geschenkt bekommen hatte, und wurde vor allem von Kindergruppen freudig begrüßt. In Villach kaufte die Herzogin Süßigkeiten im Wert von 70 Schilling ein, enorm viel Geld damals. Selbstverständlich waren alle Leckereien für die Kärntner Landjugend bestimmt, auch die Freiwilligen Feuerwehren wurden auf den Festen großzügig mit Spenden bedacht. In Kärnten ließen sich die Windsors nicht lumpen.

Langsam aber sicher musste man daran denken, die Zelte in Wasserleonburg abzubrechen. Im September war als nächste Station der Hochzeitsreise das Wasserschloss Portz bei Mikulov vorgesehen. Die Anreise wurde in Wien kurz unterbrochen, um den Schauplatz der am 17. September 1937 abgebrannten Rotunde auf dem Pratergelände zu besichtigen. Das für einen Jagdaufenthalt gebuchte Wasserschloss befindet sich fast direkt an der österreichisch-tschechischen Grenze und gehörte damals dem österreichischen Diplomaten Albert Mensdorff-Pouilly-Dietrichstein, der häufig in England im Einsatz war und sowohl mit Edwards Großvater Edward VII. als auch mit seinem

Vater George V. gut zusammengearbeitet hatte. Er stellte den Windsors das Schloss zur Verfügung. Mensdorff-Pouilly-Dietrichstein hatte mit dem damaligen Prinzen von Wales gelegentlich politische Gespräche geführt und war vor allem im Jahr 1933 nach der Machtübernahme der Nationalsozialisten in Deutschland überrascht bis entsetzt über die extreme Deutschfreundlichkeit des Mannes, von dem man annahm, er werde einmal als moderner Monarch regieren:

„Es ist bemerkenswert, wie sehr er seine Sympathien für die Nazis bekundete. ‚Natürlich ist es das einzige, was wir tun können, wir müssen das unterstützen, denn wir haben hier ja auch eine große Gefährdung von Seiten der Kommunisten.' Klarerweise hat er den Friedensvertrag von Versailles 1919 verurteilt. ‚Sollte es erneut einen Krieg geben, müssen wir auf der Seite der Sieger stehen, und das werden die Deutschen sein, nicht die Franzosen.' Ich habe ihn gefragt, wie man die Nazi-Diktatur überwinden könne. Es schien, als habe er sich darüber keine Gedanken gemacht. Es ist aber trotzdem interessant und bezeichnend, dass er so viel Zustimmung für Deutschland und die Nazis zeigt."

Neue Pläne

Die Tour der Windsors durch das „Dritte Reich" sollte im direkten Anschluss an die Hochzeitsreise stattfinden, die in Wallis' Pariser Lieblingshotel „Le Meurice" feierlich beendet wurde. Charles Bedaux hatte die Fahrt organisiert, um seine Geschäftsinteressen in Deutschland voranzutreiben. Der Deutsch sprechende Ex-Monarch, der sich so begeistert über die nationalsozialistischen „Fortschritte im Kampf gegen die Arbeitslosigkeit" gezeigt hatte, sollte ihm dabei zur Hand gehen. In England befanden sich Regierung und Königsfamilie in höchster Alarmbereitschaft. Man fürchtete, Edward werde sich in Hitler-Deutschland von den indoktrinierten Massen bejubeln lassen und wolle später als „working class hero" nach England zurückkehren, um Bertie den Thron streitig zu machen.

Dudley Forwood, der bei den Vorbereitungsgesprächen der Besichtigungstour, die in den USA fortgesetzt werden sollte, häufig anwesend war, meinte später, sicher habe Edward gerne nach Deutschland fahren wollen. Er habe auch echtes Interesse an den dortigen Arbeitsbedingungen und den Angeboten der NS-Organisation „Kraft durch Freude" gezeigt. Doch in erster Linie wollte er Wallis einen Gefallen tun und Abbitte dafür leisten, dass er sie nicht zur Königin und Kaiserin hatte machen können. In Deutschland, so hatte er angeordnet, würden alle Politiker vor ihr knicksen und sie als Königliche Hoheit behandeln, die sie nicht war. Er wollte ihr einen Fast-Staatsbesuch ermöglichen. Dazu kam sein kindisch-störrisches Verhalten seinem Bruder George VI. gegenüber, der ihm noch immer keine Aufgabe im Empire zugewiesen hatte, dafür aber sehr rasch von der Reise ins „Reich" dringend abgeraten hatte. Edward soll geschimpft haben: Seine Familienangehörigen hätten sich ihm gegenüber besch… („bloody") verhalten, warum sollte er nun tun, was sie wollen?

Also ging es Anfang Oktober 1937 mit der Eisenbahn von Paris nach Berlin. Wallis hatte weder von der Reichspolitik noch sonst von den Zuständen in Deutschland eine Vorstellung und berichtete an Ernest: „Eine hochinteressante Reise, aber sehr anstrengend, es beginnt jeden Morgen um 8 und endet um 5 Uhr. Zur Abwechslung nehmen wir morgen schon um 7:15 Uhr den Zug. Peter Pan ist fest entschlossen zu helfen, die Arbeitsbedingungen hier zu verbessern. Er mag diese Menschen viel lieber als uns alle – und ich bin sicher, sie sind viel netter."

Mit Rassismus kannte sich Wallis aber sehr wohl aus. Das Geld ihrer Vorfahren wurde mithilfe von Sklavenarbeit erwirtschaftet, auch im Sklavenhandel hatten die Warfields mitgemischt. Spurten die Sklaven nicht, wurde ihnen mit dem Verkauf weiter in den Süden gedroht, wo die (Über-)Lebensbedingungen noch härter waren als in Wallis' Heimat Maryland. Als sie zehn Jahre alt war, amtierte einer ihrer Cousins als demokratischer Gouverneur. Er ließ einen Sklaven einsperren, der weißen Frauen nachgestellt haben soll, um ihm einen Lynchmord zu ersparen. Der Verurteilte wurde schließlich „im Namen des Gesetzes" auf einer Insel notdürftig erhängt, davon soll im Familienalbum ein Foto aufbewahrt worden sein.

Ganz Baltimore, wo strikte Rassentrennung herrschte, befand sich in Aufruhr. Wallis hat diesen Tumult als Kind bestimmt mitbekommen.

II
Bessie aus Baltimore

Wie man wird, was man ist

In ihrer Autobiografie „The Heart Has Its Reasons" (1956) schweigt Wallis über das andere „local girl" aus ihrer Heimatstadt Baltimore, das eine ganz ähnliche Karriere wie sie selbst hingelegt hat und von dessen Geschichte jedes Schulkind in der Stadt bis heute hört: Elizabeth Patterson, genannt Betsy. Die reiche Kaufmannstochter heiratete einen Prinzen, durfte aber nicht mit ihm zusammenbleiben. Im Jahr 1803 kam Napoleons Bruder Jérôme Bonaparte nach Amerika und lernte in Baltimore Betsy kennen. Die beiden verliebten sich und wurden getraut, doch Jérôme war nicht volljährig, was Napoleon als Grund dafür angab, dass er die Ehe nicht anerkennen würde. Aus machtpolitischen Gründen wollte er den Bruder lieber mit einer europäischen Prinzessin verehelicht sehen. Betsy war schon schwanger, als sie mit ihrem Mann nach Frankreich segelte, doch es wurde ihr verboten, an Land zu gehen. Sie fuhr nach England und brachte dort ihren Sohn Jérôme Napoléon Bonaparte zur Welt, der „Bo" genannt wurde. 1806 wurde die Ehe offiziell annulliert, Betsy erhielt eine hohe, jährlich ausbezahlte Abfindung. Doch wie später Wallis, wollte sie auf keinen Fall zurück nach Maryland – „my Baltimore obscurity" wird Wallis es nennen – und lebte in Paris im Exil, unglücklich bis an ihr Lebensende.

Die Parallelitäten sind auffällig, wurden allerdings wie viele andere Geschehnisse, die ihr nicht in den Kram passten, von Wallis verheimlicht, verdreht, „modifiziert". Rätsel und Heimlichkeiten hatte es in Wallis' Leben von Anfang an gegeben, sie lassen sich sogar schon vor ihre Geburt zurückdatieren. Für ihre Ankunft auf dieser Welt gibt es keinen Nachweis – die Geburtsurkunde ist nicht vorhanden und auch in den Zeitungen findet sich kein Hinweis zur Geburt eines Mädchens namens Bessiewallis Warfield, Tochter von Teackle Wallis und Alice Warfield, geborene Montague, wie es respektable Eltern zu dieser Zeit annonciert hätten.

Da Wallis wie viele Menschen ihrer Generation ziemlich abergläubisch war, hätte sie gerne darüber Bescheid gewusst, wann genau sie das Licht der Welt erblickt hatte, und fragte ihre hübsche und schlagfertige Mutter Alice immer wieder danach. Alice wurde eigentlich auf Alys getauft, hatte ihren Namen

S. 57: Auf dem Weg zur Stilikone: Die etwa 14-jährige „Wally" Warfield mit dem „Professorenaccessoire" Monokel und Bubikopf, um 1910. Wallis war wohl eine der ersten und jüngsten Trägerinnen dieser eben erst in Paris vorgestellten, sogleich als „unweiblich" verunglimpften Frisur.

Die junge Witwe Alice Warfield im Trauerkleid mit ihrer kleinen Tochter Bessiewallis, 1896.
Als alleinerziehende Mutter unternahm Alice große Anstrengungen,
um sich und ihr Kind einigermaßen durchzubringen.

jedoch in Alice geändert – es klang „französisch“ und aus diesem Grund ihrer Meinung nach viel vornehmer. Auf die bohrenden Nachfragen der Tochter antwortete Alice, sie sei in diesen Momenten sehr beschäftigt gewesen, habe keine Zeit gehabt, den Kalender zu konsultieren, geschweige denn eine Uhr. Woher Wallis ihren berühmten, sarkastischen Wortwitz hatte, ist klar.

Der Kamelienmann

Auf jeden Fall wurde Wallis nicht in Maryland, sondern in Pennsylvania geboren, aller Wahrscheinlichkeit nach am 19. Juni 1896. Ihre Eltern hatten erst im November 1895 in Baltimore geheiratet, nicht in der Kirche, sondern im angrenzenden Pfarramt. Weder Eltern noch Schwiegereltern waren bei der Eheschließung dabei, nur einige Freunde. Alice und Teackle Wallis galten nämlich als „Romeo und Julia aus Maryland“ – sie heirateten in aller Eile gegen den Willen beider Herkunftsfamilien. Die Braut war schon in anderen Umständen, sonst hätten die beiden 25-Jährigen vielleicht doch noch auf einen Sinneswandel der jeweiligen Eltern gewartet. Das Hauptproblem war der Bräutigam, T. Wallis, wie er sich nannte, ein hübscher junger Mann mit melancholischem Blick und der Ausstrahlung eines Poeten. Alice verfiel seinem Charme, obwohl T. Wallis seit seinem 18. Lebensjahr an Tuberkulose litt. Die wohlsituierten, gutbürgerlichen Warfields schämten sich für die Krankheit ihres Sohnes, die als „Arme-Leute-Seuche“ galt. Anstatt ihn in ein Sanatorium zu schicken, ließen sie den Burschen als Buchhalter in der Bank des älteren Bruders Solomon Davies Warfield arbeiten, um die „Schande“ zu überspielen. Es hieß, T. Wallis werde nie Frau und Kinder ernähren können, daher möge er sich vom weiblichen Geschlecht grundsätzlich fernhalten.

Die Montagues wiederum, eine ebenso wie die Warfields alteingesessene Südstaatenfamilie, hielten die Vorfahren von T. Wallis für „neureich“ und vertraten die Ansicht, ihre schöne und lebhafte Alice könne eine viel bessere Partie machen als den schwächlichen, kränkelnden T. Wallis. Von allen Seiten riet man den beiden von einem Zusammenkommen ab. Doch das verliebte Pärchen pfiff auf die wohlwollenden Empfehlungen und fuhr, nachdem sich die Krankheit des werdenden Vaters zusehends verschlimmerte, im Frühsommer 1896 in die Ferienregion Blue Ridge Summit, die zur Hälfte in Pennsylvania und zur anderen Hälfte in Maryland lag. Wallis wird später oft auf die zwei widerstreitenden Seiten ihres Charakters zu sprechen kommen, die sie auf ihre Geburt in einer „Grenzregion" zurückführte sowie auf die recht verschiedenen Familien von Mutter und Vater.

Während die Warfields eher nüchterne, kaufmännisch orientierte Menschen waren, galten die Montagues als Bohemiens, die keine großen Pläne wälzten, Dinge auf sich zukommen ließen und auch den Teufel in der nächsten Welt nicht sonderlich ernst nahmen. Wallis schrieb, die Montague-Männer seien voller Südstaaten-Charme gewesen, aber Geld hätten sie keines auf der Bank gehabt. Abenteurer und Hasardeure, nutzlos und inkompetent seien sie gewesen. Die Frauen der Familie tanzten durch das Leben, waren bekannte Schönheiten, vor allem Wallis' Mutter Alice, deren ältere Schwester Bessie und Cousine Corinne, die in Wallis' Jugend eine bestimmende Rolle einnehmen wird. Den Montagues eilte der Ruf voraus, „wundervolle, witzige, intelligente Leute" zu sein – „und sie werden Ihnen das auch sagen", so Wallis. Alice Montague war eine kleine, blonde Frau mit marineblauen Augen, in die T. Wallis stundenlang blicken konnte und die später als schönstes Merkmal der gemeinsamen Tochter gelten sollten. Eine Menge Verehrer folgten Wallis schon früh auf dem Fuß.

Dass der schwer kranke T. Wallis überhaupt ein Kind zeugen konnte, wurde bereits als kleines Wunder wahrgenommen, doch die Geburt kam erst recht überraschend. Da die Eltern sich im Monterey Inn Hotel aufhielten, fern der Heimatstadt, fehlte der Hausarzt der Warfields und die junge Mutter wurde von einem rasch herbeigerufenen 22-jährigen Jungmediziner entbunden, der sein Studium gerade erst abgeschlossen hatte. Wallis war in einer Holzhütte hinter dem eigentlichen Hotel zur Welt gekommen.

Besondere Veranlagungen

Ihre britische Biografin Anne Sebba („That Woman", 2011) vermutet, Wallis sei wahrscheinlich mit DSD (Differences of Sex Development) geboren worden, einer Variante der Geschlechtsentwicklung, also Intersexualität. Auch der Autor Michael Bloch, Herausgeber des Briefverkehrs zwischen Edward und Wallis, der jahrelang in Wallis' Haus in Paris lebte und arbeitete, als es Wallis schon sehr schlecht ging, beschreibt in ihrem Fall eine Komplette Androgenresistenz. Bei dieser körperlichen Besonderheit handelt es sich um eine am harmloseren

Ende des Spektrums von zahlreichen möglichen Varianten der Geschlechtsentwicklung angesiedelte „Störung“. Betroffenen fehlen die Andockstellen für Testosteron. Trotz des männlichen Chromosomensatzes XY bilden sich beim Fötus die weiblichen Sexualorgane Scheide und Klitoris.

Personen mit Kompletter Androgenresistenz wachsen auf jeden Fall als Mädchen auf, vor allem im 19. Jahrhundert, als ein so junger Geburtshelfer ohne Erfahrung zur besorgten Mutter wohl nur gesagt hätte, sie solle sich keine Gedanken machen, auch wenn die Geschlechtsorgane etwas „anders“ ausgesehen haben mögen als üblich. Alles würde sich bis zur Pubertät bestimmt einrenken. Es besteht die (sehr wahrscheinliche) Möglichkeit, dass Wallis nie ihre Regel bekommen hat, da Mädchen mit diesem Variantenbild ohne Gebärmutter, ohne Eierstöcke und ohne Eileiter geboren werden. Ihre Vagina wäre sehr kurz gewesen, die vorhandenen Hoden wären jedoch nicht, wie bei männlichen Babys üblich, vor der Geburt in den Hodensack gewandert, sondern im Körper verblieben. Zu dieser Art von Intersexualität würde auch passen, was Wallis' Mutter auf dem Totenbett gesagt hat: „Wallis wird nie Kinder bekommen können.“ Da ein Chromosomentest damals nicht möglich war, kann man sich heute nur auf Wallis' Aussehen als Erwachsene und auf ihre Verhaltensmuster berufen. Definitiv hatte Wallis große Hände, die nicht zu ihrer ansonsten kleinen Statur passten. Sie hatte ein kantiges Kinn sowie einen Körper, der über keinerlei Rundungen verfügte. Wenn sie nicht – unterstützt von Ernährungsexperten – lebenslang Diät gehalten hätte, wäre ihre Taille zur Gänze verschwunden und sie hätte noch männlicher auf Betrachter gewirkt. In der Pubertät entwickelte sie eine starke Muskulatur an Beinen und Armen, was sie zu einer ausgezeichneten Basketballspielerin und Reiterin heranwachsen ließ. Interessant ist, dass es einige erfolgreiche weibliche Models mit einem fast unmöglich hageren, hochgewachsenen Aussehen gibt, die ebenfalls mit Kompletter Androgenresistenz zur Welt gekommen sind.

Da um 1900 sämtliche Lebensbereiche in „männlich“ und „weiblich“ eingeteilt waren, wäre Wallis mit ihren verwirrenden Anlagen als verstörende Präsenz wahrgenommen worden, die scheinbar die Welt aus den Angeln heben kann. Und Wallis war tatsächlich genau das.

Als der englische Schriftsteller James Pope-Hennessy die Windsors 1958 in ihrem französischen Landhaus, einer umgebauten alten Mühle in Gif-sur-Yvette, besuchen kam, um mit Edward über seine geplante Biografie zu Königin Mary zu sprechen, notierte er in seinem Tagebuch: „Wallis ist eine der seltsamsten Frauen, die ich je gesehen habe. Sie sieht phänomenal aus. Sie ist flach und eckig und könnte für eine mittelalterliche Spielkarte designt worden sein. Sie ist eine amerikanische Frau par excellence … Wäre da nicht der Verdacht, dass sie überhaupt keine Frau ist."

Ein grafologisches Gutachten aus den 1930er-Jahren wies Wallis' Handschrift aus als die „einer Frau mit starken Neigungen zum Männlichen im Sinn von Aktivität, Vitalität und Initiative. Sie MUSS dominieren, sie MUSS Autorität besitzen und wenn sie nicht ausreichend Spielraum für ihre Kräfte erhält, kann sie unangenehm werden. In einer zu begrenzten Umgebung und ohne Aufgaben, die sie erfüllen kann oder wenn ihr die Möglichkeit fehlt, ihre Spielräume zu vergrößern, wird ihr Temperament ungeduldig und gereizt. Aber sie ist nicht ohne edle und großzügige Instinkte. Sie wird von gegensätzlichen Impulsen gesteuert, im physischen Sinn des Wortes sadistisch, kühl, herrisch, eitel."

Anne Sebba hat für ihr Buch über Wallis Simpson auch einen plastischen Chirurgen befragt, der auf Gender-Operationen spezialisiert ist, Christopher Inglefield. Er erklärte, wie Menschen wie Wallis funktionieren:

„Das Problem ist, wie macht man nach außen klar, dass man eine Frau ist, wenn man sich aber biologisch nicht entwickelt wie andere Mädchen? Oft verstehen solche Menschen nicht, wer oder was sie sind. Für eine Frau ohne Reproduktionsorgane ist es also verständlich, dass sie verrückt nach Männern ist. Oder dass sie so schnell heiratet wie möglich. Dann sagen alle Bekannten: Das ist eine ganz normale junge Frau.

Eine sehr frühe Heirat ist für Menschen mit Kompletter Androgenresistenz die Norm, aber auch der Drang, sich so weiblich wie nur möglich zu kleiden, um den Erwartungen der Gesellschaft zu entsprechen. Eine andere Sache ist der Umgang mit Sex. Auch hier verhalten sich diese Menschen in der allerweiblichsten Art und Weise. Wallis sagt: Schaut mich an, ich bin eine Frau. Ich bin vielleicht nicht die Schönste, aber ich bin so elegant. Ich bin der Inbegriff von Weiblichkeit. – Kleider und Sexualität, das gehört alles zusammen."

Bei Wallis wirkte sich diese Veranlagung – wahrscheinlich – dahingehend aus, dass ihr der Ruf vorauseilte, Männer sexuell beherrschen zu wollen. Mithilfe „geheimer" Sexpraktiken soll sie versucht haben, ihre diversen Geliebten zu manipulieren. Über sich selbst sagte sie: „Ich bin von Natur aus fröhlich und kokett." Gerade in ihrer ersten Ehe erwarteten die Schwiegereltern der gerade 20-Jährigen eine baldige große Familie. Es wäre vielleicht der endgültige Beweis für ihr Frausein gewesen, hätte Wallis bei sich eine Schwangerschaft feststellen können. Doch es tat sich nichts. Als der 30. Geburtstag nahte, wird sie sich damit abgefunden haben, keine Kinder bekommen zu können. Im Gegensatz zu anderen Frauen ihrer Zeit, die Autobiografien verfasst haben, äußerte sich Wallis dazu mit keinem Wort. Stattdessen schrieb sie häufig über unerklärliche Geschwüre im Bauchraum, die schmerzhaft waren, ihr ganzes Leben lang auftraten und gelegentlich operiert werden mussten. Sie blieb aber immer vage über deren Ursache. Höchstwahrscheinlich hingen diese „Geschwüre" mit ihrer Variante der Geschlechtsentwicklung zusammen. Vermutlich hat sie auch einmal einen Gynäkologen aufgesucht, der bestimmt überrascht war, als er keinen Muttermund entdecken konnte. Aber gesagt hat man ihr in dieser Epoche, den späten 1910er-Jahren, wohl eher nichts. Es hätte keinen Sinn gemacht, die Patientin unnötig aufzuregen, eine „Heilung" wäre nicht möglich gewesen. Sie solle beten und hoffen – das war der damals gängige Rat für Frauen mit unerfülltem Kinderwunsch.

Methoden der Selbstermächtigung

Wallis dürfte bald die Vorteile einer solchen körperlichen Disposition erkannt haben, nämlich dass sie ohne Furcht vor einer ungewollten Schwangerschaft ein aktives Sexleben führen konnte. Sie wusste, sie war „anders", aber sie kam damit zurecht. Ihr „Anderssein" nahm sie als etwas Besonderes wahr. Sie ließ sich davon nicht erniedrigen, sondern stilisierte sich zu einer ungewöhnlich schlanken, nach eigenen Designs gekleideten und extravagant geschminkten jungen Frau mit einzigartiger Persönlichkeit. Sie war entschlossen, aus sich selbst ein beispiellos optimiertes Lebewesen zu machen, eine Frau, die auffiel und (für Männer) unvergesslich sein würde.

Zu dieser Selbststilisierung gehörte auch die Auswahl ihres Namens, ein zentraler Akt der Selbstermächtigung. Oder der Selbst-Erschaffung. Wallis stellte sich die Frage: Wer will ich sein? Du wirst niemanden treffen, der so heißt wie ich. Nimm mich an, so wie ich bin, lautete ihr lebenslanges Credo. „Hi, ich bin Wallis", sagte sie, sobald sie einen Raum betrat. Ihren Vater, T. Wallis, hatte sie nie kennengelernt. Seine letzten Worte waren, als er ein Foto seiner Tochter ansah, die er wegen der Ansteckungsgefahr nie im Arm halten durfte: „Ich glaube, Alice, sie sieht den Warfields ähnlich. Hoffen wir, dass sie wenigstens deinen Charakter hat." Wieder kamen die Kontraste in den Herkunftsfamilien zur Sprache. Dann starb der junge Vater, wenige Wochen nach Wallis' Taufe. Sie war fünf Monate alt. Es war sogar schwierig, Leichenträger für T. Wallis zu finden, da sich alle so sehr vor der unheilbaren Krankheit fürchteten.

Wallis beschloss, wie ihr Vater zu heißen und somit einen männlichen Vornamen zu tragen. Ihr erster Vorname „Bessie" – nach ihrer Tante – verschwand auf Nimmerwiedersehen. Es sei sowieso nur „ein Name für Kühe", erläuterte die Teenager-Wallis.

Der alleingelassenen Familie ging es schlecht. Das kleine Mädchen samt seiner mittellosen Mutter Alice stand praktisch auf der Straße. Es war so gekommen, wie die alten Warfields und Montagues befürchtet hatten: Ohne Vater gab es kein Geld, keine Zukunft. Die Mutter verfügte über keinerlei Ausbildung. Der ältere Bruder des toten T. Wallis, bei dem er in der Bank gearbeitet hatte, nahm sich der weiblichen Verwandtschaft schließlich an. Onkel Sol, wie Alice ihn nannte, war viel älter als sie und Junggeselle. Er lebte im Haus seiner Mutter, der gestrengen, stets schwarz gekleideten Witwe Anna Emory-Warfield, und besaß zusätzlich ein Appartement in New York, in dem er sich mit seinen Freundinnen traf, hauptsächlich Schauspielerinnen und Tänzerinnen. Solomon Davies Warfield quartierte Mutter und Tochter auf demselben Stockwerk des großen Stadthauses in Baltimore ein, auf dem er selbst lebte, was bald zu Schwierigkeiten führen sollte. Aber vorläufig überwies er Alice monatlich eine bestimmte Summe auf ihr Konto bei seiner Bank, zeigte ihr gleichzeitig aber deutlich, wer das Sagen hatte. Die Summe war nie dieselbe, sondern einmal mehr, dann wieder weniger. Alice konnte manchmal gerade die Lebenshaltungskosten für sich und Wallis decken, dann wieder war es richtig viel, sodass auch neue Kleider oder andere größere Anschaffungen möglich waren. Aber man wusste es nie im Voraus und so hatte Onkel Sol die „armen Verwandten" in der Hand, hielt sie in bedrückender Abhängigkeit.

Alice und Wallis erhielten jedoch auch Schutz in diesem alten Haus, stand der Name Warfield doch für Stabilität, Sicherheit und Status. Jeden Samstag nahm Großmutter Anna die kleine Wallis an der Hand und ging mit ihr auf den Wochenmarkt, das Highlight ihrer Kindertage, wie sich Wallis erinnerte. Die Matronen von Baltimore kleideten sich dafür extra fein, trugen weiße Handschuhe und fassten selbstverständlich nichts an. Das erledigte die schwarze

Dienerschaft, die in Respektsanstand hinter ihrer Herrschaft herging. Als Wallis heranwuchs, bekam sie die Lebensregeln der Oma mit auf den Weg: „Erlaube nie einem Mann, deine Hand zu küssen. Sonst wird er dich nie heiraten." „Heirate nie einen Yankee (= Mann aus den Nordstaaten)." „Trink keinen Kaffee, er macht deine Haut gelb." Die unaufhörliche Leier der kerzengerade im Rosenholz-Schaukelstuhl sitzenden älteren Dame ließ in der kleinen Enkelin eine übermäßige Vorsicht und Ängstlichkeit vor allen möglichen „Gefahren des Alltags" heranreifen. Eine schöne Puppe, die sie erhielt, nannte sie Anna nach der durchsetzungsfähigen Großmutter. Weitere Puppen bekamen Namen, die Wallis bei Gesprächen der Erwachsenen aufgeschnappt hatte: Mrs. Astor und Mrs. Vanderbilt, die reichsten Frauen ihrer Zeit in Amerika. Dazu erfand sie Geschichten von Bällen und Empfängen, Königen und Prinzessinnen und da sie ein Einzelkind war, spielte sie alleine die imaginären Unterhaltungen der Puppen durch. Wenn jemand sie beim Spiel unterbrach, flippte sie leicht aus. Tante Bessie sagte, sie habe nie ein Kind mit einer größeren Einbildungskraft kennengelernt als ihre Nichte Wallis. Alice bemerkte in jenen Kleinkindjahren ihrer Tochter, dass diese eine kurze Aufmerksamkeitsspanne entwickelte und sich übermäßig schnell langweilte. Alice sagte dann: „Niemand ist so hässlich wie Wallis, wenn ihr langweilig ist." Das Mädchen nahm es tragisch, Konflikte und Konkurrenzverhalten zwischen Mutter und Tochter bahnten sich an. Die geduldete Existenz bei vermögenden Verwandten stigmatisiere sie als Außenseiterin, sie werde viel schlechter behandelt als ihre Cousins, klagte Wallis und machte ihre Mutter dafür verantwortlich. Alice war zufrieden mit ihrem etwas ärmlichen Südstaaten-Background, ganz im Gegensatz zu ihrer Tochter. Wallis hatte ein Ziel: Gesellschaftlicher Aufstieg durch planvollen Ehrgeiz, eine Stufe nach der anderen. Ihre ersten Worte sollen nicht „Mama" gewesen sein, sondern „me, me".

Prekäre Verhältnisse

Wallis war ein von Mutter und Tante sehr verwöhntes Kind. Alice opferte Energie und sogar ihre Gesundheit, um ihre Tochter immer mit dem Bestmöglichen zu versorgen. Doch das sah Wallis erst im Erwachsenenalter ein.

Onkel Sol, so schien es, dürfte begonnen haben, der hübschen jungen Witwe nachzustellen. Er begegnete ihr täglich und versuchte, Unterhaltungen mit Alice anzuknüpfen. Dies konnte Großmutter Anna nicht verborgen bleiben, es sorgte für Unruhe im Haus. Alice Warfield hatte am älteren Bruder ihres verstorbenen Mannes kein Interesse, sie verachtete ihn in Wirklichkeit und verließ schließlich mit ihrer Tochter das schöne Haus in der East Preston Street. Genau gegenüber lebte in diesen Jahren die Schriftstellerin Gertrude Stein, die Psychologie und Medizin studierte, boxte und Zigarren rauchte. Zusätzlich arbeitete sie an lesbischen Coming-out-Stories. Jahrzehnte danach erinnerte sie sich an das kleine, dunkelhaarige Mädchen mit Mittelscheitel und langen Zöpfen, das sich zur berühmtesten Frau der Welt mausern sollte. Stein verfasste die Geschichte „Ida" über eine moderne Celebrity, die berühmt war fürs Berühmtsein, aber ansonsten keine besonderen Qualitäten vorzuweisen hatte.

Alice konnte sich eine komfortable Bleibe nicht wirklich leisten und zog mit ihrer Tochter in ein billiges Wohnhotel, an das Wallis später nur ungern zurückdenken wird. Sie fühlte sich einsam und unglücklich, vermisste ihre Oma und auch ihre Mutter hatte kaum Zeit für sie. Alice war so knapp bei Kasse, dass sie in einem Tauschladen selbst hergestellte Stickarbeiten verkaufen musste. Als sie dann in einem anderen Wohnhotel begann, männliche Gäste gegen Bezahlung mit kostspieligem Abendessen wie Maryland-Sumpfschildkröte, für deren Zubereitung Alice berühmt war, zu bekochen, schritt Tante Bessie ein. Ihr Mann war gestorben, sie hatte keine Kinder und nun warnte sie Alice, dass man in der Stadt bereits über sie reden würde. Es hieß, im Hotel werde bis in die Morgenstunden Poker gespielt und Wirtin Alice lebe in diesem Hotel mit einem Mann ohne Trauschein zusammen. Das Wohnhotel sei nichts weiter als eine Trink- und Spielhölle und Alice eine Pensionsköchin. Alices schlechter Ruf würde sich negativ auf ihre Tochter auswirken. Bessie schlug vor, Wallis vorübergehend bei sich wohnen zu lassen. Baltimore war nicht übermäßig groß, die engstirnige Umgebung und böswillige Gerüchte konnten eine junge Witwe wie Alice rasch ruinieren. Die Jahre der Unsicherheit, der Kampf ums Überleben und die qualvollen Diskussionen über eine ungewisse Zukunft gruben sich tief in Wallis' Unterbewusstsein ein. Sie kam darüber nie hinweg. Sorgen und Ängste bedrängten sie sogar noch nach der Hochzeit mit einem der reichsten Männer auf der ganzen Welt. Das bange Gefühl, alles wieder zu verlieren, ließ sie niemals los.

Wallis Warfield plaudert aus der Schule

Mit sechs Jahren, sie lebte zu dieser Zeit bei Bessie, wurde Wallis eingeschult und besuchte zuerst die „Miss O'Donnell's" Mädchen-Volksschule in Baltimore und danach die ebenfalls nahe gelegene „Arundell Girls School". Beide Schulen waren weder außergewöhnlich noch besonders fordernd, eher handelte es sich um Institute mit ruhiger Routine für Mädchen der guten Mittelschicht. Da Onkel Sol für die Ausbildung seiner Nichte finanziell aufkam, musste Wallis die Zeugnisse vorweisen, die damals monatlich ausgestellt wurden. Sie fand die Prozedur erniedrigend, wieder eine Demütigung mehr in ihren Augen, die sich in ihr Gedächtnis einbrannte. Mutter Alice verdrosch das widerborstige Mädchen gelegentlich mit einer Haarbürste, weil die Schulvorschriften nicht immer auf Wallis' uneingeschränkte Zustimmung stießen. Die Kleine meinte, kein musikalisches Gehör zu haben, und versteckte sich vor dem Musiklehrer in einem Schrank. Einer Mitschülerin warf sie ihre Federschachtel an den Kopf, weil diese es gewagt hatte, eine Frage zu beantworten, bevor Wallis dazugekommen war, sich zu melden. Ihr heftiges Temperament ging häufig mit ihr durch.

Mit etwa 15 Jahren fasste Wallis einen Entschluss, der sich auf ihr Leben noch jahrzehntelang auswirken sollte. Sie hatte sich in den Kopf gesetzt, die teuerste Mädchenschule in ganz Maryland zu besuchen, ein Ausbildungszentrum namens „Oldfields Girls Boarding School", das vor allem sportliche Talente förderte. Sie kannte den Ort bereits, denn die Schule lag in der Nähe von Timonium, wo ein Warfield-Cousin eine große Farm betrieb, auf der sie schon viele schöne Sommerferien hatte verbringen dürfen. „Oldfields" galt als Eliteausbildung für die höheren Töchter von Maryland, was Wallis sich zunutze machen wollte. Sie hoffte, dort Mitschülerinnen kennenzulernen, die ihr beim Aufstieg in die bessere Gesellschaft von Nutzen sein könnten, und dachte auch bereits an junge Männer, die solchen Mädchen den Hof machen würden. Aber das Mädcheninternat kostete eine Menge Geld, das Alice nicht hatte. Wallis musste bei Onkel Sol vorsprechen. Begeistert zeigte er sich nicht, doch stimmte er zu guter Letzt zu. Alles in allem, Wallis war eine Warfield und man war dem Familiennamen ja etwas schuldig …

Liebenswürdig und höflich

In „Oldfields" wurden die etwa 60 Mädchen in zwei Schulteams eingeteilt, „Gentleness" (Liebenswürdigkeit) und „Courtesy" (Höflichkeit). Zur jugendlichen und auch zur erwachsenen Wallis passte weder das eine noch das andere, doch sie verbrachte ihre zwei „Oldfields"-Jahre mit den Kolleginnen im Team „Gentleness". Konkurrenzdenken zwischen den Teams wurde vom Lehrpersonal gefördert. Wallis war in jenen Jahren ein Tomboy, eine wagemutige Anführerin und auch Aufrührerin. Sie klemmte sich ein Monokel ins Gesicht und experimentierte mit Herrenhüten. Wie vielen hochmodischen Mädchen war es ihr wichtig, spektakulär dünn zu sein. Da immer wieder Lebertran, den die Schülerinnen zur Unterdrückung von Hungergefühlen heimlich einnahmen, aus der Schulapotheke verschwand, wurde Order gegeben, die sich illegal in den Räumen der Teenagerinnen befindlichen Lebertranbestände sofort zu retournieren. Wallis wird der Aufforderung kaum Folge geleistet haben. Sie hatte vor, so bald wie möglich Jungs aus vermögenden Häusern zu treffen, doch das war – neben Lebertran und vielen anderen Dingen – strengstens verboten. Zur „Oldfields"-Praxis gehörte es, Missetaten vor allen Schülerinnen und Lehrerinnen einzugestehen, dazu gehörten etwa Tratschen, das Aufsuchen fremder Zimmer oder Briefverkehr mit Jungs. So weit war es ohnehin noch nicht, denn Wallis verliebte sich zu Schulbeginn in eine Frau, die „Oldfields"-Lehrerin Miss Minerva Bruckner. Sie unterrichtete Deutsch und Französisch. „Eine sehr hässliche, aber nette Frau. Ich war sehr verknallt in sie", gab Wallis zu. Miss Bruckner war eine weitgereiste Dame, hatte häufig Europa besucht, war berühmt für ihr Desinteresse an Männern und ihr ungepflegtes Erscheinungsbild. Wallis himmelte die junge Frau an, in ihren Augen war Miss Bruckner der Inbegriff von Selbstständigkeit und Unabhängigkeit. Diese Qualitäten bewunderte sie bei Frauen über alle Maßen, in der eigenen Familie gab es solche weiblichen Vorbilder allerdings nicht. Wallis gab ihr Taschengeld für Geschenke an Miss Bruckner aus, fuhr über eine Stunde mit dem Zug, um ihr einen Riesenfarn zu besorgen. Vieles, was die vermutlich lesbische Lehrerin vorexerzierte, ahmte Wallis später nach: Etwa Anekdoten „unanständigen" Inhalts zum Besten zu geben, mit denen sie in London die Romanautorin Barbara Cartland erschreckte. Die spätere Stiefmutter von Lady Di fand Mrs. Simpson nicht nur „schlecht angezogen" und „aggressiv amerikanisch", sondern geradezu „shocking".

Die Schulfreundinnen Wallis Warfield (links) und Mary Kirk (Mitte) mit einer Klassenkameradin.

Eine andere Lehrerin, die sehr sportliche Charlotte Noland, genannt „Miss Nan", wurde von Wallis fast wie eine Figur in einem erotischen Roman beschrieben. Auch in Miss Noland war das Teenager-Mädchen zweifellos sehr verliebt, sie sei eine athletische Reiterin gewesen und „streng wie ein Sergeant". Die drillfreudige junge Sportlehrerin betrieb ein kostspieliges Sommercamp für Mädchen aus wohlhabenden Familien, „Burrland" in Virginia, wo Wallis auf Mary Kirk traf, die Tochter eines Silberwarenherstellers. Mary wurde ihre Zimmergenossin und beste Freundin. „Kirk & Son"-Silber konnte man in praktisch jedem gutbürgerlichen US-Haushalt finden. Mary war ebenfalls in Miss Noland verknallt. Die Lehrerin besaß ein Auto und lud beide Mädchen, Wallis und Mary, zu Ausfahrten ein. Wallis, damals eher burschikos, durfte die Lehrerin Lotty nennen. Diese war wohl die Erste, aber nicht die Einzige, die die (unbewussten) lesbischen Neigungen des jungen Mädchens erkannte. Mary plagte die Eifersucht, sie schrieb an ihre bald sehr besorgte Mutter: „Ich kann gar nicht aufhören, an Wallis zu denken."

„Oldfields" besaß wie die meisten Mädchenpensionate einerseits eine klösterliche Anmutung, andererseits eine Treibhaus-Atmosphäre, in der die sexuellen Gefühle der heranwachsenden jungen Frauen überdimensionale Formen annehmen konnten. Intensive Emotionen waren an der Tagesordnung, die unbedeutendste Kleinigkeit wurde zu einem aufregenden Drama aufgeblasen. Bei einem Schulkonzert sang Wallis: „Dear delightful women, how I simply love them all", und sie meinte es vollkommen ernst.

Familienzuwachs

In den Nächten flüsterte Wallis mit Mary Kirk über Hochzeit und Ehe, Zukunftsperspektiven, die alle Mädchen in der Schule gleichermaßen beschäftigten. Dass Wallis einmal eine Frau sein wird, deren Name allein schon als Synonym für große Passionen herhalten musste, war kaum vorhersehbar. Der einzige Mann, den sie näher kannte, war Onkel Sol und vor diesem fürchtete sie sich. Ein weiterer Mann trat zu dieser Zeit in ihr Leben und sie konnte ihn nicht leiden. Es hatte nämlich der Wahrheit entsprochen, was die Matronen von Baltimore herumerzählt hatten. Ihre Mutter lebte mit einem neuen Mann zusammen, den sie schließlich heiratete: John Freeman Rasin, der Sohn des Vorsitzenden der Baltimore-Demokraten. Er nannte sich gerne „Young Free", war aber beides nicht, sondern Alkoholiker, herz- und nierenkrank, außerdem arbeitsunfähig; eine eher träge Erscheinung. Wallis sah ihn in seinem Lieblingssessel sitzen, rauchen und Zeitung lesen. Der einzige Grund, ihn zu heiraten, war sein Treuhandfonds gewesen, der Mutter und Tochter etwas mehr Unabhängigkeit von Onkel Sols Launen verschaffte. Wallis empfand sich durch das neue Familienmitglied zurückgesetzt und weigerte sich, an der Hochzeit ihrer Mutter teilzunehmen. Tante Bessie musste das kreischende Mädchen dazu zwingen und versprach, wenn sie aufhöre zu schreien und aufzustampfen, dürfe sie im Hochzeitskuchen nach versteckten Glücksbringern suchen. Wallis schlich sich während der Trauungszeremonie, die in einem Wohnhaus stattfand, davon und verwüstete im Esszimmer die Torte auf der Suche nach silbernen „Wertgegenständen". Ihr Benehmen zog jedoch keine Schimpftirade nach sich, sondern gütige Fröhlichkeit und zum Trost schenkte „Young Free" seiner Stieftochter ein vollständig bestücktes Aquarium und eine französische Bulldogge, den damaligen Modehund. Wallis nannte ihn „Bully".

Ein Bully war sie allerdings selbst, egozentrisch und bereits von einer inneren Härte, die ihrer Mutter sehr negativ auffiel, die sie aber nicht zu durchdringen vermochte. Wallis wusste immer, was sie wollte, egal ob es um einen ganz bestimmten Stoff für ein Kleid ging oder darum, ob man wegen irgendeiner Beschwerde den Arzt rufen sollte: „Hol ihn nicht", sagte Wallis zu ihrer Mutter, „er wird eh nur sagen: Spinat und frische Luft." Alice seufzte und nähte weiter mit blutigen Fingern an neuer Garderobe für Wallis. Da man sich keine Trips nach Washington zum Mode-Shopping leisten konnte, wie es für Mary Kirk völlig normal war, blätterte Wallis die Modemagazine durch und wies ihre Mutter auf Modelle hin, die ihr zusagten. Alice machte sich an die Arbeit. Besonders irritierte sie die frühreife Selbstständigkeit ihrer Tochter. Als Tante Bessie Wallis einen Rat erteilen wollte, meinte Alice bitter: „Was kümmerst du dich darum? Weißt du denn nicht, dass Wallis alles weiß?" Das Mädchen vergaß die Episode nie, fühlte sich zum x-ten Mal von ihrer Mutter herabgesetzt und gedemütigt.

Alice zog schließlich mit ihrem zweiten Ehemann weg vom schwülen Baltimore nach Atlantic City in New Jersey und hoffte, dass die Meeresluft dem Kranken Besserung verschaffen würde. Doch es half nichts. Miss Nan musste ihrer 17-jährigen Schülerin Wallis im Jahr 1913 mitteilen, dass ihr Stiefvater verstorben sei. Wallis trauerte nicht, doch sie verstand die Verzweiflung ihrer nun schon zum zweiten Mal verwitweten Mutter.

In der kritischen Zeit der Pubertät war Alice weit weg gewesen. Sollte sich bei der jungen Wallis tatsächlich keine Periode eingestellt haben, so hätte sie niemanden in ihrer Nähe gehabt, um eine so heikle Frage zu besprechen. Und selbst wenn, man hätte es vermutlich ignoriert oder bestenfalls gemeint, es würde eben noch dauern.

Alice Rasin kehrte nach dem Tod ihres zweiten Mannes nach Baltimore zurück und bezog ein winziges und billiges Appartement, für das Wallis sich genierte. Sie getraute sich nicht, reiche Freundinnen wie Mary Kirk oder die Apothekenerbin Renée du Pont einzuladen. Ihre Neigung, sich mit anderen zu vergleichen, wurde in „Oldfields" unnötigerweise weiter ermutigt. Laufend würde sie schlechter abschneiden als ihre Schulkolleginnen, jammerte sie. Als die Tanzschule begann, wollte Wallis unter allen Umständen als erste junge Dame aufgefordert werden und verlangte von ihrer Mutter rote Kleider mit extravagantem Schnitt. Sie behauptete, Rot würde Jungs anziehen. Vor jeder Tanzstunde zog sie sich viele Male um, bis sie nach Stunden mit sich und ihrem Aussehen zufrieden war. Was Wallis früh realisiert hatte: Attraktivität bedeutete Macht. Und Macht bedeutete Kontrolle. Niemand würde sie daran hindern, diese zu übernehmen.

Erste Erfahrungen

Bei einer Tanzveranstaltung lernte Wallis ihren ersten Freund kennen, einen Jungen namens Carter G. Osburn, den Sohn eines Bankers. Wallis imponierte, dass Carter ein Auto „hatte", Papas „Packard"-Luxusschlitten. Später erklärte er, ganz hypnotisiert gewesen zu sein von Wallis' Charme. Wenn andere Verehrer mit ihren plebejischen Fords vor dem Mini-Appartement ihrer Mutter vorfuhren, um sie abzuholen, rümpfte Wallis die Nase: „Wenig aufregend", kommentierte sie. Von Anfang an wurde Wallis von zwei bis drei Verehrern gleichzeitig bewundert. Rendezvous mit einem Jungen ohne Begleitung durch eine Schulkameradin oder Verwandte kamen natürlich nicht infrage. Auch für Geschenke, die in dieser Kennenlernphase von einem Mädchen akzeptiert werden durften, gab es strenge Regeln: Ein Veilchenstrauß vielleicht oder eine Gardenie, etwas Süßes. Eine teure Orchidee wurde als gleichwertig mit einem Heiratsantrag aufgefasst. Als die schöne Mary Kirk von ihrem „Beau", wie die Mädchen damals ihre „Freunde" nannten, eine mit Opalen und Granaten verzierte Brosche erhielt, musste sie diese auf Geheiß der Eltern retournieren. Das Präsent wurde als zu wertvoll angesehen. Carter Osburn machte Wallis sogar ein Pferd zum Geschenk, das sie aber gleich an Tante Bessie weitergab. Es ging lediglich um den Anschein und darum, wie man sich präsentierte. Wallis und Mary richteten sich her wie die vamphaften Stummfilmstars und redeten wohl ohne Ende über Jungs und Sex. Doch Teenager-Mädchen, die „ernsthafte" Beziehungen führten, galten als „leicht zu haben" – keine wünschenswerte Option, schon gar nicht in den Augen der Mütter, die dauernervös waren wegen ihrer ausgehfreudigen Töchter und vor Sorge fast vergingen, wenn das Mädchen einmal später nach Hause kam.

Den Kirk-Eltern war Wallis nicht geheuer und sie hätten es lieber gesehen, wenn ihre brave Tochter eine andere beste Freundin gehabt hätte. Wallis rief dauernd bei den Kirks an, telefonierte endlos mit Mary, auch wenn der Vater lautstark insistierte, die Familie sei beim Essen und es werde jetzt nicht geredet. Meist versuchte Wallis, Mary als Begleitung anzuheuern, um einen ihrer Verehrer zu treffen. Sie hatte bereits den Ruf, anderen Mädchen die Jungs auszuspannen, nicht, weil sie Interesse an diesen hatte, sondern einfach nur, weil sie es konnte. Wallis würde Männer anziehen wie Motten das Licht, hieß es, was Familie Kirk in noch größere Aufregung versetzte. Sie erachteten Wallis' Einfluss auf Mary als gefährlich. Schließlich hatte jeder gehört, was das vaterlose Warfield-Mädchen bei einem Dinner der Kirks gesagt hatte: „Ich werde nur einen Mann heiraten, der richtig viel Geld hat." Als nettes Mädchen sagte man so etwas aber nicht.

Eine weitere Geschichte machte in der Stadt die Runde: Wallis habe sich als Mann verkleidet, um in den exklusiven Men-Only-„Maryland Club" Einlass zu finden, einer elitären Versammlung der führenden Männer in Baltimores Politik und Wirtschaft. Sie galt als frühreifes Gör, das über Verführungskünste genau Bescheid wusste und nicht zögerte, diese auch zu praktizieren. Sie kundschaftete aus, was die ins Auge gefasste „Beute" für Interessen hatte, ließ den jungen Mann sich darüber verbreiten und fixierte ihn mit ihren dunkelblauen Augen. Sie schmeichelte ihm, meinte, oh, das interessiere sie auch alles brennend und ließ ihn weiterreden. Doch Wallis knutschte nur zum Spaß. Sie sammelte Bewunderer wie später Schmuckstücke. Ein Abend ohne neue Eroberung war für sie ein verlorener Abend.

Debütantin

Der Schriftsteller Upton Sinclair, ein Cousin von Wallis, verfasste einen Einakter, der zur Zeit von Edwards Abdankung spielt. Das Stück hieß „Wally for Queen!“ und sie sagt darin: „Vergiss nicht, ich bin ein Mädchen aus Baltimore. Wir sind durchaus draufgängerisch, man hält es dort für süß. Wir verführen unsere Verehrer ab dem Alter von vier Jahren. In unserer Stadt haben Männer überhaupt keine Chance.“

Als sie 18 wurde, beendete Wallis ihre schulische Karriere in „Oldfields“ und hinterließ zahlreiche entfremdete Mitschülerinnen mit zerstörten Beziehungen, die sie durch ihre ununterbrochene Sucht nach Rendezvous verursacht hatte. Ins Absolventinnenbuch schrieb sie unverschämterweise „All is Love“. Andere Schulabgängerinnen hinterließen prosaischere Botschaften wie „Hey hey for Oldfields!“ oder Poesiealbum-Sprüchlein wie „Es sind die kleinen Dinge, die zählen“. So etwas wäre Wallis nicht im Traum eingefallen.

Ihr Schulabschluss fiel in das Jahr 1914. In Europa begann der Erste Weltkrieg, doch davon bekamen die jungen Mädchen in Baltimore, die bald ihren Einstand in der örtlichen High Society feiern sollten, nichts mit. Im Dezember würde es so weit sein. Wallis, Mary und 47 andere Debütantinnen warteten darauf, beim großen Debütantenball, dem sogenannten Cotillon, präsentiert zu werden. Wallis schrieb dazu: „Wenn du beim Cotillon nicht dabei bist, bist du ein Nichts. Und wenn du dabei bist, ist es so langweilig!“ Doch das wusste man vorher ja nicht. Von der Stadtverwaltung war bereits ein Erlass herausgegeben worden, der die Debütantinnen des Jahres 1914 aufforderte, „von Konkurrenzen in Bezug auf Eleganz“ abzusehen und, solange der noch weit entfernte Krieg andauere, sich besser „in sozialen Funktionen zu engagieren“. Wallis betraf das nicht so sehr, denn ihre Kleider wurden ohnehin meist von ihrer Mutter oder einer befreundeten Schneiderin angefertigt, da Designerstücke nicht leistbar waren. Sie erhielt für diesen besonderen Anlass von ihrem Onkel Sol „zwei zerknitterte 10-Dollar-Scheine“, so Wallis in ihrer Autobiografie, um sich ein passables Ballkleid zu besorgen. Schließlich wurde es aber doch eine Robe, die Wallis sich selbst ausgedacht hatte, in Anlehnung an ein Bühnen-Outfit des damaligen Broadway-Stars Irene Castle: Weißer Satin, darüber eine lose Chiffon-Tunika, die ihre breiten Schultern verdeckte, und am Saum eine Perlenstickerei. Keines der anderen Mädchen trug etwas Vergleichbares. Begleiten ließ sie sich nicht von einem ihrer vielen Verehrer, sondern von ihrem feschen

Cousin Henry Warfield, der sie mit Onkel Sols „Pierce-Arrow" zum Veranstaltungssaal brachte und ihr einen riesigen Strauß wunderschöner American-Beauty-Rosen überreichte. Sie war die Belle of the Ball. Mission erfüllt. Die offizielle Jagd auf einen Ehemann konnte beginnen.

Flieger

Von einer jungen amerikanischen Frau aus gutem Hause wie der nun in die Gesellschaft eingeführten Wallis Warfield wurde erwartet, dass sie nach dem Cotillon eine Menge Einladungen für Partys versandte, auf denen die Jugend zusammentraf, um passende Heiratskandidaten und -kandidatinnen auszuwählen. Doch in Europa herrschte Krieg, wie Onkel Sol nicht müde wurde zu betonen. Und dann starb Großmutter Anna im Alter von 85 Jahren. Große Trauer war nun angesagt und nicht großes Festefeiern. Der unermüdliche Carter Osburn hielt wiederholt bei Alice um die Hand ihrer Tochter an, er wollte Wallis ernsthaft zu seiner Ehefrau machen. Doch Alice wiegelte ab. Sie kannte ihre Tochter und wusste, dass sie nur die erste in ihrer Mädchenclique sein wollte, die unter die Haube kam. Von Liebe war bei Wallis, was Osburn betraf, gar keine Rede, nicht einmal von Verliebtheit.

Diesmal half die Montague-Familie in Gestalt von Alices Cousine Corinne Mustin aus, die „Skinny", wie sie die dürre Wallis nannte, zu sich nach Florida einlud. Corinne war mit einem der ersten Piloten der US-Navy verheiratet und lebte in Pensacola, wo Henry Mustin zum Kommandanten des neuen Marinestützpunkts ernannt worden war. Alice hoffte für ihre Tochter, dass Onkel Sol Wallis gestatten würde, die Trauerkleidung abzulegen und zu Corinne zu fahren. Sie hegte die Befürchtung, dass man sagen würde: Typisch für die (halb-)lustigen Montagues, die sich amüsierten, während alle Warfields in tiefer Trauer gingen. Doch Onkel Sol hatte ein Einsehen: Sicher, Wallis müsse mehr von der Welt sehen als Maryland und Umgebung. Er ließ sie ziehen. Man wusste auch in Baltimore, dass Pensacola ein Ort voller junger, lediger Piloten war und vielleicht wäre der Richtige für die 19-jährige Nichte dabei. Da wollte Sol nicht im Weg stehen. Wie schnell es gehen würde, damit hatte zu Hause allerdings niemand gerechnet.

Innerhalb von 24 Stunden nach ihrer Ankunft in der Flugbasis schrieb eine aufgedrehte Wallis: „Ich habe soeben den faszinierendsten Piloten der Welt kennengelernt." Sie hatte davor noch nie ein Flugzeug gesehen. Alles war neu und ungeheuer aufregend. Männer, die Flugzeuge fliegen konnten, waren die Astronauten der Epoche, gefeierte Männer, angehimmelt wie Filmschauspieler.

Lieutenant Earl Winfried Spencer Jr., den seine Kameraden „Win" nannten, beeindruckte Wallis mit seinem durchtrainierten Körper, den blitzenden Augen, viel Witz und noch mehr Energie. Er war 27 und schon zehn Jahre bei der Navy. Seine dem Militär zugeneigte große Familie stammte aus der Nähe von Chicago, Win hatte drei Brüder und zwei Schwestern. In Pensacola diente er als ältester Ausbildner der Station und war ein richtiger Mann im Vergleich zu den Jungs, mit denen Wallis in Baltimore Kontakt gepflegt hatte. Augenblicklich war sie unsterblich verliebt, es störte sie nicht einmal, dass er nur einen Ford fuhr. Win und Wallis trafen sich täglich, sammelten Muscheln am Strand, gingen tanzen und Golf spielen. Wallis zog ihre übliche Show ab, ließ sich alles über Golf erzählen, tat so, als liebe sie Golf mehr als ihr Leben und lernte es doch nie. Corinne war bei all diesen Unternehmungen des Pärchens dabei, hielt sich aber im Hintergrund. In echter Hollywood-Manier machte Win seiner Freundin im Kino den Heiratsantrag, in dem Moment, als nach dem Stummfilm die Lichter angingen. Sie kannten sich erst ein paar Wochen. Wallis hatte sofort die Stimme von Oma Anna im Ohr: Nie gleich Ja sagen! Unerreichbar scheinen! Also sagte sie: „Ich muss darüber nachdenken, meine Mutter und meinen Onkel fragen." Win war ein erfahrener Mann, der das Spiel sogleich durchschaute. Er wusste: Klar wollte Wallis ihn heiraten. Daher meinte er: „Gut, aber lass dir nicht zu lange Zeit."

Alice warnte ihre Tochter: Ein Pilot im Dienst der Navy, das bedeutete ständige Versetzungen, also häufiges Umziehen; als Beamter würde Win wohl kaum ein reicher Mann werden, und er würde oft weg von Zuhause sein. Ob sie damit zurechtkommen würde? Auch Tante Bessie riet ab. Früher hatte Wallis meist auf Bessie gehört, auch wenn sie ihrer Mutter nicht gehorchen wollte. Doch diesmal überlegte Wallis leider keine Sekunde. Sie dachte nur an den so unglaublich glamourösen und exotischen Trophäen-Ehemann, den sie daheim präsentieren konnte, ihren Freunden und vor allem ihren Feinden. Allen würde sie es zeigen. Corinnes Schwester Lelia wird die Lage später so zusammenfassen: „Ich weiß ganz genau, du hast ihn nur aus Neugier geheiratet." Onkel Sol zumindest zeigte sich begeistert von der Wahl seiner Nichte:

Win sei so ganz „down to earth", meinte er. Ein merkwürdiges Kompliment für einen Piloten …

Da sich Wallis nicht von ihrer Wahl abbringen ließ, gab Mrs. John Freeman Rasin im September 1916 die Verlobung ihrer einzigen Tochter bekannt, als erste ihres Jahrgangs, wie sich Wallis das erträumt hatte. In Baltimore wurden alle mit dem Anblick ihres Verlobungsrings beglückt, ob sie wollten oder nicht. Einige der früheren Schulkameradinnen hatten bestimmt keinen Bedarf. Wallis winkte ununterbrochen, damit der funkelnde Klunker so gut wie möglich bewundert werden konnte. Die Jagd war für Wallis viel wichtiger als die erlegte Beute. Dass der hübsche Fang in der weißen Uniform auf Fragen häufig nicht antwortete, eifersüchtig auf ihre Flirtereien war, die munter weitergingen, und unerklärliche Launen hatte, übersah die mit den Hochzeitsvorbereitungen beschäftigte Braut. Vom Charakter ihres Zukünftigen hatte sie nicht die geringste Ahnung.

Die Heirat von Miss Wallis Warfield wurde in der Lokalzeitung als „eine der wichtigsten Eheschließungen der Saison" bezeichnet, sie habe inmitten einer „großen Gästeschar" stattgefunden, und zwar in der Christ Protestant Episcopal Church in Baltimore. Diese Kirche kannte Wallis seit ihrer frühen Kindheit, da Großmutter Anna dort häufig mit ihr die Messe besucht hatte. Mary Kirk, noch ohne festen Freund, war etwas traurig, da ihre beste Schulfreundin Baltimore nun verlassen würde. Zum Trost durfte sie Brautjungfer sein wie auch eine Schwester des Bräutigams, dessen Eltern ebenfalls angereist waren. Wallis zeigte an der neuen weiblichen Verwandtschaft keinerlei Interesse, weder für die Schwiegermutter noch für die Schwägerinnen hatte sie etwas übrig. Mangels eines Vaters oder Bruders fungierte Onkel Sol als Brautführer. Wallis betrat die Kirche in einem selbst entworfenen Hochzeitskleid aus Samt – höchst unüblich in dieser Zeit – mit langer Schleppe und einem reich mit Perlen bestickten enganliegenden Oberteil. Der Spitzenunterrock stammte aus dem Familienbesitz der Warfields. Das Gesicht verhüllte ein Tüllschleier, der der Mode entsprechend mit einem Kranz aus Orangenblüten am Kopf befestigt war. Im Arm trug Wallis ein aufwändiges Bukett aus weißen Orchideen und Maiglöckchen, auch das Kirchenschiff erstrahlte in Weiß, da alle Bänke mit weißen Chrysanthemen geschmückt worden waren. Nach der Zeremonie gelang es Mary Kirk, den Brautstrauß

Endstation Sehnsucht:
Wallis bei ihrer Hochzeit mit dem Militärpiloten Win Spencer, 1916.
Die Braut zählte gerade 20 Jahre und war die erste verheiratete Frau ihres Schuljahrgangs.

zu fangen, worüber sich Wallis erfreut zeigte. Eineinhalb Jahre später wird Mary einen französischen Offizier heiraten, der nach Washington entsandt worden war, nachdem die USA 1917 in den Weltkrieg eingetreten waren.

Hochzeitsreise mit Hindernissen

Der jung verheiratete Lieutenant Win Spencer bekam nur zwei Wochen Urlaub für die Hochzeitsreise, die das Paar nach West Virginia führen sollte, in das von Wallis auch später noch geschätzte Greenbrier Spa Hotel in White Sulphur Springs. Als sie sich von Tante Bessie verabschiedete, flüsterte Wallis ängstlich: „Wirst du mich nun wirklich mit diesem fremden Mann allein lassen?" – „Ja, das werde ich. Der Rest hängt ganz von dir ab", antwortete Bessie seelenruhig – es war nicht das, was Wallis hören wollte. Ehering und Hochzeitsfeier – ja, gerne. Aber der Alltag danach? Daran hatte Mrs. Wallis Spencer kaum einen Gedanken verschwendet. Was sollte sie tun? Genaue Vorstellungen fehlten ihr, aufgeklärt war sie nicht. „Oldfields" hatte die Mädchen gelehrt, wie man Austern- und Zitronengabeln voneinander unterschied oder wie man enge, ellenbogenlange Glacélederhandschuhe mit zehn Knöpfen korrekt und flott anzog. Doch die Dinge des Lebens waren kein Thema gewesen. Dementsprechend ging von Anfang an vieles schief. Gegenüber ihrem Herzensfreund Herman Rogers, mit dem sie sämtliche Intimitäten teilte, bekannte Wallis einmal, weder mit ihrem ersten noch mit ihrem zweiten Mann ehelichen Verkehr gehabt zu haben. Auch sonst habe sie nie jemandem gestattet, sie unterhalb ihrer „persönlichen Mason-Dixon-Linie" zu berühren – normalerweise ist damit die Grenze zwischen den amerikanischen Nord- und Südstaaten gemeint. Sexlose Ehen, so seltsam das heute klingen mag, waren damals nicht ungewöhnlich. Bürgerliche Bräute traten zum allergrößten Teil ohne jegliche Ahnung von Sexualität vor den Altar, Ehen waren häufig von den Eltern arrangiert, und wenn es mit der Angetrauten nicht klappen wollte, pflegten viele Männer eine Beziehung mit einer Geliebten wie vor der Ehe oder besuchten ein Bordell.

Ein Beispiel dafür ist die Ehe von Bernard Rickatson-Hatt, dem besten Freund von Ernest Simpson. Der zeitweilige Leiter der Nachrichtenagentur

Reuters in London war zehn Jahre lang mit einer Frau verheiratet, doch Sex gab es nie. Die Ehe wurde schließlich aufgrund „physischer Unvereinbarkeit“ geschieden. Rickatson-Hatt habe Ernest während der Abdankungskrise und danach hauptsächlich deswegen unterstützt, weil er eine zutiefst unglückliche und belastete Ehe aus eigener Erfahrung kannte und seinem aufgewühlten Freund, dem meistverlachten gehörnten Ehemann der Welt, beistehen wollte, heißt es bis heute.

Die Verbindung von Wallis und Win Spencer kann mit einem Satz umrissen werden: Er trank, sie hatte Affären. Obwohl West Virginia ein Bundesstaat war, in dem Alkoholverbot herrschte, packte Win in der Honeymoon-Suite des Spa-Hotels eine Flasche Gin aus, was Wallis zutiefst entsetzte. Im Haus der Warfields hatte sie nie Alkohol gesehen, überhaupt war der Süden der USA strikt antialkoholisch eingestellt und sie selbst damals noch völlig abstinent und intolerant gegenüber dem Trinken von Alkohol. Win verlachte seine Frau als prüde. Die Hochzeitsreise dürfte sich nach wenigen Stunden als Fiasko entpuppt haben.

Nachdem die 14 Tage irgendwie überstanden waren, zog das Ehepaar in eine Dienstwohnung der Navy in Pensacola. Wallis, die im Gegensatz zu ihrer Mutter über keinerlei Kochkenntnisse verfügte, hatte ein Dienstmädchen und einen Koch zu ihrer Verfügung, besorgte sich aber das in Amerika traditionsreiche „Fannie Farmer Cookbook“, das sie später als Hostess in London zu ihrer Bibel erhob. Vorläufig gedachte sie, die Ehefrauen anderer Navy-Offiziere, vor allem die der höheren Dienstgrade, einzukochen, damit sie ihren Mann bei seinem Fortkommen innerhalb der Navy unterstützen konnte. Kochen war vielleicht auch einfacher als Golfen oder Schlafzimmersport. Außerdem lernte sie Poker und spielte bald leidenschaftlich und um viel Geld. Als Win in die Nähe von Boston versetzt wurde, um auch dort Piloten auszubilden, schlug Wallis ihre Zeit mit einem ungewöhnlichen „Hobby“ tot: Sie suchte Gerichtssäle auf und verfolgte Verhandlungen, am liebsten solche mit schlüpfrigen Inhalten. Mit ihrem Mann stritt sie mittlerweile täglich. Win war mit seinem Job unzufrieden, trank gewaltige Mengen Schnaps und ließ seinen Frust an Wallis aus. Als sein geliebter jüngerer Bruder und Trauzeuge Dumaresq über Frankreich bei einem Flugkunststück tödlich verunfallte, ein noch jüngerer Bruder das Croix de Guerre überreicht bekam und Win selbst noch immer nicht zum aktiven Fronteinsatz abkommandiert worden war, nahm sein Katzenjammer übergroße Formen an. Wallis ging so viel außer Haus wie nur möglich, ließ sich zu Partys einladen und flirtete.

Vor allem in Coronado/Kalifornien, einem weiteren Dienstort von Win, der dort einen neuen Flughafen aufbauen sollte, traf Wallis Freunde fürs Leben. Zum Beispiel kreuzte Katherine Bigelow ihren Weg, die einmal Herman Rogers heiraten sollte. Sie war als Rotkreuzschwester tätig und galt damals als Freundin von William Thaw, dem Bruder des Diplomaten Benjamin Thaw. Dieser wird eine der wunderschönen „Magnificent Morgans" heiraten, Consuelo Morgan. Jene hatte eine Schwester namens Thelma Furness. Thelma wird Wallis dem Prinzen von Wales vorstellen.

Mrs. Spencer lässt sich scheiden

Täglich lernte Wallis neue Leute kennen, auf Partys, bei Bridge- und Pokernächten, bei Barbecues im Fliegerhangar, wo sie meist ohne Win auftauchte, dafür in Begleitung der Ehefrauen seiner Kameraden. Mutter Alice Rasin kam zu Besuch und zeigte sich beeindruckt vom lebhaften gesellschaftlichen Umgang ihrer Tochter: Gattinnen hoher Militärs, Töchter wichtiger Industrieller, alle kannten Wallis Spencer. Von ihren Eheproblemen erzählte sie ihrer Mutter (noch) nichts. Als sich bekannte Leinwandgrößen wie Charlie Chaplin oder Drew Barrymores Großvater John Barrymore im Hotel del Coronado einfanden, ließ sich Wallis eine Verabredung, ein Foto oder mehr mit den berühmten Männern nicht entgehen. Ein Beobachter nannte Wallis damals „verflixt heiß und attraktiv, aber sicher keine Schönheit". Sie sei sehr umtriebig gewesen, immer „auf der Suche nach Abwechslung und Spaß". Sobald sie einen Raum betrat, scharten sich die Gäste um sie, sie stand im Zentrum der Aufmerksamkeit. Win wurde immer eifersüchtiger und begann, seine Frau zu Hause einzusperren, einmal musste sie sogar mehrere Stunden im Badezimmer ausharren. Im Grunde lebte das Paar bereits getrennt. Wallis gab in dieser Zeit mehrmals andere Adressen an als die verschiedenen Dienstwohnungen ihres Mannes. Meist kam sie bei Freundinnen unter.

Im April 1920 hielt sich Edward, der Prinz von Wales, auf seiner Reise nach Australien in Coronado auf, um einen Ball zu besuchen, der zu seinen Ehren veranstaltet wurde. Bis heute hält man im Hotel del Coronado an der

Wie angelt man sich einen Leinwandstar?
Mrs. Wallis Spencer (zweite von links) mit
Charlie Chaplin und weiteren Socialites.

romantischen Geschichte fest, hier hätten sich Wallis und ihr Prinz zum ersten Mal getroffen. Doch Wallis war zu dieser Zeit gar nicht in der Stadt. Sie besuchte die Polospielerin und Hostess Jane Selby Hayne in San Francisco, die Frauen erschienen zusammen auf verschiedenen Partys, um das Ende der Polo-Saison zu feiern. Am wichtigsten für Wallis war die Tatsache, dass sich Jane Selby Hayne soeben vom Golfer Robin Hayne hatte scheiden lassen. Sie holte bei ihr Informationen über Scheidungsmöglichkeiten ein, da sie ihre Ehe mit Win mittlerweile abgeschrieben hatte. Laut Win war es das Fremdflirten seiner Frau, das die Ehe zerstört hätte. Er wäre gerne Vater geworden, doch das Ehebett sei kalt geblieben. Wallis machte das Trinken sowie die bombastische Persönlichkeit Wins für das Scheitern der Beziehung verantwortlich. Zweifelsohne war Win ein gemeiner Kerl, ein Schuft, jähzornig und brutal. Er heiratete noch dreimal, alle Ehefrauen ließen sich scheiden und nannten als Grund Win Spencers gewalttätigen Charakter und seine unvorhersehbaren Wutanfälle.

Herman Rogers bezeichnete Wallis' erste Ehe als Sadomaso-Beziehung, als ihn der Autor Cleveland Amory, Wallis' Ghostwriter für ihre Memoiren, danach fragte. Win habe sie geschlagen und sie habe es geliebt, sagte Herman. Sie warf mit Sachen herum und zuckte aus, weil er tagelang nicht mit ihr sprach.

Am Ende eröffnete Wallis ihrer Mutter, die Arbeit als Hostess in einem Country Club gefunden hatte, dass ihre Ehe zu Ende sei. Sie wolle die Scheidung. Alice Rasin reagierte, als habe ihre Tochter einen Mord gestanden. Scheidung wurde damals für eine Frau als absolute Katastrophe angesehen. Eine Geschiedene wurde sozial geächtet, war finanziell ruiniert. Als Ehefrau versagt zu haben, war eine extreme Schande. Kein(e) Montague oder Warfield habe sich in 300 Jahren Familiengeschichte scheiden lassen, gab Alice zu bedenken. Es war grotesk, einfach unvorstellbar. Und nicht zuletzt teuer. Wallis musste Onkel Sol anbetteln, die Kosten zu übernehmen, doch dieser donnerte erwartungsgemäß: „Ich werde nicht erlauben, dass du eine solche Schmach über uns bringst!" Sie solle verschwinden, gefälligst zu ihrem Mann zurückkehren und es noch einmal versuchen.

Ambassador-Mischung

Win Spencer hatte nach dem Krieg einen Schreibtischjob im neu gegründeten Luftfahrtbüro der Navy in Washington zugewiesen bekommen. Wallis waren die moralischen Implikationen einer Scheidung herzlich egal, doch ohne Geld ging es eben nicht. Sie raffte sich also auf, fuhr nach Washington und lebte anfangs mit Win in einem Hotelzimmer, das vom Verteidigungsministerium zur Verfügung gestellt worden war. Doch die Eherettungsmission erwies sich als von kurzer Dauer. Wallis gelang es, die Wohnung von Bekannten zu übernehmen, die nach New York gezogen waren, und so war sie endlich allein und konnte tun und lassen, was sie wollte. Washington war damals eine eher provinzielle Stadt, in der zahlreiche Bürokraten, Beamte, aber auch Angehörige verschiedener Botschaften ihrem Tagewerk nachgingen.

Piloten hatten ihre Anziehungskraft eingebüßt, aber Wallis fand rasch Ersatz: Ein Diplomat musste her. Oder am besten mehrere. Leider fehlte Wallis alles, was man als Frau benötigte, um zu den bedeutenden Partys und Dinners der Hauptstadt eingeladen zu werden: Geld, Klasse, Background – Wallis besaß nichts davon. Sie hätte eine Figur aus F. Scott Fitzgeralds „Großem Gatsby" sein können: „Mrs. Nobody from Nowhere". Wie man in der Welt vorankam, zeigte ihr eine der „Big Four"-Debütantinnen aus Chicago, Courtney Louise Letts. Sie avancierte zu Wallis' zentraler Rivalin im Kampf um einen argentinischen Gesandten, den beide Frauen für sich zu requirieren suchten. Courtney gehörte zu jenen zwölf Frauen, die die Zeitung „Chicago Tribune" als die schönsten Amerikas gelistet hatte. Wallis Spencer wurde nicht genannt. Beide waren im selben Alter, mit Navy-Offizieren verheiratet, beide lebten getrennt. Courtney saß in den elegantesten Kleidern an den begehrtesten Tafeln in den besten Häusern, Wallis presste die Nase ans Fenster und überlegte, wie sie hineinkommen könnte. Sie war nun 26 und auf der Suche nach einer finanziell abgesicherten Zukunft. Cousine Lelia, Corinnes Schwester, stellte Wallis ihrer Verwandten Ethel Noyes vor, die Kontakte zur Presseszene Washingtons hatte, was sich als hilfreich erweisen sollte. Bei Events in Journalisten- und Diplomatenkreisen war es für alleinstehende Herren üblich, eine Dame mitzubringen. Auf diesem Weg gelangte „Wally", wie man sie in Washington nannte, in eine vielsprachige und aufregende Umgebung, in der über Politik und das Weltgeschehen gesprochen wurde – Dinge, die Wallis nicht interessierten und von denen sie keine Ahnung hatte. Die Männer, die Wallis nun begegneten, waren urban, gebildet, höflich und witzig. Sie wurde beispielsweise Gelasio Caetani vorgestellt, dem ersten Botschafter des faschistischen Italiens in Washington. Der adelige Diplomat schilderte ihr das System Mussolinis in leuchtenden Farben. Sie war sehr angetan, eher von ihm als von seinen Erzählungen. In ihrer Autobiografie meinte Wallis, dass sie beschlossen hätte, die Zeit der nichtssagenden Affären zu beenden:

„Ich hatte eine genaue Vorstellung von dem Mann, den ich mir wünschte. Idealerweise sollte es ein junger Mann sein, der eine Karriere als Geschäftsmann oder Diplomat vor sich hatte. Er sollte Menschen mögen und verstehen, vor allem sollte er mich schätzen. Ich wollte jemanden, der mich zu einem Teil seines Lebens machen würde, den ich in seinem Beruf unterstützen könnte. Ich wollte einen Mann, der mich vollständig in seine Existenz aufnehmen würde, alle Aspekte seines Lebens betreffend."

Dieser Traum im Maßanzug hieß Felipe Aja de Espil, stammte aus Buenos Aires, war neun Jahre älter als Wallis, erfahren, ein Renaissance-Mann, spielte Golf und Bridge, kannte sich mit teuren Weinen aus und arbeitete in der argentinischen Botschaft. Er war ein Herzensbrecher, schwarzhaarig und dunkeläugig, ein bisschen düster und trug ein Monokel. Dass Wallis nicht die Einzige im abwechslungsreichen Leben des Argentiniers war, obwohl sie nun täglich mehrere Zeitungen las und manchmal sogar ein Buch öffnete, ignorierte sie vorerst tapfer. Espil amüsierte sich über Wallis' Slapstick-Witze oder über Zitate aus aktuellen Büchern, die sie stolz zum Besten gab, obwohl sie nie das ganze Buch gelesen hatte. Diese Taktik behielt sie auch als Herzogin von Windsor erfolgreich bei, da sie gerne intellektuell erscheinen wollte, aber doch eher Becky Sharp glich, der Aufsteigerin in William Makepeace Thackerays Roman „Vanity Fair": Mit ihrem Charme verführt Becky Upper-Class-Männer und nutzt diese so gut und so lange wie möglich aus.

Espil lobte Wallis' Südstaaten-Essen, das sie speziell für ihn nach Fannie Farmers Rezeptsammlung zubereitete. Er mochte Wallis wirklich, gerne für ein paar Nächte, doch – Gott bewahre – niemals als angetraute Ehefrau. Er ging häufig mit ihr aus – solange sie mit einem anderen verheiratet war. Für sein eheliches Heim hatte Espil eine ganz andere Frau vor Augen, adrett angezogen, aus guter Familie, mit Vermögen und hilfreichen Kontakten. Vielleicht war Espil nicht die Liebe ihres Lebens – diesen Platz dürfte Herman

Rogers eingenommen haben –, aber man kann ihn wohl als Wallis' größte Leidenschaft bezeichnen: „Er war der faszinierendste Mann, den ich jemals getroffen habe. Mit eisernen Prinzipien und einem Geist, der sprudelte wie Champagner", so Wallis in ihrer Autobiografie. Das Wort „jemals" hat sie nach fast 20 Ehejahren mit Edward bestimmt nicht zufällig verwendet.

Freunden und Bekannten kündigte sie an, zum Katholizismus zu konvertieren und nach Buenos Aires ziehen zu wollen. Ein Beobachter meinte, er habe noch nie eine so vernarrte Frau gesehen wie Wallis in der Espil-Phase. Doch das dicke Ende nahte: Wallis fand heraus, dass der vielversprechende Diplomat eine andere Frau ihr vorzog. Sie machte deswegen sagenhafte Szenen, brüllte und heulte; zeigte sich bedürftig, zickig, rachsüchtig – alles Dinge, die den Latin Lover abschreckten. Einer seiner Freunde meinte Jahre danach, Espil sei sein Beruf doch etwas wichtiger gewesen als Edward dem VIII. der seine.

Als Espil ohne Wallis zu einem wichtigen Ball der Botschaftsvertretungen aufbrechen wollte und ihr erklärte, es gehöre sich nicht, bei einem derartigen Ereignis mit einer Geliebten aufzutauchen, zerkratzte sie ihm das Gesicht. Später enterte sie seine Wohnung und schnitt alle seine Hosen in Kniehöhe ab. Espil sagte nach seiner Hochzeit, Wallis sei die dominanteste Frau gewesen, die er je getroffen habe, launisch und sehr fordernd. Falle man unter einen derartigen Zauber, dauere es oft Jahre, bis man sich davon befreien könne: „Ich habe entschieden, dass ich das nicht mehr will", meinte Espil. „Ich war müde von alldem."

Bei der Frau, die er wirklich wollte, ging es der argentinische Diplomat ruhig an. Zu Courtney Louise Letts sagte er bei einem Dinner lächelnd: „Sie sehen einer alten Freundin von mir ähnlich, Wally Spencer." Courtney verliebte sich in ihn, sie verfügte über Schönheit, zivilisierte Konversation, passende soziale Herkunft, einen vermögenden Hintergrund. Doch ihr Vater war gegen die Heirat: „Bloß kein Fremder, schon gar kein Südamerikaner!" Er werde ihr Kummer machen, sie betrügen. Tatsächlich wies Courtney Espils Antrag ab, doch nicht, weil er aus Argentinien stammte. Für ihren Geschmack hatte er noch nicht ausreichend Karriere gemacht. Er sandte ihr einen Strauß American-Beauty-Rosen, mit einer Karte: „Ich werde Sie nie vergessen. Mit dem größten Respekt und mit Bewunderung, Felipe Espil." Nachdem er zum argentinischen Botschafter in den USA aufgestiegen war und Courtney eine zweite unglückliche Ehe hinter sich hatte, heirateten sie und Espil im Juli 1933.

Wallis hatte den Kürzeren gezogen, war nicht gut genug gewesen. Die Zurückweisung tat ungeheuer weh. Geschieden war sie noch immer nicht, finanziell sah es alles andere als rosig aus. Wallis litt unter extremem Liebeskummer, als Cousine Corinne wieder einmal zu Hilfe eilte und ihr vorschlug, sie nach Paris zu begleiten. Ihr Mann war gestorben und sie war auf der Suche nach einem Stiefvater für ihre drei Söhne. Wallis wollte herausfinden, ob Espil ihr vielleicht nachreisen würde, und sagte zu. Espil fuhr zwar zurück in seine argentinische Heimat, doch gab es in Paris nicht auch jede Menge Diplomaten? Es dauerte nicht lange und Wallis hatte einen Neuen am Haken: Gerry Greene, einen feschen, in Harvard ausgebildeten Mann aus bekannter Bostoner Familie, zwei Jahre jünger als sie. Er arbeitete für die US-Botschaft in Paris. Sie unternahmen zusammen Ausflüge in die Umgebung der Hauptstadt, Wallis ließ sich nur allzu gerne von ihm einladen. Langsam begann Espil zu verblassen, die Scheidung schob Wallis weiterhin vor sich her. Dass es in Frankreich nicht billiger werden würde als in Amerika, hatte sie ironischerweise von Courtney Letts erfahren, die ebenfalls in Paris weilte, um sich scheiden zu lassen. Auch sie ging übrigens mit Greene aus.

China Girl

Den Pariser Frühling des Jahres 1924, Wallis wurde 28, störte plötzlich ein Brief aus China. Absender war ihr Immer-noch-Ehemann, Win Spencer. Er schrieb, er sei nun auf einem Kriegsschiff in Hongkong (damals unter britischer Herrschaft) stationiert, alles sei in bester Ordnung und er wolle mit ihr in China nochmals ganz von vorn anfangen. Sie möge bitte kommen, die Reise bezahle sein Dienstgeber. Der Zufall wollte es, dass auch Gerry Greene in absehbarer Zeit nach Peking versetzt werden sollte. Wallis überlegte ein paar Tage – und wie in fast jedem unsicheren Fall existierte in ihrem Kopf bereits ein Plan B: Gut, zuerst nach Hongkong zu Win. Sollte es nicht klappen, dann weiter nach Peking zu Greene. Dieser hatte ihr versprochen, die Kosten für die Weiterreise nach Peking auf jeden Fall zu übernehmen.

Die Schiffsreise würde sechs Wochen dauern, doch Wallis wollte es wagen. Es würde eine gänzlich neuartige Erfahrung sein, spannend und nicht wirklich

Wallis Anfang der 1920er-Jahre.
Ihre erste Ehe scheiterte rasch, sie sah sich nach neuen Herausforderungen um und ging auf Reisen. Das faszinierende China erwartete sie.

planbar. Ihr Abenteurerinnengeist war geweckt. Mit mehreren anderen Ehefrauen von Navy-Offizieren erreichte sie im Herbst 1924 Hongkong. Win stand schon da und winkte, als das Schiff vor Anker ging. Gut sieht er aus, dachte sie, sonnengebräunt, mit klarem Blick. Ob er mit der Sauferei aufgehört hatte? Bald würde sie es wissen. Es sollte ein zweiter Honeymoon werden, doch es lief nicht. Win begann schon kurz nach der Ankunft seiner Frau ihre Post zu öffnen, ihr Vorwürfe zu machen, sie treffe sich mit anderen Männern, darunter sogar Chinesen. Dies war ungeheuerlich, eine weiße Frau hatte sich von einheimischen Männern genauso fernzuhalten wie etwa von Schwarzen. In ihren Erinnerungen beschrieb Wallis, wie Win sie zwang, ihn in ein Sing-Song-Haus zu begleiten, eine Art Bordell mit künstlerischer Unterhaltung, wo aber auch um Geld gespielt und Opium geraucht und verkauft wurde. Als Wallis später in England lebte und ihre Beziehung zum zukünftigen König innerhalb der regierenden Eliten bereits ein offenes Geheimnis war, wurde behauptet, sie habe selbst in solchen Etablissements gearbeitet. Eine amerikanische Bordellwirtin habe sie in gewissen „orientalischen" Sextechniken unterwiesen, die auch den widerwilligsten Vertreter seines Geschlechts auf Vordermann gebracht hätten. Edward, den Wallis' Vorgängerinnen den „kleinen Mann" genannt hatten, wäre ihren speziellen Fähigkeiten wie erhofft rasch erlegen.

Dieses sogenannte China-Dossier, das aus Geheimdienstquellen stammen soll, wurde dem britischen Premierminister Stanley Baldwin und Edwards Vater George V. vorgelegt und ist seither verschwunden. Möglicherweise handelt es sich dabei schlicht um eine urbane Legende. Das Schlimmste, was man Wallis in ihrem „Lotus-Jahr", wie sie die in China verbrachten Monate nannte, vorwerfen konnte, war ihre Mitwirkung als Model in einer Serie von erotischen Postkarten, die sie nur mit einem Rettungsring „bekleidet" zeigten. Wahrscheinlich hat sie dringend Geld gebraucht. Sie lebte damals von den 225 Dollar (etwa 4000 Euro) Unterhalt, die ihr als Ehefrau eines Navy-Beamten zustanden, sowie von der Gunst ihrer gut verdienenden Verehrer. Möglich ist auch, dass ihr die Fotos einfach Spaß gemacht hatten. Ebenso kann es sein, dass diese Postkarten eine andere weiße Frau zeigten. Es gab Millionen solcher Abbildungen in den chinesischen Metropolen, die als „weltgrößte Bordelle" einen zweifelhaften Ruf genossen. Ein früherer Polizist will diese Postkartenserie gesehen und beschlagnahmt haben. Heute ist sie nicht mehr greifbar.

Tatsache war, dass Wallis sich seit ihrer Heirat 1916 stark verändert hatte. Aus dem wenig erfahrenen Mädchen mit großen Träumen war eine anspruchsvolle, profane Frau geworden, die auf reichlich Erfahrung mit Männern zurückblicken konnte und die ein Training in einem Sing-Song-Haus kaum nötig gehabt hat. In Hongkong fand sie ausreichend Gönner, die sie umschwärmten, sie einluden, beschenkten, ihr den Aufenthalt in Hotels bezahlten. Denn von Win hatte sie sich rasch wieder getrennt und ihm klargemacht, diesmal sei es für immer. Er akzeptierte das Ende seiner ersten Ehe ohne Widerspruch. Wallis hatte vor, nach Shanghai aufzubrechen, da ein Bekannter gemeint hatte, Scheidungen seien dort leicht und günstig zu bekommen. Shanghai lag auch näher zu Peking und somit zu Gerry Greene.

China war damals pro forma eine Republik mit einer in Peking ansässigen und international anerkannten Regierung. Diese besaß allerdings keine Macht, während das riesige Land von regionalen Kriegsherren beherrscht wurde. Das Shanghai der 1920er-Jahre gilt heute als legendär. Für eine alleinstehende weiße Frau vor Ort war es vor allem eines, nämlich ziemlich gefährlich. Niemand benötigte für die Einreise ein Visum oder einen Reisepass. Kontrollen fanden kaum statt. Überall sah man Händler, Abenteurer, Gangster, Flüchtlinge aus der Sowjetunion, Trickbetrüger aus Amerika, japanische Jazzmusiker, koreanische Straßenbahnschaffner, Juden, die Pogromen entkommen waren, chinesische Revolutionäre, die dem sowjetischen Vorbild nachzueifern suchten. Aber auch geschätzte 70.000 Sexarbeiter und Sexarbeiterinnen – „Blumen" genannt –, darunter Tausende Russinnen, männliche Opernsänger, die besonders viel Geld für ihre Dienste nahmen, Teehaus-Frauen, junge Mädchen in Opiumhöhlen, Frauen, die Sex im Stehen anboten, die „Saltwater Sisters", die in den Werften anzutreffen waren und Seemänner bedienten, ganze „Love Lanes", Straßen, in denen sich ein Bordell an das andere reihte, oder man mietete ein „Blumenboot" für Sex auf dem Wasser. Wallis kannte sich mit dem Angebot hervorragend aus und gab in ihren Memoiren bereitwillig darüber Auskunft. Bedürfnisse, die in Shanghai nicht befriedigt werden konnten, mussten erst erfunden werden. Das nötige Kleingeld half.

In Shanghai kamen auf eine Frau etwa 20 Männer. Eine Amerikanerin ohne „Beschützer" war gleichbedeutend mit einer Sensation und Wallis realisierte bald, sie war ein hochpreisiger Fang. Hätte sie Lust dazu gehabt, sie hätte jede Stunde ein Date haben können. Noch in Washington hatte sie die Adresse eines Engländers erhalten, der sich gerne mit ihr treffen wollte, sollte sie einmal nach Shanghai kommen. Er taucht in Wallis' Autobiografie als „Robbie" auf, vermutlich handelte es sich um den Architekten Harold Graham Fector Robinson. Wallis verlor keine Zeit, ihn zu kontaktieren. Er ließ ihr einen Korb voller exotischer Früchte zur Begrüßung senden und holte sie anschließend zu Cocktails und einem vornehmen Dinner ab. Bald sah man die beiden beim Pferderennen und auf Gartenpartys in tief gelegten Innenhöfen, wo Wallis bei Mondlicht und von Jasminduft umgeben mit Robbie zu „Tea for two" tanzte. Sie war in ihrem Element: „Es war wie ein himmlisches Königreich. Das Leben in Shanghai war gut, sehr gut und eigentlich zu gut für eine Frau, die meinte, unabhängig zu sein, es aber nicht wirklich war."

Juristisch gesehen war sie weiterhin Mrs. Earl Winfried Spencer. Mit ihren Scheidungsplänen kam sie in Shanghai keinen Schritt weiter, aber sie hatte vor, bald den amerikanischen Diplomaten Gerry Greene in Peking aufzusuchen. Wie versprochen, übernahm Greene die Kosten für die schwierige Reise, denn Züge wurden oft von Banden verschiedener Warlords überfallen, die Passagiere ausraubten oder gar ermordeten. Doch Wallis erreichte das fremdartige Peking unbeschadet und bezog ein Zimmer im „Grand Hotel de Pekin", das sich im Botschaftsviertel befand. Rundherum wuselte das Leben, man sah hauptsächlich reiche US-Touristen, aber auch die übliche Mischung aus Diplomaten und Geschäftsmännern. Es gab eine Menge Society-Events, reichlich verschwenderische Partys, im Frühjahr ging man zum Pferderennen, im Herbst zur Entenjagd. Die Amerikaner, Singles oder Männer, deren Ehefrauen in der Heimat geblieben waren, schätzten die freizügige Moral, die so ganz anders war, als man es von Amerika gewohnt war. Dort herrschte die Prohibition, in Peking konnte man trinken, essen, sich vergnügen, wie man wollte. Wallis berichtete, selbst wenn eine Hasenscharte das Gesicht verunstaltete, als weiße Frau wurde man verehrt wie Cinderella. Unmengen von Männern standen zur Auswahl. Gerry Greene, nun Erster Botschaftsrat, freute sich, Wallis wiederzusehen und hatte ein Geschenk für sie: Einen Terrier, den sie Gaga nannte. Greene nahm sie zu Empfängen mit, sie präsentierte sich als recht gestrenges, aber charmantes All-American-Girl in engem Rock und Bluse. Dazu trug sie am Kragen eine einzelne rote Kamelie – ein exotisches Accessoire, das verbotene Assoziationen weckte.

Gabrielle Chanel schmückte damals viele ihrer Designs mit dieser aus Ostasien stammenden Blüte. Sie liebte Alexandre Dumas' leidenschaftliche Geschichte über die junge Sexarbeiterin und Modistin Marie Duplessis („Die Kameliendame"), wohl weil sie sich selbst in diesem Roman wiederfand. Weithin wurde eine Frau, die eine Kamelie zur Schau trug, als „verfügbar" angesehen. Völlig unüblich und geradezu skandalös war es allerdings, wenn – wie in Wallis' Fall – eine verheiratete Frau mit Kamelie erschien. Aber das brauchte ja nicht jeder gleich zu wissen.

Wallis' Lebensmensch

Wallis mochte an der Oberfläche harmlos erscheinen, doch ein Diplomat warnte seine Angetraute sogleich vor ihr: Mit dieser „lebenslustigen" Frau solle sie sich auf keinen Fall anfreunden. Der Ruf, in Scheidung zu leben, eilte ihr voraus. Win Spencer wurde als „armer Kerl" dargestellt, der von seiner amüsierwütigen, mannstollen Frau verlassen worden sei.

Als sie wieder einmal mit Gerry Greene im Ballsaal des Grand Hotel tanzte, erspähte Wallis am anderen Ende des Raumes ein Gesicht aus längst vergangenen Coronado-Tagen. War das nicht Katherine Bigelow, die ehemalige Krankenschwester? Sie winkte und tatsächlich, die Frau winkte zurück. Wallis erfuhr, Katherine habe wieder geheiratet, wenn auch nicht William Thaw, mit dem sie damals ausging. Ihr erster Mann war gestorben und nun rief sie einen großen, schlanken, kultiviert aussehenden Herrn mit gewellten braunen Haaren zu sich, der Wallis vom ersten Moment an in seinen Bann zog. Katherine stellte vor: Herman Rogers aus New York, ihr zweiter Ehemann. Er war fünf Jahre älter als Wallis, stammte aus reichem Haus und musste keiner Beschäftigung zum Broterwerb nachgehen. Seine Nachbarn waren die Roosevelts gewesen. Er sah sich zum Schriftsteller berufen und reiste mit seiner Frau in der Welt herum, um Inspirationen für seine Detektivgeschichten zu sammeln, die jedoch nie gedruckt wurden. Die Rogers waren gerade mit dem Chinesischlernen beschäftigt, jeden Tag kam ein langbezopfter Mr. Wu in ihr Haus, um die Amerikaner zu unterrichten. Ob Wallis es nicht auch versuchen wolle? Sie sagte, sicher, warum nicht, und schon durfte sie als Hausgast bei den Rogers in Peking einziehen.

Sie konnte so die Hotelkosten sparen und es war auch ihrem Ruf zuträglich, bei einem respektablen Ehepaar zu leben und nicht monatelang allein im Grand Hotel. Dass ihre „Untermieterin" einen Hang zu Männern anderer Frauen hatte, dürfte Katherine da noch nicht bewusst gewesen sein. Sie unterstützte die arme Freundin in allen Belangen, ging mit ihr shoppen, lieh ihr schöne Dinge, ließ sogar ihre eigenen Kleider für Wallis ändern, wenn dieser ein Outfit besonders gut gefiel. Katherines Herman war genau das Kaliber, zu dem Wallis' Familie in Baltimore ihr geraten hatte: Ein amerikanischer „Patrizier", großzügig, schneidig, ohne Geldsorgen und überall zu Hause.

Die Monate bei den Rogers sollten Wallis' glücklichste Zeit in China werden. Herman zeigte ihr die Tempel, ging mit ihr während des Sonnenuntergangs auf der Stadtmauer spazieren, sie besuchten Polospiele, lebten in Luxus und Müßiggang, ließen sich treiben. Chinesisch lernte Wallis nie, sie behauptete wie schon in der Schule, überhaupt kein musikalisches Gehör zu haben und daher eine solche Sprache nie beherrschen zu können. Herman nannte sie einfach eine „faule Frau, die sich keiner Herausforderung aussetzen und ihre Komfortzone nie verlassen will". Er traf den Nagel auf den Kopf. Lediglich beim Pokern gab sich Wallis Mühe: Als sie einmal gegen den belgischen Botschafter spielte, gewann sie 225 Dollar – so viel, wie Win ihr monatlich Unterhalt zahlen musste. An ihre alte Freundin Mary Kirk schrieb Wallis begeistert, sie habe bei den Rogers eine ganze Riege von Dienstboten zu ihrer Verfügung, vom Dienstmädchen bis zum Rikscha-Jungen. Katherine und Herman führten in Peking ein großes Haus und veranstalteten täglich Dinners und Gesellschaften. Der Zustrom an Botschaftern, Konsuln und anderen Würdenträgern riss nie ab und Wallis war stets zur Stelle, wenn interessante Männer erwartet wurden. Verliebt war sie in Herman, ihren idealtypischen Mann, der unter ihrem Pantoffel stand und das auch wusste: „Für Wallis hätte ich alles getan." Dominante Frauen war er gewohnt, seine Schwestern agierten ebenfalls recht autoritär. Eine Schwester saß zwar im Rollstuhl, doch sie dirigierte eine riesengroße Farm in New Jersey mit eiserner Hand.

Blöderweise war Herman vergeben und Wallis weiterhin auf der Suche nach einem ledigen Mann zum Heiraten. Sie wandte sich erneut den Italienern zu. Eine ernsthafte Liaison begann sie mit dem blonden Marineattaché Alberto Da Zara, der es bis zum Admiral bringen sollte. Er war für militärische Überwachungsmissionen am Jangtsekiang zuständig, 35 Jahre alt, nicht ganz so attraktiv wie Felipe Espil, aber er glänzte mit perfektem Auftreten und seiner

Liebe zur Dichtkunst. Wie die meisten Diplomaten konnte er sich in mehreren Sprachen verständigen und galt als fantastischer Reiter mit geübtem Auge für attraktive Frauen. Eine Bekannte der Rogers, die auch Wallis und ihre vielen Verehrer in Peking miterlebte, sagte über sie: „Mrs. Spencer war berüchtigt, dass sie bei verliebten Männern regelrechte Leidenschaftsattacken hervorrufen konnte. Die Männer fanden sie amüsant, und sie hatte diese ganz spezielle Gabe, jedem ihre volle Aufmerksamkeit zu schenken – was für eine Kunst!" Diese Fähigkeit hatte sie ja bereits in ihren „Oldfields"-Jahren zur Genüge trainiert. Wallis erfuhr, dass Italiener der Marke Da Zara im Allgemeinen in alte italienische Adelsfamilien einheirateten und eine dahergelaufene Amerikanerin wie sie wohl kaum als Ehefrau ins Auge fassen würden. Doch Da Zara vergaß seine Southern Belle nicht und schrieb später, „das Schönste an Wallis" seien „ihre Augen gewesen, und wie sie die Haare aus dem Gesicht frisiert trug, was die Schönheit ihrer Stirn betont" hätte. Er heiratete nie und trug immer ein Schwarz-Weiß-Porträtfoto von Wallis bei sich.

Über Da Zara lernte Wallis Benito Mussolinis späteren Schwiegersohn kennen, den adeligen und profaschistischen Galeazzo Ciano. Sieben Jahre jünger als Wallis, fiel der Sohn eines Weltkriegshelden in erster Linie durch seine Playboy-Attitüden auf. Es blieb der italienischen Community in Peking nicht verborgen, wie der junge Mann sich von Wallis ein paar Wochen lang beeindrucken ließ. Er nahm 1930 die 19-jährige Edda Mussolini zur Frau und war als italienischer Konsul in Shanghai tätig. Die Bekanntschaft mit dem Grafen Ciano wurde in manchen Biografien über Wallis Simpson stark aufgebauscht. Sie sei von ihm schwanger geworden, habe jahrelang unter den Folgen einer verpfuschten Abtreibung gelitten und deswegen keine Kinder bekommen können. Viel wahrscheinlicher ist, dass bei Wallis aufgrund ihrer intersexuellen Disposition eine Schwangerschaft nicht möglich gewesen wäre.

Als sie sich endlich von Herman losreißen konnte und vor allem, nachdem sie eingesehen hatte, dass von keiner ihrer zahllosen Herrenbekanntschaften ein Heiratsantrag zu erwarten war, entschloss sie sich zur Rückreise nach Amerika. Sie musste die Scheidung durchkämpfen.

Scheidung auf Amerikanisch

Während der Überfahrt bekam Wallis so starke Bauchschmerzen, dass der Schiffsarzt gerufen werde musste. Er konnte ihr aber nicht helfen, sondern sagte nur, es handle sich um einen „verwirrenden Fall" und sie müsse so bald wie möglich in ein Krankenhaus. In Seattle ging Wallis von Bord und wurde im Spital operiert. Es ist denkbar, dass die männlichen Geschlechtsorgane, die sich bei Wallis im Bauchraum befunden haben könnten, diese Beschwerden hervorgerufen haben. Selten sind solche Symptome bei Menschen mit DSD nicht, aber man hat die Patientin bestimmt auch in Seattle über die wahren Krankheitsursachen im Unklaren gelassen.

Wallis fühlte sich nach der Entlassung einsam, schwach und hilfsbedürftig und wandte sich in ihrer Not an ihren Mann Win. Ob er sie von Seattle nach Washington zu ihrer Mutter begleiten könne? Es war ein weiter Weg, praktisch durch den gesamten Kontinent. Win erinnerte sich an seine Pflichten als Gentleman und lieferte seine baldige Ex bei Alice ab. Wallis' Mutter zählte nun 56 Jahre, hatte zum dritten Mal geheiratet und hielt ihrer Tochter ein Foto hin, das sie auf dem Schoß ihres neuen Ehemannes zeigte. Darunter hatte die immer noch schlagfertige Dame geschrieben: „Alice on her last lap." Der Schoß gehörte dem Regierungsbeamten Charles Gordon Allen.

Als sie sich einigermaßen erholt hatte, übersiedelte sie nach Warrenton, eine rurale, sehr pferdelastige Kleinstadt in Virginia, wo jeder ritt und jagte. Ihr Anwalt, empfohlen von Cousine Corinne, riet ihr, 300 Dollar zu bezahlen und auf Vernachlässigung zu plädieren. So könne sie im Bundesstaat Virginia eine Scheidung erlangen. Zu den Voraussetzungen gehörte, dass das Ehepaar bereits drei Jahre lang getrennt lebte und dass Wallis mindestens ein Jahr in Virginia gemeldet sein musste. Da dies alles nicht zutraf, mussten die scheidungswilligen Spencers tricksen. Win verfasste einen Brief, wonach er nicht mehr mit seiner Frau zusammenleben wolle, und datierte das Schreiben zurück auf 1924. Dass Wallis und er sich in China getroffen hatten, verschwiegen beide. Wallis war nun 30 und hoffte, die Scheidungspapiere bis zum Sommer 1927 zugestellt zu bekommen. Nun blieb ihr nur noch zu warten – und (ein bisschen) in Büchern zu schmökern. Sie vertrieb sich die Zeit mit einigen Stücken von W. Somerset Maugham und befasste sich mit einem damals viel gelesenen Werk des Anführers der amerikanischen Eugenik-Bewegung, Madison Grant. „The Passing of the Great Race" hieß das Buch, das „wissenschaftlichen" Rassismus propagierte und die „nordische Rasse" als die anderen Menschen überlegene darstellte. Juden, Chinesen,

Farbige, Katholiken oder Franzosen gehörten zu den „Unerwünschten", die sterilisiert werden sollten, um die „Überlegenheit der Nordischen" nicht zu gefährden. Adolf Hitler hatte dem Autor geschrieben, das Werk sei seine „Bibel" geworden. Wie viele weiße Protestanten in den USA hing auch Wallis solchen Ideen an. Ihre Herkunft, ihr Alter, ihre südstaatliche Heimat prädestinierten sie dazu, rassistisch zu sein. Mary Kirk, Wallis' Jugendfreundin, sprach von Schwarzen nur als von „niggern" oder „coons". Juden wurden von Wallis und ihren Bekannten für Leute gehalten, die zumindest nicht der ganz ersten Klasse angehören konnten. Damit waren sie nicht allein. Weder in Amerika noch in England war es für Juden möglich, einzelne elitäre Clubs oder Golfvereine zu besuchen, den Freimaurern beizutreten oder in bestimmten Ferienresorts zu logieren. Ivy-League-Universitäten verfügten über Quoten für jüdische Hörer.

Es hatte in Baltimore jüdische Einwanderer gegeben, doch sie waren meist arm und lebten in Vierteln, die Großmutter Anna niemals mit der kleinen Wallis betreten hätte. In den Kreisen der sehr vermögenden Juden in Shanghai hatte sich Wallis ebenfalls nicht bewegt – sie hatte vom Judentum demnach kaum eine Vorstellung.

Im Hotel in Warrenton, wo Wallis untergekommen war, verkehrten hauptsächlich Vertreter auf Durchreise, aber auch Männer aus ihrer Vergangenheit schauten vorbei. Ein Banker aus Baltimore führte sie regelmäßig zum Tanzen aus, doch Wallis sah ein, dass es nicht genügte, Männer zu haben. Sie wollte den einen Mann zum Heiraten, den mit dem großen Geldbeutel.

Tante Bessie besuchte ihre Nichte, um sie von ihren Sorgen abzulenken, und fragte: „Wie wäre es mit einer Mittelmeer-Kreuzfahrt, während du auf das Urteil wartest?" Klarerweise war Wallis dabei und so ging es nach Neapel, Palermo, die dalmatinische Küste entlang und weiter nach Monte Carlo, Nizza und zum Papstpalast in Avignon.

Im Oktober 1927 starb Onkel Sol, als Wallis in Paris weilte. Bessie kehrte sofort in die USA zurück. Wallis hoffte, ihre Geldsorgen dürften nun auch ohne reichen Ehemann ein Ende finden, hielt sie sich doch für Sols Lieblingsnichte, die er in seinem Testament generös bedacht haben würde. Doch Sol hatte eine letzte Enttäuschung für Wallis parat. Im Testament stand, dass zum Gedenken an seine Mutter der größte Teil seines Vermögens für die Errichtung eines „Anna-Emory-Heimes" für vornehme alte Damen zu verwenden sei. Süffisant hatte er hinzugefügt: Sollte Wallis einmal eine gebrechliche, alleinstehende Dame sein, würde dort bestimmt ein Plätzchen für sie zur

Verfügung stehen. Wallis konnte es nicht fassen. Sie bekam einen Tobsuchtsanfall und beschloss, das Testament anfechten zu lassen mit der Begründung, dass Sol nicht mehr im Vollbesitz seiner geistigen Kräfte gewesen sei, als er seinen letzten Willen unterzeichnete. Sie erhielt schließlich Aktien im (damaligen) Wert von etwa 37.500 Dollar zugesprochen.

Ihr Anwalt erteilte ihr den Ratschlag, möglichst bald wieder in Warrenton Quartier zu nehmen, um die Scheidung nicht zu gefährden. Wallis lebte also erneut im Hotel und es dauerte noch bis in den Winter hinein, doch am 6. Dezember 1927 war Wallis endlich von Win Spencer geschieden. Ein neuer Lebensabschnitt konnte beginnen.

Arbeitsmarktservice

Gleich nach ihrer Rückkehr aus China hatte sich Wallis mit Mary Kirk getroffen, um Neuigkeiten auszutauschen. Es war Mary ähnlich ergangen wie ihr selbst: Marys Ehemann Jacques Raffray hatte sich als Säufer entpuppt. Er war ein attraktiver Franzose ohne Geld, das Paar lebte auf Marys Kosten in einer eleganten Wohnung in New York. Außerdem berichtete Mary von drei Fehlgeburten. Sie war noch immer kinderlos, doch sie nannte eine Modeboutique ihr Eigen und riet Wallis, sich ebenfalls um einen Job zu bemühen. Es mache keinen Sinn, nur auf einen wohlhabenden Mann zu warten. Daran hatte Wallis schon öfter gedacht, doch es schreckte sie ab. Für Warfield-Frauen war es ein Armutszeugnis, für sich selbst sorgen zu müssen. Alice schloss sich Marys Meinung jedoch an und schlug ihrer Tochter einen Sekretärinnenkurs vor. Als Wallis erstmals vor der Schreibmaschine saß, brach sie die Ausbildung sofort ab. Sie hielt sich als Tippmamsell für gänzlich ungeeignet. Verkäuferin war sowieso weit unter ihrer Würde. Als sie einen Text über neue Frühjahrshüte verfasste und diesen an eine Modezeitschrift schickte, kam er kommentarlos zurück. Mit dem Journalismus wurde es demnach auch nichts. Dann hörte Wallis von zwei Frauen in Pittsburgh, die in ihrer Fabrik Stahlrohrgerüste für Baustellen herstellten. Das war es! Ein Berufsfeld, in dem man Frauen nicht erwartete und wo sie sich als Frau in einer Männerwelt behaupten konnte. Wallis machte sich für drei Wochen auf nach Pittsburgh, besichtigte das Unternehmen und erfuhr, dass sie als brillante Handelsvertreterin, die sie zu werden hoffte, der Kundschaft mathematische Kalkulationen in Rekordzeit vorlegen musste. Leider hatte sie die hohe Kunst des Rechnens schon vor „Oldfields" kaum jemals beherrscht.

Also fuhr sie geschlagen zurück nach New York zu den Raffrays. Wallis war schon irgendwie klar, dass sie nicht ewig zwischen dem Haushalt ihrer Mutter in Washington und den Appartements mildtätiger Freundinnen hin und her pendeln konnte. Was ihr fehlte, war eine längerfristige Perspektive. Mary entwickelte nun den Ehrgeiz, ihre geschiedene Freundin zu verkuppeln, und lud ihrer Ansicht nach passende Single-Männer ein, die sie Wallis vorstellen konnte. Bei einer früheren Gelegenheit hatte Wallis bereits ein mit den Raffrays befreundetes Ehepaar kennengelernt, Dorothea und Ernest Simpson. Sie hatten eine Tochter namens Audrey. Vorerst fand Dorothea Wallis sehr lustig, witzig und clever, vielleicht ein bisschen hartgesotten und auf Vergnügen programmiert. Dorothea musste öfter ins Krankenhaus, war zaghaft, eher verschlossen und auch noch für ihre Tochter aus erster Ehe, Cynthia, verantwortlich. Da für Kartenspiele wie Bridge eine vierte Person fehlte, wenn Dorothea kränkelte oder auf die Töchter aufpassen musste, sprang Wallis gerne ein. Sie hatte bereits ein Auge auf Dorotheas Ehemann geworfen, er schien ruhig und belesen zu sein, liebte Museen, Galerien, die klassische Antike und deklamierte Gedichte, mit Vorliebe auf Latein. Ernest Simpson verfasste auch selbst Couplets von fragwürdiger Qualität, die er auf Wunsch zum Besten gab. Selbstverständlich bat Wallis ihn ständig um Wortspenden in gereimter Form. Er war ein Jahr jünger als sie, viel in der Welt herumgekommen, hatte in Harvard Sprachen studiert – ein wenig wie Herman, wenn auch nicht ganz so toll. Herman light gewissermaßen. Sie schmeichelte ihm bei jeder Gelegenheit, fixierte ihn mit ihren blauen Augen und gestikulierte mit ihren großen Händen in der Luft. Doch eines unterschied Ernest und Herman grundlegend: Herman besaß ein Vermögen, das ihn von Lohnarbeit unabhängig machte. Ernest arbeitete hart als Schiffsmakler in der Firma seines Vaters, Simpson & Spence, heute noch immer existent als Simpson, Spence & Young. Das Unternehmen verfügte über Niederlassungen in London und New York.

Was Wallis nicht wusste und vielleicht auch während ihrer Ehe nicht erfuhr, da Ernest es nie erwähnte: Seine Familie stammte ursprünglich aus Warschau, war jüdisch und hieß Solomon. Sein Großvater Leon Solomon hatte sich in der englischen Hafenstadt Plymouth niedergelassen und trieb dort Handel mit großem Erfolg. Eines seiner vielen Kinder, Ernest Louis, wanderte 1873 in die USA aus, änderte den Nachnamen in Simpson und nahm die amerikanische Staatsbürgerschaft an. Ernest Louis heiratete eine New Yorker Anwaltstochter mit guten Verbindungen, Charlotte Gaines. Das Ehepaar bekam zwei Kinder, Tochter Maud und, mit großem Abstand, Sohn Ernest. Da der Vater kaum zu Hause war, wurde die Ehe von Ernests Eltern unglücklich, wozu auch eine französische Geliebte ihren Teil beitrug: Leah Métral, die Midget gerufen und von Wallis „The French Hussy“ genannt wurde. Ernest Louis war mit seinem Schiffsunternehmen ein reicher Mann geworden und Wallis fürchtete immer, er werde Midget alles hinterlassen und Ernest und sie würden leer ausgehen.

Ernest sein ist alles

Was Wallis am ausgesprochen anglophilen Ernest Simpson am Aufregendsten fand: Seine 20 Jahre ältere Schwester Maud. Diese wohnte in London, war mit einem prominenten Mitglied des britischen Parlaments verheiratet, führte einen (fast) adeligen Doppelnamen, Maud Kerr-Smiley, und war Mitarbeiterin zahlreicher Wohltätigkeitsorganisationen, bei denen adelige Damen ein und aus gingen. Es dürfte im Umfeld dieser Maud nicht allzu schwierig sein, Eingang in die elitäre englische Society zu finden. Wer weiß, vielleicht war Maud schon dem Prinzen von Wales begegnet?

Ernest hatte die USA während des Ersten Weltkriegs verlassen, um für England zu kämpfen, obwohl seine Studien in Harvard nicht abgeschlossen waren. Er hielt es für seine patriotische Pflicht, in den britischen Coldstream Guards zu dienen, auch wenn die Vereinigten Staaten von Amerika noch nicht in den Krieg involviert waren. Er wählte schließlich die britische Staatsbürgerschaft und gab sich überhaupt so britisch wie nur irgend möglich, in Benehmen, Kleidung und Ausdrucksweise. Nach Kriegsende kehrte er in die USA zurück und heiratete 1923 Dorothea, die aus einer Juristenfamilie stammte.

Wallis und Ernest nutzten die Krankenhausaufenthalte von Dorothea, um einander näherzukommen. Wallis fuhr die übliche Taktik auf, ließ sich

Ernest Simpson, amerikanischer Schiffsmakler mit britischen Wurzeln und großem Geltungsbedürfnis. Wallis' zweiter Ehemann wurde bald zum meistverspotteten Hahnrei in London.

von einem Museum ins nächste führen und lauschte mit weit aufgerissenen Augen den Ausführungen des wohlgebildeten Transportunternehmers. Die Gemälde und Skulpturen langweilten Wallis fast zu Tode. In Wahrheit hatte sie nur an Ernest Interesse und auch das nicht wirklich. Er spielte nicht in der Espil-, nicht einmal in der Da-Zara-Liga. An ihre Mutter Alice schrieb sie in einer Nachdenkpause:

„Das Beste und Vernünftigste für mich ist es, Ernest zu heiraten. Ich mag ihn gern und er ist nett – das ist schon mal was. Ich kann nicht für den Rest meines Lebens herumtingeln und bin es müde, mich immer ganz allein der Welt stellen zu müssen und kein Geld zu haben. 32 ist ja auch nicht mehr so jung, wenn man all die frischen Gesichter rundherum sieht, mit denen man es aufnehmen muss. Ich werde mich also niederlassen, um ein hoffentlich angenehmes Alter zu erleben. Ich dachte, Du bist vielleicht glücklicher, wenn Du weißt, dass jemand auf mich aufpasst."

Dorothea erzählte, wie es war: Wallis habe ihre Ehe infiltriert, als es ihr nicht gut ging. Sie habe ihr den Mann gestohlen: „Wallis zog in meine Wohnung ein, nahm sich meine Kleider und am Schluss nahm sie sich meinen Mann." Dazu gehören freilich immer zwei. Ernest schien sehr gerne Zeit mit Wallis zu verbringen und sie behauptete später, die Ehe der Simpsons sei ohnehin am Ende gewesen. Dorothea und Ernest hätten bereits vor ihrem Auftauchen in Scheidung gelebt – was so nicht stimmen dürfte. Als Ernest Wallis seinen Antrag machte, antwortete diese ausweichend: Zuerst sagte sie Ja, dann Nein, dann meinte sie, sie benötige noch etwas Zeit. Ihr zögerliches Verhalten macht deutlich, dass es ihr nie richtig ernst war mit Ernest.

Entscheidung in Cannes

Plan B also – wieder einmal. Wallis folgte einer Einladung nach Cannes, in die Villa „Lou Viei", wo sich die Rogers mittlerweile niedergelassen hatten. Sie hatte die Absicht, sich einen Überblick über die Ehe von Katherine und Herman zu verschaffen. Vielleicht klappte es zwischen den beiden ja nicht mehr so gut wie in Peking … vielleicht wäre Herman bald frei … für sie …

Die Rogers nahmen Wallis herzlich auf, doch diese war enttäuscht. Ihre Gastgeber verstanden sich perfekt wie eh und je. Die „Königin von Peking", Constance Coolidge, war ebenso in der Rogers-Villa zu Gast, man hatte sich in China kennengelernt. Constance, eine schwerreiche Erbin und Society-Lady aus Boston, war das genaue Gegenteil von Wallis. Eine an Sex interessierte, sinnliche Frau, die im Alter von 40 Jahren auf 20 Heiratsanträge zurückblicken konnte, vier davon hatte sie angenommen. Dazu kamen noch mehrere Dutzend Liebschaften und ein paar gebrochene Herzen, darunter das des englischen Science-Fiction-Autors H.G. Wells. Constance berichtete Wallis von ihrer dritten Ehe mit einem französischen Adeligen, der sie zur Comtesse de Jumilhac gemacht hatte. Aber um welchen Preis! Ein fürchterlicher Mensch! Er verspiele ihr Geld bei Pferdewetten, konsumiere Drogen, er würde auf sie losgehen, weil er ständig auf Koks sei … Und der zweite Mann erst! Wie schrecklich der doch erst gewesen sei! Wallis hörte sich die Horror-Storys an und dachte an den langweiligen und völlig uninteressanten Ernest in New York. Ihre Berufung im Leben beschrieb sie in ihren Erinnerungen so:

„Als Südstaaten-Mädchen sehe ich meine Rolle in der Ehe. Diese Rolle sollte erfrischend sein, ein Amüsement, eine Abwechslung. Wenn möglich, sehe ich es als meine Aufgabe, die Liebe in das Leben eines Mannes zu bringen."

Von Ernest wusste Wallis, er würde solide und verlässlich sein, sich um ihr Wohlergehen kümmern. Seine Firma garantierte ein ausreichendes Einkommen für den gehobenen Lebensstil, der Wallis vorschwebte. Sie musste eine Entscheidung treffen. Im Juni 1928 schrieb sie an Ernest, der bereits geschieden war und sich in London aufhielt, dass sie nun bereit wäre, ihn zu heiraten.

Er antwortete sofort: „Ausgezeichnet! Ich habe schon mit den Vorbereitungen begonnen."

Auf ihrer Reise von Cannes nach London legte Wallis einen Zwischenstopp in Paris ein, um sich eine Hochzeitsgarderobe zu besorgen. Sie würde in einem gelben Kleid vor den Standesbeamten treten, mit einem blauen Mantel darüber. Als sie im Bahnhof Victoria Station einfuhr, wartete Ernest mit einer Überraschung auf: Er hatte sich einen nagelneuen, gelben Lagonda zugelegt, der von einem Chauffeur in Uniform, Hughes, gelenkt wurde. Damit sollte es in die Flitterwochen gehen.

Vorher schickte Wallis noch ein Telegramm an ihren Verehrer aus Warrenton, den Banker, der sie gerne geheiratet hätte: „Unerwarteterweise heirate ich morgen Ernest. Much Love, W."

III
Die Simpsons und die Windsors

Szenen zweier Ehen

„A cold little job“ sei die Hochzeitszeremonie gewesen, also eine kühle, kleine Angelegenheit, meinte Ernest Simpson über seine zweite Heirat am 21. Juli 1928 im Standesamt von Chelsea. Die Braut Wallis im knalligen Outfit war ebenso wenig beeindruckt und schrieb an ihre Mutter Alice, die bereits zu krank war, um die Reise über den Atlantik anzutreten: „Beim zweiten Mal ist es ja auch nicht mehr so wichtig.“

Danach luden die Frischvermählten zum Champagnerempfang im Bahnhofshotel, wo der Schwiegervater Ernest Louis abgestiegen war, ein winziger Geschäftsmann mit schneeweißem Haar und blitzenden Augen. Der Festsaal im Hotel ließ zu wünschen übrig: Laut Wallis war er rußverdreckt und schäbig. Nachdem das „Meet the Papa“ überstanden war, brachen die Simpsons zur Hochzeitsreise auf, die sie nach Paris und Spanien führte. Chauffeur Hughes übernahm den Platz hinter dem Steuer. Ernest sprach gut Französisch, machte Wallis auf jedes Schloss und jede Kirche aufmerksam, vor allem jedoch bekam sie von ihm das, was sie seit ihrer frühen Kindheit am meisten vermisst hatte: (finanzielle) Sicherheit. Es ging ihr gut und sie fühlte sich selig. Mehr wollte sie nicht vom Leben – im Moment.

Down in Albion

Die zweite Hälfte das Jahres 1928 verlief schon in weniger ruhigen Bahnen. Wallis verabscheute den Londoner Herbst. Es war kalt, grau, nebelig und regnerisch, die Leute fand sie desinteressiert, zurückgezogen, wenig gastfreundlich. Besonders an den Engländerinnen hatte sie viel auszusetzen: „Ich bin unter Marineoffizieren und deren Frauen sozialisiert worden, wo man als Frau rasch lernt, sich mit aller Kraft für die Beförderung des eigenen Ehemanns einzusetzen. Eine amerikanische Frau meiner Generation hält es für wichtig, ein bisschen ‚anders‘, jedenfalls interessant zu sein, sie bringt ihre Ideen energisch vor, auch gegen die Männer. Englische Frauen akzeptieren

S. 105: Cecil Beaton fotografierte Wallis und Edward bei ihrer Hochzeit am 3. Juni 1937 im Tal der Loire. Glückstag war es keiner.

noch immer ihren Status als ‚das andere Geschlecht', selbst wenn sie in ihrem häuslichen Wirkungskreis bestimmt einflussreich sind."

Und die Ausflüge mit Ernest! Jedes Wochenende hatte er verplant, Übernachtungen in Landgasthöfen ohne fließendes Wasser, Besichtigungen in den für amerikanische Maßstäbe winzigen Grafschaften, verwitterte Schlösser, uralte Kirchen. Stundenlang konnte er sich über Grabsteine beugen, um die Inschriften zu entziffern, bewunderte Fahnen und Tapisserien in restaurierten Burgen. Wallis wartete derweil frierend im Auto. Dazu kamen weitere unverständliche Dinge wie der englische Humor, die unbegreifliche Zuneigung der Landsleute zu Hunden und Pferden, die Verehrung der britischen Militärgeschichte mit dem Stolz auf die Flagge und die Monarchie. Wallis blickte in ausdruckslose Gesichter mit schlechten Zähnen. Die Zahnmedizin in England hinkte dem amerikanischen Standard Jahre hinterher. Wenn doch einmal jemand den Mund aufmachte, verstand sie nichts. Der komische Akzent, die Worte waren anders, die Gesten sowieso. Fast wie in China …

Ein typisches Missverständnis auf Wallis' Seite zeigte sich während einer Unterhaltung über den Kensington-Palast, den Wallis nicht kannte. Sie war bei Maud zu Gast und hörte nur Kensington und etwas über ältere Damen. Als sie nach einer passenden Wohnung in London suchte, verkündete sie, auf keinen Fall werde das künftige Appartement im Stadtteil Kensington liegen, „wo alle Tanten Englands leben". Tatsächlich war aber vom Kensington-Palast die Rede gewesen, in dem mehrere weibliche Verwandte des Königshauses residierten.

Die Einwohner der britischen Hauptstadt schienen Wallis unzugänglich, da sie die dauerlächelnden Amerikaner gewohnt war. Gleichgültigkeit und Passivität schlugen ihr entgegen, sie kannte kaum jemanden und hatte keine Freunde. Mit Maud, in die sie so große Erwartungen gesetzt hatte, lief es auch nicht nach Wunsch. Sie sah in Wallis eine Konkurrentin und gab ihr unverlangt Tipps, wie sie mit dem kleinen Bruder Ernest umgehen sollte, was sie für ihn kochen, wo sie für ihn einkaufen sollte. Wallis fand Maud arrogant, herablassend und versnobt. Benutzte Wallis den amerikanischen Ausdruck „okay", bildeten sich tiefe Furchen auf der Stirn der Schwägerin. Maud vertrat die Ansicht, das Britische sei auf jeden Fall immer das Beste. Ernest schloss sich da gerne an. Wallis sah das völlig anders. Die Damen rund um Maud ertranken geradezu im Small Talk, niemand vertrat eine echte Meinung. Immer ging es um das Wetter, Reisen und Architektur, oft um Literatur oder Musik – da konnte Wallis nicht mithalten und wollte es auch

Wallis in den 1930er-Jahren.
Sie verweigerte die modischen, „weiblichen“ Wasserwellen und fiel durch ihre strenge Frisur bei jeder Party auf.

nicht. Persönliches und/oder Privates hätte sie interessiert, darüber sprachen Engländerinnen aber nicht. Ihr Widerstandsgeist machte sich bemerkbar und sie fing an, sich wie die Karikatur einer Amerikanerin zu geben, um aufzufallen. Das gelang ihr besser als beabsichtigt. Nicht nur Barbara Cartland wollte Wallis nicht wieder treffen, auch der Mode- und Society-Fotograf Cecil Beaton, der schließlich für die berühmten Hochzeitsfotos von Wallis und Edward auf Schloss Candé verantwortlich zeichnen wird, gab sich nach der ersten Begegnung entsetzt: Ihre Stimme sei nasal und habe einen scharfen Klang. Ihr Auftreten sei laut und rüpelhaft, geradezu abschreckend schrill und aufdringlich. Ihr kreischendes Lachen erinnere an einen Papagei.

„Glücklichste aller Frauen"

Wallis versuchte Freundinnen zu finden, mit denen sie sich austauschen konnte. Eines war ihr bereits klar geworden: Alle Engländer, egal ob Frauen oder Männer, egal ob auf dem Markt, im Fischladen oder bei Mauds Damenzirkeln, alle redeten unaufhörlich über ein Thema – die Royal Family. Wallis fand es lächerlich, dass eine einzige Familie die Aufmerksamkeit einer ganzen Nation derart auf sich ziehen konnte. Doch sie sah ein, dass man den „Court Circular" regelmäßig konsumieren musste, um über die Unternehmungen der Royals auf dem Laufenden zu sein. Die schnörkelige und staatstragende Sprache der Hofnachrichten fand sie auch bestenfalls zum Lachen. Im Mittelpunkt des „Court Circular" und des Tratsches in allen Gesellschaftsschichten stand der nicht mehr ganz junge, unverheiratete Prinz von Wales, der zukünftige König. Er war der begehrteste Junggeselle der Welt. Ein Schlager eroberte 1927 die Herzen der Mädchen von Indien bis Argentinien, von Kanada bis Neuseeland:

> *Glory, Glory, Alleluia, I'm the luckiest of females.*
> *For I've danced with a man, who danced with a girl,*
> *who danced with the Prince of Wales.*

Edward-Porträts schmückten die Schaufenster, überall gab es Postkarten mit seinem fröhlichen Konterfei und obwohl er als „Prince of Sales", wie er sich selbst nannte, ununterbrochen unterwegs war, um englische Produkte und das Empire selbst in aller Welt zu promoten, war er in London doch allgegenwärtig. Jeder hatte eine Geschichte über Edward zu erzählen, auch Maud. Sie

Der begehrteste Junggeselle der Welt:
Edward, Prinz von Wales, während des Ersten Weltkriegs.

wurde nicht müde, ihr Erlebnis wieder und wieder in Erinnerung zu rufen: Im letzten Kriegsjahr 1918 flüchteten wegen eines nächtlichen Alarms alle in die Schutzkeller. Maud hatte gerade einen Ball gegeben und im Haus vis-à-vis fand eine Party statt. Sämtliche Veranstaltungsgäste trafen im Keller zusammen, darunter auch Edward, der auf Fronturlaub war und die Party gegenüber besucht hatte, sowie eine verheiratete Halbamerikanerin namens Freda Dudley Ward, wohlhabende Tochter eines Textilfabrikanten. Edwards Vater, der König, wird Freda herabwürdigend „the lace-maker's daughter" nennen.

Der Thronerbe und Freda, die über zehn Jahre die wichtigste Frau in Edwards Leben werden sollte, lernten sich praktisch vor Mauds Augen kennen. Vermutlich hat sie später bereut, die Erste gewesen zu sein, die Wallis' Interesse am Prinzen von Wales geweckt hatte. Das entsprach aber ohnehin nicht der Wahrheit, denn Wallis wollte Edward schon treffen, als sie noch gar nicht mit Ernest verheiratet war. An Tante Bessie hatte sie kurz nach ihrer Ankunft in England geschrieben, in London habe sie vor allem ein Ziel: In den Kreis um den Prinzen aufgenommen zu werden.

Im Juni 1929 dürfte Wallis ihre Zielperson das erste Mal live gesehen haben, bei der traditionellen Militärparade Trooping the Colour, die sie zusammen mit ihrem Mann vom Straßenrand aus verfolgte. Der Prinz ritt hinter seinem Vater George V. her. In diesem Sommer war die seit einem Jahr bestehende Ehe der Simpsons bereits ein wenig angesäuert. Ernest hatte kein Verständnis dafür, dass Wallis ständig Party machen wollte. In den dürftig ausstaffierten englischen Landgasthäusern fühlte sie sich nicht wohl. Es war so unendlich langweilig. Nur alte Leute über 60, keine Cocktails und um 21 Uhr war meist Bettruhe. Ernest im Gegensatz nahm alle möglichen Widrigkeiten in Kauf, um eine ganz bestimmte Kirche oder ein ganz bestimmtes Grabmal zu sehen … Schon gar nicht wollte er verstehen, wie Wallis dieses Hobby als öde empfinden konnte.

Einmal pro Woche gingen die Simpsons die Haushaltsausgaben durch, alle Rechnungen wurden penibel kontrolliert, vom Fisch über das Fleisch zu Gemüse, Getränken und Kleidung. Ernest hatte vorgeschlagen, vierteljährlich zu zahlen, so war er es aus New York gewohnt. Doch Wallis wollte wöchentlich abrechnen. Sie wurde immer noch von der Panik geplagt, dass nach dem Anschreiben plötzlich kein Geld mehr vorhanden sein könnte. Die Armut ihrer Kindheit, das wusste Ernest, hatte bei Wallis tiefe Narben hinterlassen.

Das Ehepaar Simpson suchte in London weiter nach einer geeigneten Wohnung, in der Wallis ihre Karriere als Society-Hostess starten könnte. Vorläufig lebten die beiden in einem gemieteten Haus, aber der Vertrag sollte bald auslaufen. Zu Weihnachten 1928 langte zu Wallis allergrößter Freude eine schriftliche Einladung der Rogers nach Cannes ein. Ernest hatte wohl die Lobhudeleien auf Herman, die Wallis häufig abspulte, schon satt, bevor er diesen überhaupt kennenlernen konnte. Doch er empfand den ruhigen Mann mit Yale-Vergangenheit als einen angenehmen Zeitgenossen und sie sprachen über ihre Studentenjahre in Amerika. Wallis zeigte sich vergnügt und ausgelassen, genoss das Riviera-Leben mit vielen Partys und interessanten Leuten in vollen Zügen. Sie nahm sich fix vor, dafür zu sorgen, dass es in London genauso weitergehen würde. Aber im Frühjahr 1929 kam ein Telegramm aus Amerika an: Alice war schwer erkrankt, sie hatte eine Thrombose erlitten und konnte kaum noch sehen. Beide Simpsons segelten sofort los, trafen Alice im Bett an und Wallis war geschockt über die alte Frau, die kaum mehr als ihre lebhafte Mutter zu erkennen war. Wallis trug der Mode entsprechend ein braunes Kleid, Alice gefiel es gar nicht und sie kommentierte prompt: „Was für eine unkleidsame Farbe, typisch London!“ Für Ernest hatte sie ebenfalls einen Rat parat: Wallis sei wie eine Schachtel voller explosiver Dinge. Es stehe deutlich „handle with care“ darauf. Sie, Alice, sehe in ihrer Tochter viel zu viel von ihr selbst. Zu viel Herz, zu wenig Hirn, erläuterte Alice. Ernest indessen musste aus beruflichen Gründen bald zurück nach London. Wallis harrte noch ein paar Tage bei ihrer Mutter aus. Nur wenige Monate danach musste sie wiederkommen, diesmal ohne Ernest und auf der „Olympic“, dem Schwesternschiff der „Titanic“. Mary Raffray holte Wallis in New York ab, doch die Freundinnen kamen zu spät ans Krankenbett. Alice war bereits ins Koma gefallen und erkannte niemanden mehr. Sie starb an einem Krebsgeschwür hinter ihrem Auge am 2. November 1929, nur 59 Jahre alt.

Wallis schrieb aus Amerika an ihren Mann, bestimmt langweile er sich ohne sie und flirte mit anderen Frauen. Ernest war noch immer nicht hinter die Tricks und Spielchen seiner Frau gekommen und antwortete, wie traurig ihn solche Anwürfe machen würden: „Ich bin anständig und loyal bis zum Innersten. Körperlich vereint, in der Liebe vereint, in Trauer vereint, in Freude vereint.“ Wallis blieb unsicher und überspannt. So wie sie später behauptete,

Edward würde sie in Enzesfeld mit Kitty Rothschild betrügen, fantasierte sie sich auch über Ernest alles Mögliche zusammen, während sie ihre Mutter zu Grabe trug und ihr Mann allein in London zurückgeblieben war.

Am Bryanston Court

Doch Ernest war nicht untätig. Er schaute allerdings nicht anderen Frauen nach, sondern sich nach einer präsentablen Wohnung in einer guten Gegend um und fand diese in der George Street an der Adresse 5, Bryanston Court, Marylebone. Es war bestimmt keine so fashionable Umgebung wie Belgravia, wo Maud lebte, aber Wallis stürzte sich nach ihrer Heimkehr mit Feuereifer ins Einrichten und Dekorieren. Ließ man sie nach ihren eigenen Vorstellungen werken, bekam man den Eindruck, sie würde ein Puppenhaus für eine Fünfjährige kreieren, doch war dies wohl ihrem typischen Südstaaten-Geschmack sowie vermutlich ihrer Veranlagung als Person mit DSD geschuldet. Sie versuchte sich im übertrieben „Weiblichen", alles wirkte enorm kitschig, mit vielen Rüschen, ganz viel Pink und massenhaft Nippes. Ihr Schlafzimmer zeichnete sich durch den reichlichen Einsatz von weißem Satin aus, es gab Bettwäsche in Rosatönen und eine Unzahl von Kissen. Was rasch klar wird: Ernest hatte mit Sicherheit ein eigenes Schlafzimmer. Zwei Badezimmer wiesen ebenso darauf hin, dass das Paar mehr oder weniger getrennt lebte.

Die für Wallis' Empfänge vorgesehenen Räume ließ sie von der angesagten Innenarchitektin Syrie Maugham gestalten, die für mondäne und raffinierte Möblierung berühmt war. Das von Mrs. Maugham bevorzugte Weiß wurde mit Wallis' Jade-Erinnerungsstücken aus China und anderen fernöstlichen Reminiszenzen aufgelockert. Sie selbst erschien gern in Kleidern aus chinesischer Seide oder mit „orientalisch" inspirierten Frisuren – was Wallis zu einer einzigartigen Erscheinung in der Stadt machte. Kaum eine Engländerin kannte China aus eigener Anschauung. Und dann soll sie auch noch ganz allein dort gewesen sein … Die Gerüchteküche begann zu brodeln.

Es waren allerdings ohnehin vor allem Amerikaner, die zu Wallis' ersten Partygästen zählten. Diese wurden präzise ausgewählt, nach ihrer Relevanz und Nützlichkeit. Da Wallis mit Maud kaum mehr Kontakt hatte und diese sie demnach nicht zum Prinzen führen würde, mussten andere Steigbügelhalter her. Benjamin Thaw beispielsweise, er war soeben zum Ersten Sekretär der

Der Bryanston Court in Marylebone, London.

Wallis, hier im schwarzen Abendkleid und mit „fernöstlich“ inspirierten
Steckkämmen im Haar, hielt gerne Hof am Bryanston Court.
Hier lebte das Ehepaar Simpson, als Wallis' Beziehung mit dem Prinzen begann.

US-Botschaft in London ernannt worden. Wallis hatte seinen Bruder William in Coronado gekannt, als er mit der jetzigen Katherine Rogers zusammen gewesen war. Benjamin Thaw schien Wallis besonders vielversprechend, denn seine Ehefrau war Consuelo Morgan, die zwei jüngere Zwillingsschwestern hatte, Thelma und Gloria. Gloria lebte in den USA als Ehefrau von Reggie Vanderbilt, dem superreichen Eisenbahnerben. Thelma durfte sich Viscountess Furness nennen, sie hatte den englischen Adeligen Marmaduke Furness geheiratet. Dieser war über 20 Jahre älter als sie und galt als zweitreichster Mann Englands. Insbesondere aber hieß es, Thelma sei seit 1929 „the Prince's girl", also die momentane Favoritin des Prinzen von Wales. Über die Morgan-Frauen könnte es funktionieren, sich den Weg zu Edward zu bahnen.

Andere Amerikaner, die regelmäßig bei Wallis aufkreuzten, waren Cousine Corinne mit ihrem neuen Navy-Ehemann, Georges Murray, tätig als Marineattaché an der amerikanischen Botschaft in London; Ethel Noyes, die Wallis einst in Washington in die Diplomatenkreise eingeführt hatte und nun ebenfalls in London lebte, als verheiratete Lady Lewis; weiters Schauspielerinnen und kanadische Geschäftsleute. Wallis' Salon hatte schon nach kurzer Zeit den Ruf, „anders als die anderen" zu sein. Es gab hier Speisen, die nirgendwo sonst kredenzt wurden, meist Südstaaten-Küche mit ostasiatischem Touch. Und wie detailverliebt die Gastgeberin war! Jedes Stück auf dem Teller war genau gleich groß portioniert, egal ob Steak, Fischfilet oder Salatblatt. So etwas hatte man noch nie gesehen. Wallis behielt die absolute Kontrolle. Außerdem legte Mrs. Simpson viel Wert darauf, für jeden Geladenen den passenden Cocktail bereitzuhalten, sie mixte alles selbst und gab viel Eis hinein, was in England unbekannt war. Man bevorzugte hier noch die „lauwarme Cervisia". Die Amerikaner jedoch bestellten ihre Getränke seit Jahren mit Eiswürfeln. Wallis merkte sich jedes Gesicht, sämtliche Namen, Interessen und Marotten ihrer Gäste, wusste, wo man sich schon getroffen hatte, wer wen kannte, wer auf dem aufsteigenden Ast war und wen man demnächst abschreiben konnte. Sie erhielt zahlreiche Komplimente für ihre extravaganten Gesellschaften und man erzählte weiter, was es bei der neuzugezogenen Amerikanerin Wally zu essen und zu trinken gegeben hatte.

Die Mundpropaganda funktionierte ausgezeichnet, immer mehr Leute wollten Teil dieser spannenden Runden sein. Es dauerte, aber schließlich

Wallis' Vorgängerin an der Seite des Prinzen von Wales:
Die reich verheiratete Thelma Furness, jung, attraktiv, aristokratisch.
Später wird sie sagen: „Ich dachte, es sei für immer. Ich habe mich getäuscht."

ließen sich auch Adelige blicken und endlich – sogar jemand aus dem Kreis der Royals. Der Bruder von Louis Mountbatten – Louis galt als guter Freund Edwards – schaute herein, mit seiner Frau Nada (Nadeshda Romanowa), einer lesbischen Russin aus der Zarenfamilie, die rasch an Wallis Gefallen fand. Die Dame des Hauses sagte nämlich oft unerwartete Dinge, die englische Upper-Class-Damen anstößig fanden, etwa als jemand von einem Trauerfall erzählte und der Pflicht, Schwarz zu tragen: „Oh, ich habe keine schwarzen Strümpfe mehr getragen, seit ich das Cancan-Tanzen aufgegeben habe." Oder: „In England findet man so schwer Freundinnen. Jetzt bin ich schon so lange hier und noch immer begleitet mich keine Engländerin zur Toilette." Nada grinste. Amerikaner und Amerikanerinnen hatten keine Probleme mit flapsigen Äußerungen, sodass ein häufiger Gast zu dem Schluss kam: „Die Partys von Wallis haben so viel Pep, dass man gar nicht mehr gehen will."

Glamorama

Der Aufstieg von Wallis Simpson hatte begonnen, nicht zuletzt dank ihrer Ehe mit einem zwar schwerfälligen, aber lobenswerten Schiffsmakler. Was Wallis auch längst in Erfahrung gebracht hatte: Der Prinz von Wales war verrückt nach allem, was mit Amerika zu tun hatte. Er wollte hypermodern wirken, hatte einen amerikanischen Akzent angenommen, fuhr amerikanische Autos und spickte seine Reden mit zahlreichen amerikanischen Floskeln und Ausdrücken. Da er auf seiner Tour durch die USA im Jahr 1924 mehrere Ehefrauen von Würdenträgern verführt und Termine nicht eingehalten hatte sowie durch übermäßiges Trinken negativ aufgefallen war, erlaubte ihm der König keine Rückkehr ins Land der unbegrenzten Möglichkeiten. Offiziell hieß es, die Medien dort würden ihm zu nahetreten. Edward tröstete sich in London mit seinen amerikanischen Freundinnen. Freda Dudley Wards Mutter stammte aus den USA. Thelmas Vater war ein amerikanischer Diplomat, ihre Mutter eine sehr resolute Frau mit irischen und chilenischen Wurzeln, die ihre höchst attraktiven Töchter generalstabsmäßig zu zukünftigen Ehefrauen sehr reicher Männer heranbildete. Wie Rassepferde wurden sie ständig gewogen, verhätschelt, mit aller Sorgfalt gepflegt und hergerichtet. Schon als Kinder mussten Consuelo, Gloria und Thelma in der Nacht weiße Handschuhe tragen, darunter eine dicke Schicht Handcreme, um die weichsten Hände der Welt zu bekommen. Sie mussten stillstehen, wenn die Mutter Laura Morgan ihnen die Augenwimpern schnitt, damit sie schneller und länger wuchsen (was sie dadurch nicht taten). Klettern oder Laufen war verboten, es könnten ja „unweibliche" Muskeln an den Beinen oder Armen entstehen. Protestierte eine Tochter, so drohte die Mutter: „Mädchen, wollt ihr alte Jungfern werden?" Sie sollten schön und charmant sein, unterhaltsam und schicklich.

Thelma konnte kein Wasser heiß machen, kein Frühstück zubereiten, nicht bügeln oder einen Handschuh stopfen. Zweifelsohne war sie eine Schönheit, aber ihr Look war künstlich und manieriert, dennoch faszinierend und verführerisch. Ein sozialer Aufstieg, so gab Laura den Töchtern mit, sei nur durch die passende Heirat möglich und diese wiederum nur durch das richtige Aussehen und Benehmen. Auch sollten die Mädchen nie jemanden ins Vertrauen ziehen, „nicht einmal das Kopfkissen", erläuterte die Mutter. Thelma hielt sich nicht daran, mit fatalen Auswirkungen.

Im Jänner 1931 schrieb Wallis an ihre Tante Bessie, sie habe es geschafft. Edward, der Prinz von Wales, hatte ihr die Hand geschüttelt, und zwar war das erste Treffen wie erhofft über Consuelo Thaw zustande gekommen. Die Frauen, Wallis und Consuelo, verabredeten sich gelegentlich zum Lunch im Londoner Ritz Hotel. Wallis redete ständig über Edward und ob es nicht möglich wäre, dass sie, Consuelo, Wallis einmal mitnehmen könnte zu Thelma? Vielleicht, wenn der Prinz anwesend wäre? Consuelo fand die unaufhörlichen Bitten zwar lästig, aber vielleicht dachte sie, gut, soll Wallis halt einmal mitkommen, dann wäre es vorbei.

Rund um Weihnachten 1930 gab Thelma einen Nachmittagstee für ihren Prinzen in ihrer Wohnung am Grosvenor Square. Consuelo rief ihre Schwester an, ob sie noch eine Freundin mitbringen dürfe, eine Amerikanerin. Sicher, antwortete Thelma, obwohl sie wusste, dass Edward es nicht mochte, bei privaten Veranstaltungen auf Unbekannte zu treffen. Consuelo versprach, Wallis sei witzig und werde den Prinzen bestimmt unterhalten. Thelma bewunderte also gebührlich Wallis' blaue Augen, die leuchteten wie Saphire, sonst fielen ihr Wallis' große Hände auf und ihre platte, tonlose Sprache. Doch die Neue hörte geflissentlich zu und warf ein paar spaßige Bemerkungen ein. Dann verkündete Thelmas Butler mit gewichtiger Miene: „Seine königliche Hoheit, der Prinz von Wales." Edward wurde von Thelma mit Küsschen begrüßt, er meinte gut aufgelegt: „Oh, eine Party!“ Doch Thelma korrigierte: „Nein, Darling, nur ein paar Freunde. Du kennst sie alle, nur Mrs. Simpson noch nicht, sie kommt aus Amerika. Connie hat sie mitgebracht.“ Wallis vollführte einen Hofknicks, wie Maud es sie gelehrt hatte. Sie war sehr nervös und brachte kaum ein Wort heraus, ließ die neue Beute aber nicht aus den Augen; sie beobachtete genau, wie Edward aussah, was er tat, was er sagte. Es war schon aufregend genug.

Im neuen Jahr 1931 absolvierte Edward wieder viele Monate lang eine Dienstreise, diesmal in Südamerika. Wallis wollte sich laufend mit Thelma treffen, um Neuigkeiten von den Unternehmungen des Prinzen zu erfahren. Der „Prinzessin von Wales“ wurde die Anhänglichkeit der neuen Freundin schon zu viel, doch Wallis hatte Sorge, der so wichtige Kontakt zu Edward könnte ihr wieder entfleuchen. Sie suchte Thelma gnädig zu stimmen, indem sie den baldigen Botschafter Argentiniens in Washington auf einen Cocktail zu sich einlud und auch Thelma dazubat. Es handelte sich um Felipe Espil. Ernest war nicht gut zu sprechen auf Espil, er wusste von der Vergangenheit seiner Frau mit dem Herzensbrecher aus Buenos Aires. Aber Thelma zeigte sich ganz enthusiasmiert und darauf kam es an. Im Mai 1931 revanchierte sie sich. Die Simpsons durften zu einer Cocktail-Party bei Thelma erscheinen, denn die Rückkehr Edwards aus Südamerika wurde gefeiert. Edward sagte zu Thelma, er glaube, Mrs. Simpson wiederzuerkennen und Thelma erinnerte ihn an den Weihnachtstee vor einem halben Jahr. Edward ging zu Wallis hinüber und meinte ganz reizend, wie sehr er das Kennenlernen damals genossen habe.

Wallis bei den Windsors

Inzwischen bearbeitete Wallis Consuelo, sie solle ihr helfen, bei Hof vorgestellt zu werden. Es wäre die offizielle Eintrittskarte für den weltexklusivsten Club – die englische High Society. In ihren Memoiren tat Wallis so, als sei es Mauds Idee gewesen, sie im Buckingham Palace zu präsentieren. Doch mit Maud redete Wallis längst kein Wort mehr – und umgekehrt. Dass sie keine Ausstattung für einen solchen Anlass besaß, entsprach den Tatsachen,

Wallis in ihrer Aufmachung zur Präsentation bei Hof am 10. Juni 1931. Galakleid und Federkopfschmuck waren geborgt. Lediglich die Handschuhe und eine Modeschmuck-Kette konnte sich Wallis Simpson selbst leisten.

darüber verlor Wallis in ihrer Autobiografie zahlreiche Worte. Thelma und Consuelo waren im Endeffekt arglose, gutmütige Frauen, genauso wie es Dorothea Simpson gewesen war, Katherine Rogers oder Mary Kirk. Alle stammten – im Gegensatz zu Wallis – aus wohlsituierten Milieus, hatten keine Erfahrung mit Überlebenskämpfen und mussten sich nie den Kopf über ihre materielle Zukunft zerbrechen. Keine dieser Frauen durchschaute die langfristigen Pläne, die hinter Wallis' hoher Stirn seit Jahren Gestalt annahmen. Consuelo und Thelma polierten lieber ihre Fingernägel als nachzudenken, ließen sich von Wallis bezirzen, borgten ihr für die Präsentation hoffähige Abendkleidung, eine Schleppe, einen Fächer und Federschmuck für die Frisur. Wallis konnte es nicht lassen, noch zusätzlich armlange Glacélederhandschuhe zu besorgen sowie eine Modeschmuckkette mit einem überdimensionalen Kreuzanhänger aus himmelblauem Glas – „eine Imitation, aber effektiv", war sie sich sicher. Wallis Simpson musste die Blicke auf sich ziehen, um jeden Preis.

Zusammen mit hundert anderen Frauen knickste sie im Juni 1931 vor Edwards Eltern König George V. und Königin Mary. Die Monarchen nickten huldvoll, sagten kein Wort und Ernest blickte hingerissen auf seine Frau. Diese wollte gehört haben, wie der Prinz von Wales, der hinter seinem Vater stand, diesem zuflüsterte: „Man muss etwas mit dem Licht hier machen. Alle Frauen sehen aus wie Gespenster." Nach dem formellen Empfang lud Thelma zur privaten Party und Edward begrüßte Wallis wie eine Bekannte. Er machte ihr ein Kompliment zu ihrem Aussehen, was Wallis zu der Bemerkung veranlasste: „Aber Sir, Sie hatten doch gemeint, alle Frauen würden wie Geister aussehen." Der Thronerbe schmunzelte. Eine Frau, die ihn behandelte wie jeden anderen – das erlebte er nie und fand es wunderbar! Er liebte es informell, da er glaubte, es sei amerikanisch, und antwortete: „Oh, wie peinlich, ich hatte ja keine Ahnung, dass man meine Stimme so weit hören würde." Wallis und Edward lachten.

Der Prinz genoss den Abend so sehr, dass er beide Simpsons in der Nacht mit seinem eigenen Wagen nach Hause chauffierte. Am Bryanston Court entstand durch die Ankunft des Prinzen ein gewaltiger Wirbel. Wallis wusste, sie war erfolgreich gewesen. Ihre maßlose Begeisterung hielt noch tagelang an.

Die Weltwirtschaftskrise von 1929 war an Ernests Business nicht spurlos vorübergegangen. Ernest Simpson senior unterstützte seinen Sohn bereits finanziell und bezahlte Wallis und ihrer Freundin Mary, die sich zu dieser Zeit als Gast im Haus Simpson aufhielt, sogar eine Reise nach Paris. Mary hatte an ihre Mutter geschrieben, wie unglaublich es sei, was Wallis, das kleine Mädchen aus Baltimore, ärmlich und geschieden, in London erreicht hätte. Sie bewege sich in hoch angesehenen gesellschaftlichen Kreisen, wie sie es erträumt hatte, aber niemand hätte sich das je vorstellen können. Es traf auch nicht wirklich zu. Wallis war Teil des „Ritz Bar Sets" geworden – feier- und trinkfreudige Leute, darunter einige Bekannte des Prinzen von Wales, zahlreiche Amerikaner und Kanadier. Aristokraten des britischen Establishments hatten im Allgemeinen nicht die Absicht, dort anzustreifen.

Ferien-Intermezzo

Ernest Simpson seniors Freundin, die Französin Midget, sollte auch mit von der Pariser Reisepartie sein. Wallis akzeptierte die Einladung des Schwiegervaters nur, weil Mary ihr bereits so sehr auf die Nerven ging, dass sie „die Hauspest" genannt wurde. Wie üblich kam sie mit Frauen in ihrer nächsten Umgebung nicht zurecht. Außerdem wollte sie die Gruppe ohnehin bald verlassen, denn sie hatte ein viel besseres Angebot in der Tasche: Fünf Wochen an der französischen Riviera mit Consuelo und der amüsanten Russin Nada, der Schwägerin von Louis Mountbatten. Dafür aufkommen musste sie selbst. Da Ernest sich das weder leisten konnte noch wollte, war Wallis gezwungen, bei der Bank einen Kredit für den Urlaub aufzunehmen. Ernest senior hätte ihr das Geld leicht vorstrecken können, doch er weigerte sich.

Kaum in Paris angekommen, wurde Mary Raffray von einem Taxi niedergefahren und schwer verletzt. Wallis passte das Unglück gar nicht in den Kram, da es ihre Weiterreise an die Riviera gefährdete. Sie riss sich zusammen und blieb im Krankenhaus an Marys Bett sitzen, bis Entwarnung gegeben werden konnte. Mary würde sich erholen, doch Schmerzen würden sie ihr Leben lang begleiten.

Die Ferien in Cannes entwickelten sich auch nicht so wie erhofft. Wallis realisierte bald, dass Nada ein Auge auf sie geworfen hatte. Sie wollte sogar ein Zimmer mit ihr teilen, was Wallis höflich ablehnte. Jetzt bloß kein Skandal, nachdem sie gerade erst bei Hof debütiert und der Prinz ihr einige hübsche

Dinge gesagt hatte. Wallis' kantige, maskuline Erscheinung, ihr oft sprödes, extrem kontrolliertes und selbstbeherrschtes Auftreten wirkten auf manche Lesbierinnen anziehend, das konnte Wallis häufig in ihrem Leben spüren.

Der einzige Lichtblick waren die Treffen mit den Rogers. Man segelte auf Hermans Jacht, gefolgt von Picknicks am Strand. Thelmas Zwillingsschwester Gloria reiste an und wurde sogleich von Nada mit Beschlag belegt. Als Gloria später einen Sorgerechtsstreit um ihre Tochter ausfechten musste, kam die lesbische Affäre mit Nada zur Sprache, mit miserablen Aussichten für Gloria Vanderbilt, ihre Tochter, genannt Little Gloria (die spätere Designerin), zugesprochen zu bekommen.

Briefe von Ernest deuteten Wallis an, dass er sich allein nicht so recht wohlfühlte. Außerdem müsse er Auto und Chauffeur Hughes aus finanziellen Gründen aufgeben. Immer sei es er, der kürzertrete, während sie kostspielige Ferien in Südfrankreich verbringe, lamentierte er. Wallis begriff den Wink mit dem Zaunpfahl und kehrte heim nach London. Bald waren sie und Ernest wieder bei Consuelo zu Besuch und trafen dort auf Edward. Wallis nahm allen Mut zusammen und getraute sich, den Prinzen von Wales zu sich an den Bryanston Court einzuladen. Vorher hatte sie brav bei Thelma nachgefragt, ob das gestattet sei. Diese hatte gemeint, sie solle es einfach versuchen und Edward gebrieft, es wäre doch nett, sich einmal bei den Simpsons blicken zu lassen. Dass Wallis Hintergedanken haben könnte, fiel Thelma im Traum nicht ein. Aus ihrer Sicht handelte es sich bei ihrer amerikanischen Freundin um eine alte, dürre, ärmlich angezogene und hässliche Person mit einem auffälligen Muttermal im Gesicht und einem unattraktiv ausrasierten Nacken. Ganz sicher keine Konkurrenz für sie, die überaus attraktive, bestens vernetzte, unendlich reiche Viscountess Thelma Furness. Der Prinz reagierte etwas überrascht, als er von der Einladung erfuhr. Und sagte zu.

Im Fort

Anfang 1932 nahte der große Abend. Wallis hatte schon Tage davor ihr gesamtes Küchen- und Dienstpersonal an die Grenzen des Erträglichen getrieben. Es war der größte Test für sie als Gesellschafts-Hostess. Der Thronerbe würde bei ihr zu Gast sein! Würde er ihr Essen mögen? Wird ihm das Haus gefallen, die Atmosphäre, die Getränkeauswahl? Und was alles zu bedenken wäre! Wenn er einen Wunsch äußerte, den die Vorräte nicht befriedigen konnten – was dann? Fast hätte Wallis schon wegen Krankheit abgesagt, so durch den Wind war sie. „Fannie Farmer" wurde der ultimativen Prüfung unterzogen: Schwarze Bohnensuppe, gegrillter Hummer, Fried Chicken „Maryland", Kaltes Himbeer-Soufflé. Thelma kam natürlich auch. Edward aß mit für seine Verhältnisse ungewöhnlichem Appetit, trank den Keller der Simpsons leer, zeigte sich von der Gastfreundschaft der Hausfrau angetan und verlangte sogar das Rezept für den Nachtisch. Wallis war quietschfidel, aufgekratzt und glückselig. Jetzt würde sie bestimmt bald kommen, die ersehnte Einladung in Edwards Wochenendresidenz, Fort Belvedere. Wallis' Ziel war in greifbare Nähe gerückt.

Thelma blieben die Spannungen in der Ehe der Simpsons nicht verborgen. Sie hörte, wie die gestresste Wallis Ernest an diesem denkwürdigen Abend laufend anfauchte: „Steh auf, setz dich, leer die Aschenbecher aus ..." Der geborene Hausherr, das war Ernest Simpson bestimmt nicht, erzählte die versnobte Thelma herum. Er sei wirklich sehr servil. Doch tat Thelma ihre Pflicht und erinnerte Edward ein paar Tage später, dass er sich bei den Simpsons für die Einladung bedanken müsse. Das gehöre sich so. Ja gut, meinte er, er werde sie bei der nächsten Gelegenheit übers Wochenende ins Fort bitten.

Als das Billett mit Edwards Wappen auf teurem Papier eintraf, war Wallis ungeheuer aufgeregt und angespannt. Das wichtigste Wochenende, das sie je vor sich gehabt hatte. Es war Jänner, man musste sich warm anziehen. Edwards geliebtes Fort lag in einer Ecke des Windsor Great Park, in der Nähe des Ortes Sunningdale. Mit Balmoral oder gar dem Buckingham Palace konnte sich das verschnörkelte Gebäude nicht messen. Diana Cooper, Tochter der Herzogin von Rutland und eine der Londoner „Bright Young Things", beschrieb das Fort als den „Kindertraum eines Schlosses, es fehlten nur noch 50 rotgewandete Soldaten zwischen den Belagerungstürmchen, um es zu einem Spielzeug in der Art von Walt Disney zu machen." Erbaut im 18. Jahrhundert als Gartenschlösschen, diente es später als königlicher Jagdsitz, der immer weiter vergrößert wurde, bis er über sieben Schlafzimmer verfügte. Im Jahr 1929 stand das Gebäude leer und Edward erkundigte sich bei seinem Vater, ob er dort einziehen dürfe. George V. antwortete zornig: „Ich vermute, du willst es für deine verdammten Wochenenden", doch stimmte er letztendlich zu. Der König hasste alles, was sein ältester Sohn liebte: Amerikanische

Jazzmusik, desodorierte und am Körper rasierte amerikanische Frauen mit rot geschminkten Lippen, lackierten Fingernägeln und gezupften Augenbrauen, Cocktails trinken bis zum Morgengrauen, Hollywood-Filme schauen usw. Es konnte vorkommen, dass die „Wochenenden" am Donnerstag begannen und sich bis zum Dienstag hinzogen. Der König beschimpfte seinen Erben als pflichtvergessenen Schwachkopf, der nur zum Feiern zu gebrauchen sei.

Als Edwards Vorbilder galten amerikanische Finanz-Tycoons und Profigolfspieler. Er modernisierte Fort Belvedere, ließ Zentralheizungen einbauen, jedes Schlafzimmer erhielt ein privates Badezimmer. Für ihn selbst wurde im Keller ein Dampfbad installiert. Es gab Tennisplätze, einen neuen Swimmingpool, der unvermeidliche Golfplatz fand sich nahe bei Sunningdale. Edwards langjährige Freundin Freda Dudley Ward hatte einen Großteil der Räume geschmackvoll eingerichtet. Nach ihrem Abgang durfte Thelma sich austoben, dekorierte ein Gästezimmer in Schiaparelli-Pink und ließ auf den Bettpfosten die drei weißen Federn aus dem Wappen des Prinzen von Wales anbringen. Die meisten adeligen Gäste fanden das vulgär, doch der amerikanisierte Edward lobte es als höchstamüsant. Meist landete er mit seinem Privatflugzeug bei seiner Lieblingsresidenz, die ihm eine Art Flucht aus der Realität des „Princing", wie er seine repräsentativen Pflichten bezeichnete, ermöglichte. Fliegen, amerikanische Autos, sportliche Kniehosen, auffallende Pullis, bunt gemusterte Socken, Melone statt Zylinder: Das alles gehörte zur Modernisierung à la Edward.

Als Wallis mit Ernest im Gefolge zum ersten Mal im Fort eintraf, rechnete sie mit lauter Musik und harten Getränken im Überfluss. Sie hätte nicht überraschter sein können: Neben Thelma saß Edward, „der König der Nachtclubs", in seinem Lieblingsstuhl und stickte. Edward erklärte, Handarbeit sei sein „geheimes Laster", er erhole sich dabei von den Strapazen der öffentlichen Auftritte. Wallis möge doch bitte zwischen den beiden Stickrahmen Platz nehmen und aus Charles Dickens vorlesen. Mrs. Simpson tat wie ihr geheißen.

Gegen 18:30 Uhr verschwand der Prinz in seine stärkende Dampfkabine, danach machte er in Unterwäsche vor seinen Gästen einen Kopfstand. Zum Dinner erschien er im Kilt. Es konnte vorkommen, dass er mitten in der Nacht rund um die Festungsmauer marschierte und dazu Dudelsack spielte. Wallis würde bald bemerken, dass die Wochenenden im Fort für Edward zwar ein großer Spaß waren, für Thelma (und bald für Wallis als deren Nachfolgerin) jedoch eine Menge Arbeit bedeuteten. Es war nicht leicht, den Prinzen bei Laune zu halten, ständig musste man nach Leuten Ausschau halten, die ihn unterhalten könnten – nur aus diesem Grund waren die Simpsons eingeladen worden. Spiele wurden gespielt, Puzzles gelegt. Edward selbst kümmerte sich um nichts. Er war dauernervös, musste beschäftigt werden und ließ sich von Thelma herumdirigieren. Mit Ernest sprach er über englische Marinegeschichte, allerdings nur aus Höflichkeit. Im Fort wollte er sich amüsieren, keineswegs historische Daten wälzen, was Ernest jedoch liebte. Andere Beobachter würden später behaupten, „Mrs. Simpson" hätte „einen Bauchtanz sowie andere unenglische und eher anstößige Darbietungen" gezeigt. Laut Thelma jedenfalls seien alle vor 24 Uhr zu Bett gegangen. Edward verbrachte die Nacht im Schlafzimmer seiner Freundin, kehrte aber am nächsten Tag gegen acht Uhr wieder in seine Junggesellenbude zurück. Das Dienstpersonal sollte keinen unangenehmen oder gar peinlichen Situationen ausgesetzt werden.

Wallis besaß den Ehrgeiz, der allerbeste Gast zu sein. Ein Fan von überall herumrennenden haarigen Haustieren war sie nie gewesen, das durfte Edward aber auf keinen Fall bemerken, denn seine kläffenden Cairn Terrier Cora und Jaggs folgten ihm auf dem Fuß. Wallis versuchte, sie unauffällig wegzuscheuchen, aber dann bellten die Hunde nur noch lauter. Am nächsten Morgen stand Edward schon pfeifend im Garten, als Wallis und Ernest hinauskamen, und bat die Gäste um Unterstützung beim Jäten. Pflichtschuldig kehrte Ernest ins Gebäude zurück, um einen warmen Pulli zum Arbeiten zu holen. Wallis indes hakte sich bei Edward unter und verschwand mit ihm in den Weiten des Parks. Später schrieb sie darüber, wie sehr die Einsamkeit ihres Gastgebers sie gerührt hätte und wie sehr sie ihm helfen wollte, seine innere Leere zu überwinden.

Zum Dank für das Wochenende im Fort sollte Ernest eines seiner Gedichte schicken, schlug Wallis nach der Rückkehr vor. Wenige Tage später musste Edward folgende Zeilen lesen:

Our weekend at Fort Belvedere
Has left us both with memories dear
Of what in every sense must be
Princely hospitality.

Gut, dass der Prinz keinen Sinn für Lyrik hatte.

Wallis hoffte, bald wieder ins Fort gebeten zu werden, doch musste sie sich im Frühjahr 1932 anderen Herausforderungen stellen. So perfekt das Jahr begonnen hatte, so unerfreulich ging es weiter. Ernests Firmenbilanz erholte sich aufgrund der andauernden Wirtschaftskrise in den nächsten Monaten nicht, sie selbst litt wieder unter Geschwüren im Bauchraum. Beinahe konnte sich das Ehepaar Simpson auch die Wohnung am Bryanston Court nicht mehr leisten. Der Gesellschaftstratsch trug Wallis zu, dass es in der Beziehung zwischen Edward und Thelma kriseln würde. Gerüchteweise sei das Paar von seinem Feriendomizil in Biarritz zu einem Ausflug in das nicht allzu weit entfernte Lourdes aufgebrochen. Tatsächlich wollte die Katholikin Thelma den weltberühmten Marienwallfahrtsort besichtigen, doch da die Reise für Edwards Geschmack zu lange dauerte, bot er an, sie hinzufliegen. Der Thronerbe, inoffiziell und privat unterwegs, wurde sofort erkannt und es langten konsternierte Schreiben britischer Untertanen im Buckingham Palace ein: Was habe ein englischer Thronerbe, das zukünftige Oberhaupt der anglikanischen Kirche, an einem Ort wie Lourdes zu suchen? Lady Furness führe den Prinzen offenbar auf Abwege …

Regeln auf höchstem Niveau

Als sich Thelma von ihrem Mann Marmaduke Furness im Jänner 1933 scheiden ließ, war dies gewissermaßen das Todesurteil für ihre Freundschaft mit Edward. Geschiedene Frauen, die frei für ihn wären, schätzte Edward nicht wirklich. Im Jahr 1929 war es schon einmal so gekommen: Kaum hatte Freda Dudley Ward die Scheidung eingereicht, begann Edward seine Liaison mit Thelma. Die „zufälligen" Treffen der beiden in Paris und auf einer Landwirtschaftsausstellung in der Nähe von Thelmas Feriendomizil waren im Vorhinein arrangiert worden. Thelma und Edward, zwei Society-Löwen auf der Jagd nach einem neuen, gewinnbringenden Fang. Beide kannten die Regeln. Als sie sich scheiden ließen, brachen sowohl Freda als auch Thelma diese Übereinkunft. Thelma erkannte ihren Lapsus später: „Der größte Fehler, den ich gemacht habe, war die Scheidung. Aber so war es eben. Der Prinz war sehr glamourös. Ich dachte, es wäre für immer. Ich habe mich geirrt."

Edward wandte sich der nächsten verheirateten Frau mit US-Hintergrund zu: Wallis Simpson. Ab dem Jänner 1933 waren die Simpsons zu Dauergästen im Fort Belvedere aufgestiegen. Ernest wurde zur Gartenarbeit eingeteilt, Edward lieh Wallis Kufen und sie zogen gemeinsam auf dem zugefrorenen Teich im Park ihre Kreise. Der Prinz hatte sich verliebt und hoffte, dass Ernest seine Frau seltener begleiten würde, doch aussprechen konnte er so etwas nicht. Seine geschäftlichen Schwierigkeiten hielten Ernest gelegentlich in London zurück und Wallis nannte sich immer öfter „eine lustige (Stroh-)Witwe“: Ihr Mann hatte Dienstreisen zu absolvieren, während sie ihr Leben zwischen Dinners in London und Aufenthalten im Fort zubrachte. Thelma war als Dauergefährtin zwar pro forma noch vorhanden, aber ihre Affäre mit dem Prinzen kühlte immer mehr ab. Um für Unterhaltung zu sorgen, kamen Edwards Brüder zum Tanzen und Musikhören vorbei: Die Yorks, also Bertie mit Elizabeth und oftmals auch George, der neue Platten mit Musicalsongs vorbeibrachte, was Edward zu lautstarkem Mitsingen animierte. Ansonsten rief Edward bereits mehrmals pro Tag bei den Simpsons am Bryanston Court an oder erschien gar unangemeldet und verlangte von Wallis einen KT, wie sie das nannte, also einen Cocktail. Es kam auch vor, dass er zum Dinner blieb und weit darüber hinaus. Ernest entschuldigte sich in solchen Fällen häufig und verschwand mit Geschäftspapieren in seinem Arbeitszimmer. Der Londoner Tratsch blühte: Es hieß, Wallis Simpson sei die neueste Eroberung des Prinzen von Wales. Es regnete Einladungen für die Simpsons, die nun zu Edwards innerem Kreis gezählt wurden. Alle Hostessen der Stadt hofften, wenn Wallis zusagte, würde auch Edward seine Aufwartung machen.

Doch Wallis benötigte bereits Erholung von den Aufmerksamkeiten des Prinzen. „Mach dich rar – sei ein Star!“, lautete ihre Losung – nicht, dass ihr Verehrer glaubte, sie würde ständig zu seiner Verfügung stehen. Im März 1933 entschloss sie sich zu einer Reise in die USA, um dort Familienangehörige und Freunde zu besuchen. Kurz nach dem Ablegen des Schiffes wurde ihr ein Telegramm zugestellt. Edward wünschte eine gute Überfahrt und vor allem eine baldige Rückkehr. Gezeichnet war das Schreiben mit „Edward P“ (= Prince). Aufgrund finanzieller Engpässe bei den Simpsons ging die Schiffspassage auf die Rechnung von Tante Bessie. In ihren Memoiren spielte Wallis die Sache herunter. Sie behauptete, Ernest habe sie auf ihrer Reise nach Amerika begleitet und die prinzlichen Grüße seien an sie beide als Ehepaar adressiert gewesen. Doch Ernest blieb in London.

Sie, Wallis, habe Edwards Interesse an ihr überhaupt nicht bemerkt, schrieb sie. Die Erzählung war stark geschönt, alles sollte moralisch einwandfrei erscheinen. Dass Wallis hochambitionierte Wünsche und Ziele hegte, durfte niemand wissen.

Kaum in Washington angekommen, streckte Wallis ihre Fühler aus und suchte wie seit jeher die Gesellschaft interessanter Diplomaten. Des Öfteren wurde sie mit John Cooper Wiley gesehen, der in der Folge als geachteter US-Botschafter Karriere machte. Sie benötigte die Aufmerksamkeit der Männer mehr denn je für ihr geringes Selbstwertgefühl, denn ihr 40. Geburtstag lag in greifbarer Nähe und sie sorgte sich, in Bälde keine Eroberungen mehr machen zu können. Doch vorläufig wurde sie im Juni 1933 einmal 37 und Edward schmiss nach ihrer Rückkehr eine Riesen-Birthday-Party für sie im Londoner Szenerestaurant „Quaglino's". Es war kaum mehr möglich, die Zuwendung, mit der der Thronerbe die verheiratete Amerikanerin bedachte, zu ignorieren. Wallis revanchierte sich mit einer silbernen Zündholzschachtel für den Kettenraucher Edward. Sie hatte seine Initialen in das Geschenk eingravieren lassen. Leisten konnten sich die Simpsons solch teure Präsente nicht, auch die Speisen und Getränke, die Wallis auffahren musste, wenn der Prinz bei ihr aufkreuzte, überstiegen das Haushaltsbudget bei Weitem – vor allem, weil Edward immer öfter vorbeikam und immer länger blieb. Ernest senior gefiel das alles überhaupt nicht und er stoppte die Unterstützungszahlungen für seinen Sohn. Wallis nannte ihn deshalb „das selbstsüchtigste alte Schwein, das es überhaupt gibt".

Silvester 1933/34 feierten Ernest und Wallis zusammen mit dem Prinzen, alle blieben bis fünf Uhr früh auf. Ernest konnte das wachsende Interesse Edwards an seiner Frau nicht entgangen sein. Er sah zu, wie der Prinz von Wales fast die ganze Nacht nur mit Wallis tanzte und Thelma am Stickrahmen sitzen ließ. Doch blieb er dem zukünftigen Monarchen gegenüber treu ergeben und untertänig und genoss die Anerkennung, die – so meinte er – ein bisschen ja auch ihm galt. Er hoffte, eine enge Verbindung mit dem Königshaus würde seiner maroden Firma möglicherweise von Nutzen sein. Jedenfalls ließ er der sich anbahnenden Freundschaft uneingeschränkt ihren Lauf. Wallis schrieb an Tante Bessie: „Ich glaube, ich kann Edward gut unterhalten. Ich bin so eine Art Komödiantin, die ihn zum Lachen bringt, und wir tanzen gern miteinander. Aber Ernest ist immer dabei und somit ist alles ganz harmlos." Sie schrieb aber auch: „Es ist sehr anstrengend, zwei Männer bei Laune zu halten. Trotzdem: Wäre Mutter nicht begeistert von allem? Ich denke oft, ob ich die vielen Bemühungen wert bin, die sie für mich auf sich genommen hat. Oder ob mich mein unstillbarer Ehrgeiz irgendwann zurückwerfen wird in eine Behausung wie das ‚Spinnennetz'?" Wallis hatte eine trostlose Billigunterkunft, die ihre Mutter in den 1920er-Jahren einmal bewohnen musste, so bezeichnet.

Die ersten Monate des Jahres 1934 brachten gravierende Veränderungen in Wallis' Leben mit sich. Sie musste sich fast nur noch nach Edward richten, der sie kontinuierlich mit Beschlag belegte, und konnte ihre Tätigkeit als Hostess für große Society-Partys kaum mehr ausüben. Thelma erzählte ihr, sie plane nun auch eine Reise nach Amerika, „um ihre Familienangehörigen zu treffen". Die Freundinnen verabschiedeten sich im Londoner Ritz und Wallis fragte Thelma, ob sie sich während ihrer Abwesenheit ein wenig um Edward kümmern solle. „Der kleine Mann wird sehr einsam sein", fürchtete Wallis. Thelma war wohl mit ihren Gedanken ganz woanders, denn sie hatte eine Affäre mit Ali Khan begonnen, dem 22-jährigen Playboy-Sohn des schwerreichen Aga Khan. Ihn wollte sie in New York treffen, die Familie war eher nebensächlich. Edward wusste bereits von der Liaison, doch nicht von ihr.

Thelma hörte offenbar Wallis nicht genau zu und meinte nur beiläufig, ja, ja, bitte schau ein wenig auf den Prinzen, damit er keinen Blödsinn anstellt. Als ältere Dame wird sie sagen: „Ich habe ihr vertraut. Es wäre mir nie in den Sinn gekommen, dass sie Edward haben wollte." Was sie sicher nicht mehr tun würde, wenn sie noch einmal zur Welt käme, wäre, Wallis Simpson dem Prinzen von Wales vorzustellen.

Es war bereits zu spät. Sobald Thelma abgesegelt war, begann Edward gezielt um Wallis zu werben, indem er sie mit zahlreichen wertvollen Dingen beschenkte. Er hatte ihren Schwachpunkt erkannt: Die Armut, der sie seit jeher entfliehen wollte, hatte sie fast wieder eingeholt. Wallis jammerte ständig über die Probleme in Ernests Firma und was sie sich alles nicht leisten könnten. In der Folge überhäufte Edward sie mit Schmuckstücken, aber auch großen Geldbeträgen, damit sie Designerkleider kaufen, täglich zum Friseur oder zur Kosmetikerin gehen konnte. Das viele Geld machte es für Wallis möglich, sich zu jener gleißenden Art-déco-Ikone zu stilisieren, als die sie auf – stark retuschierten – Fotos

Wallis hat große Pläne und posiert in der Art von Königinnen und Königen vergangener Jahrhunderte: Mit Globus und Denkerinnenstirn.

Ein Geschenk Edwards an seine Auserwählte:
Die hochmoderne Brosche von Cartier zeigt die verschlungenen Initialen W (gestaltet aus Saphiren – angelehnt an die traditionell weibliche Farbe Blau) und E (gestaltet aus Rubinen – angelehnt an die traditionell männliche Farbe Rot).

aus den 1930er-Jahren zu sehen ist. Wie Freda und Thelma vor ihr erhielt nun auch Wallis von Edward einen Cairn-Terrier-Welpen, Slipper aka Mr. Loo.

Ernest wurde doch etwas misstrauisch, wovon Wallis Edward unterrichtete. Um die Wogen ein wenig zu glätten, übergab Edward seinem „Konkurrenten“ einen braun und beige gemusterten Hahnentritt-Tweed-Mantel vom selben Savile-Row-Schneider, der auch die Mäntel des Prinzen anfertigte. Ernest hatte dieses Kleidungsstück bei Edward einmal bewundert. Es befindet sich bis heute im Familienbesitz der Kerr-Smileys, war damals aber hauptsächlich Anlass für Spott: Ernest wurde „der Mann, der seine Frau für ein Stück Stoff verkauft“ genannt. Schlimmere Zuschreibungen folgten. Da Wallis begann, Dienstpersonal des Prinzen, das ihr nicht zusagte, rauszuwerfen, meinte die Herzogin von Devonshire, dadurch würden ja Posten frei für Ernest: „Hüter des Schlafzimmers“ etwa, oder „Master of the Mistress“.

Showdown für Thelma

Als Thelma aus den USA zurückkehrte, sollte sie bald bemerken, wie perfekt sich Wallis um ihren Prinzen gekümmert hatte. Sie selbst erhielt im Gegenzug einen Heiratsantrag von Ali Khan: „Der Weg mit dem Prinzen führt nirgendwohin“, erklärte er ihr, als sie auf dem Schiff gemeinsam dinierten. Ali Khan hatte Thelmas Luxuskabine mit roten Rosen anfüllen lassen, obwohl sie gar nicht wusste, dass er auf demselben Oceanliner war. Überraschung! Er rief sie an und fragte: „Möchtest du mit mir lunchen?“ Thelma scherzte: „Wo denn? New York? Palm Beach?“ – „Nein, gleich hier. Ich bin an Bord.“ Sie verbrachten mehrere amouröse Kreuzfahrttage zusammen. In London angekommen, wurde sogleich ein Anruf von Edward durchgestellt: Ob Thelma abends ins Fort käme? – Leider, sie müsse noch jemanden nach Hause fahren (nämlich Ali, der sie in ihre Wohnung begleitet hatte – das sagte sie aber natürlich nicht). Später am Abend suchte Edward Thelma auf und meinte: „Ich höre, Ali Khan war sehr aufmerksam zu dir.“ Thelma lachte nur: „Ach, bist du etwa eifersüchtig?“ Es war mehr als das.

Bei einem Abendessen mit Wallis und einem seiner Freunde, dem amerikanischen Radiojournalisten Fred Bate, hatte Edward wieder einmal über sein Lieblingsthema schwadroniert, die Wohnsituation und die Arbeitsbedingungen der Werktätigen in England und Amerika. Der Prinz war soeben von einem Besuch der nordenglischen Industriestädte zurückgekehrt. Wallis griff wieder in die Trick-Mottenkiste: Sie lauschte ergeben, hing an Edwards Lippen, spornte ihn an und hielt beständig Augenkontakt mit ihm. Der Prinz fuhr ebenfalls schweres Geschütz auf: Die Mitleidsmasche, mit der er in den letzten 20 Jahren jede Kolonialbeamten-Ehefrau oder Stadtschönheiten in aller Welt ins Bett bekommen hatte. Er bemängelte mit sentimentalem Blick, wie wenig er als Angehöriger des Königshauses politisch verändern könne, dass er nie sagen dürfe, was er wirklich denke, dass niemand ihm zuhöre und er nur eine Marionette seines Vaters sei. Wallis bedauerte ihn gebührlich und machte ihm Mut. Es wirkte. Edward bedankte sich, hielt ihre Hände und erklärte gerührt, wie wundervoll es sei, dass Wallis sich für seinen Job interessiere. Seine anderen Freundinnen hätten da keinerlei Engagement gezeigt – was nicht der Wahrheit entsprach. Freda war zwar eine Society-Frau, aber eine sehr patente, sie kümmerte sich selbst mit Elan um die Erziehung ihrer beiden Töchter, war in zahlreichen Vereinen aktiv und betätigte sich auch politisch. Auf Thelma traf dies tatsächlich nicht zu. Sie tummelte sich wie Wallis hauptsächlich auf Partys, genoss abwechslungsreiche Amüsements und sprach mit Edward nicht über ernste Themen. Der Prinz erzählte, mit Thelma hätte er nur über gemeinsame Bekannte geredet, mit einem Wort: Gesellschaftsklatsch.

Schließlich fragte Wallis Edward in ihrer direkten Art, ob er sich einsam fühle, was er sofort eindringlich bejahte. Wallis erschien ihm in einem gänzlich neuen Licht, sie war nun viel mehr als ein Hausgast oder eine Ersatz-Hostess. Sie war die Frau, die ihn begeisterte.

Um sich über etwaige Lageveränderungen zu informieren, besuchte Thelma Wallis am Tag nach ihrer Rückkehr aus den USA. Ihre Freundin sah auffallend gut aus. Wallis trug ein großartiges Kleid, sichtbar teuer, war äußerst gepflegt, hatte eine kompliziert gelegte Frisur; makellose Hände und perfekt manikürte Fingernägel. Das kantige Kinn der neuen Favoritin trat durch gekonntes Schminken optisch in den Hintergrund, das Muttermal war praktisch unsichtbar, die marineblauen Augen wurden mit aufgeklebten Wimpern betont. Die Haar- und Make-up-Profis, die Wallis nun umsorgten, wurden aus Edwards Schatulle entlohnt.

Über die Ereignisse der jüngsten Vergangenheit verlor Wallis keine Silbe. Thelma musste annehmen, alles wäre beim Alten. (Noch) bemerkte sie nichts. Sie schüttete Wallis ihr Herz aus, wie gekränkt sie doch sei, dass Edward wegen der lächerlichen Sache mit Ali Khan die Beziehung zu ihr beenden wolle. Ihr Gegenüber nickte verbindlich. Ob Wallis auch ins Fort komme am Wochenende? Aber natürlich, beruhigte sie Thelma. Diese ahnte nicht, dass ihr letzter Tag in Edwards Residenz kurz bevorstand.

Beim Dinner im Fort – Ernest hatte keine Zeit und war in London geblieben – bekam Thelma mit, dass Wallis und Edward in einer eigentümlich-kindischen Babysprache miteinander redeten und über Witzeleien scherzten, die nur sie beide verstehen konnten. Thelma fand es unbegreiflich. Als Wallis Edward spielerisch auf die Finger klopfte und sagte: „Schlimmer Junge, das macht man doch nicht", weil er ohne Besteck ein Salatblatt aus der Schüssel angeln wollte, fiel bei Thelma endlich der Groschen. Sie war nicht nur ausgenutzt, sie war ersetzt worden. Sie blickte über den Tisch zu Wallis, der sie Kleider geborgt, die sie um Rat gefragt hatte, und schüttelte langsam den Kopf. Wallis schaute aufsässig zurück. Schließlich begleitete Edward seine Ex in die Bibliothek, von oben vernahmen die Gäste Thelmas laute Stimme. Edward war mit der Situation überfordert, er ließ Thelma schreien und sagte einfach nichts. Nach wenigen Minuten wurde die Tür aufgerissen und Thelma stürmte ins Freie. Sie würde das Fort nie wieder betreten. Der Prinz von Wales mischte sich wieder unter seine Gäste und tat so, als wäre nichts geschehen.

Wallis schrieb an Tante Bessie: „Die ‚Regierung Thelma' ist vorüber." Spätestens im Sommerurlaub 1934 wurden Wallis und Edward ein Paar. Ernest fuhr dienstlich nach New York und traf dort Mary Kirk, die sich von ihrem Mann Jacques Raffray getrennt hatte. Ernests zweite Ehe war gescheitert, er schielte auf die dritte. Viele Jahre später, als Wallis' Memoirenschreiber Cleveland Amory Ernest nach Wallis' Briefen an ihn fragte, würgte dieser beinahe bei der Antwort. Seine zweite Frau habe ihm kaum liebevolle Briefe geschrieben, witzig seien sie auch nicht gewesen, brachte er schließlich heraus. Ob Ernest glaube, dass Wallis in der Ehe mit ihm glücklich gewesen sei? Ernest schaute rasch weg.

Sommer am Meer

Edward, der bei seinen Freundschaften mit Freda und Thelma auf ein Minimum an Diskretion Wert gelegt hatte, ließ beim Jachturlaub mit Wallis an der spanischen Küste jegliche Vorsicht vermissen. Die formidable Bessie fuhr zwar als Anstandswauwau eine Zeit lang mit, doch auf Mallorca war sie nicht mehr dabei. Edward komponierte für Wallis die Melodie „Majorca" auf seinem Dudelsack. In Cannes besorgte er einen Kreuzanhänger für das Bettelarmband seiner Freundin, diesmal besetzt mit Smaragden und Diamanten. Selbstverständlich legte man an der Côte d'Azur an, damit Wallis mit ihrer königlichen Begleitung bei den Rogers angeben konnte. Edward schloss die Amerikaner sogleich ins Herz, er lud Herman und Katherine sogar ein, ihn und Wallis an den Comer See zu begleiten. In Italien stieß auch Tante Bessie wieder zur prinzlichen Reisegruppe, nahm ihre verheiratete Nichte beiseite und warnte nun eindringlich vor dem Luxusleben, das sich direkt vor ihren Augen abspielte: „Das alles ist sehr gefährlich. Wenn du das hier für normal hältst, wirst du ruhelos und frustriert sein, wenn es einmal vorbei ist. Und es wird vorbei sein, glaub mir. Denk an Freda und Thelma!" Wallis erwiderte, alles sei nur ein großer Spaß, sie wisse, was sie tue. Bessie ließ sich nicht umstimmen: „Es wird kein gutes Ende nehmen!"

Wallis hatte die Absicht, ihre Zeit in der royalen Sonne zu genießen, solange es eben ging. Die Kraft, von sich aus zu sagen: bis hierher und nicht weiter, besaß sie nicht. Irgendwie, irgendwo, irgendwann würde es vorbei sein, meinte sie. Mindestens 20 Frauen hatten einen Sommer an Edwards Seite verbracht; sie alle waren längst aus dem Rampenlicht verschwunden. Wallis war mit 38 ein „altes Mädchen", wie sie schrieb, und es war ihr klar, dass Edward heiraten und einen Erben zeugen musste. Dieser Hauptaufgabe konnte er nicht entkommen. Und ebenso klar war, dass es von ihrer Seite da keine Unterstützung geben würde. Ihre Montague-Seite liebte das Leben, das sie im Moment führte: Wallis in Wonderland. Die Stimme der Warfield-Seite flüsterte bedrohlich: Wo wirst du morgen sein?

Für eine verheiratete Frau gestaltete es sich schwierig, die vielen Schmuckstücke zu verbergen, die Wallis von ihrem Liebhaber in diesen Monaten des Jahres 1934 geschenkt bekam – noch dazu, wenn jener Liebhaber darauf bestand, dass sie jene Preziosen laufend ausführen sollte. Von diesem Luxusproblem hatte schon Thelma berichtet. Wallis nannte unter anderem Perlenohrringe, einen Smaragdring, zwei Armbänder, eine diamantene Haarnadel ihr Eigen. Sie versuchte erst gar nicht, die Präsente zu verheimlichen, und legte Ernest alles vor. Dieser war verärgert, weil er die Versicherung für die Stücke übernehmen musste, klagte über das dauernde Gebimmel des Telefons und über Edwards Art, die Rolle des Hausherrn in der Simpson-Wohnung zu übernehmen. Wenn Ernest beschäftigt war, richtete der Prinz nach Wallis' Anweisungen Canapés und KTs her. Wie ein Kellner bot er von einem Tablett Essen und Trinken an. Bei solchen Tätigkeiten lebte er richtig auf, im Gegensatz zu Wallis, die die mittlerweile häufig auftretenden ehelichen Streitigkeiten zermürbend fand. Sie war weiterhin der Ansicht, die Sache mit dem Prinzen habe ein Ablaufdatum, und wollte die Zweckehe daher nicht aufs Spiel setzen. Sie schrieb Edward, welches Verhalten sie von ihm erwartete: „Ich hatte gestern ein langes Gespräch mit Ernest und ich habe mich am Schluss klein und ohnmächtig gefühlt." Sie tadelte Edward, dass er bis in die Morgenstunden bei ihr blieb, ohne an Ernest zu denken, der seine Ruhe haben wolle; dass er mehrmals täglich anrufe, was Ernest auf die Palme bringe; dass er zu viel von ihr verlange und gedankenlos anderen Leuten auf die Füße trete. „Wenn Du mich so sehr liebst, wie Du immer sagst, reicht Deine Liebe nicht so weit, dass Du es mir ein wenig einfacher machen könntest? Ich glaube, Du bist nicht erwachsen, was Beziehungsangelegenheiten betrifft, und vielleicht ist alles nur eine Teenager-Vernarrtheit. Dein Benehmen letzte Nacht hat mir klargemacht, wie alleine ich einmal sein werde (wenn beide, Ernest und Edward, sich gegen sie entscheiden würden, Anm.), aber ich liebe Dich ja auch und deswegen fürchte ich, dass ich es nicht schaffe, mich vor Deiner jungenhaften Art zu schützen."

Wallis dachte oft zurück an ihre Affäre mit Felipe Espil, als sie zehn Jahre jünger war und doch nicht gut genug für den aufstrebenden Diplomaten. Wie sollte sie jetzt, als fast 40-Jährige, gut genug für den künftigen König von England sein? Die Angstneurosen plagten sie erneut, sodass die negativen Gedanken mit ihr Karussell fuhren. Edward reagierte auf Wallis' Klagelitanei mit mehr Geld und mehr Liebesgaben, um sie wieder gnädig zu stimmen.

Was Wallis nicht wusste: Polizei und Geheimdienst überwachten sie bereits. König George V. wurde von seinen Hofbeamten über die riesigen Summen informiert, die sein ältester Sohn in die Affäre mit der verheirateten Amerikanerin investierte. Henry „Chips“ Channon, der konservative Politiker und Tagebuchschreiber, beobachtete die Liaison aus nächster Nähe: „Wallis ist eine muntere, einfache, vernünftige, ruhige, reizlose kleine Frau, aber, wie ich Paul von Jugoslawien heute geschrieben habe, sie tritt bereits auf wie eine Person, die in einen Raum kommt und einen Hofknicks von den Anwesenden erwartet. Zumindest würde sie davon kaum überrascht sein. Sie hat die absolute Macht über den Prinzen von Wales.“

Die Frau, über die die Londoner Gesellschaft wie verrückt tratschte, machte neue Erfahrungen: Alle drehten sich um, wenn sie ein Lokal oder Geschäft betrat. Wissende Blicke trafen sie, Gespräche verebbten. Eine frühere Schulkollegin aus Baltimore rief an und sagte: „Nie hätte ich gedacht, dass *du* die Mrs. Simpson bist, über die alle reden!“ Wallis antwortete: „Du hast ja nie daran gedacht, mich anzurufen, als ich einfach nur Mrs. Simpson war“, und legte grußlos auf. Sie war zu einer Celebrity aufgestiegen, stellte für viele aber ein verwirrendes Rätsel dar. Seit Jahrzehnten wusste man, dass Edward fast jede Frau in seinen Bann ziehen konnte. Was fand er an dieser Schiffsmaklersgattin, dessen Firma es, wie man hörte, gar nicht gutging? Wo Thelma Furness doch viel jünger, attraktiver und vermögend noch dazu gewesen war! Und all die europäischen Prinzessinnen und adeligen Mädchen? Was war mit denen?

Königin Mary, Edwards Mutter, sagte zu ihren Beratern, ihr Sohn müsse einem bösartigen Hexenwerk verfallen sein und sie könne nur hoffen, die Zeit würde den Zauber brechen. Sie hatte von den wahren Wünschen und Sehnsüchten ihres Ältesten nicht die leiseste Vorstellung. Im Jahr 1920 hatte er an Freda Dudley Ward geschrieben:

„Du weißt, ich mag es, wenn Du manchmal richtig böse zu mir bist, mit mir schimpfst und grausam bist. Das ist gut für mich und bringt mich auf den richtigen Weg. Ich glaube, ich bin die Art Mann, der eine ordentliche Dosis Misshandlung braucht, sonst wird er unerträglich weichlich und verzärtelt. Das ist es, was mit mir los ist, glaube ich.“

Freda hatte an einem Mann mit so eindeutig sadomasochistischen Neigungen kein Interesse und sagte später klar, sie sei nie verliebt in den

Prinzen gewesen: „Er war viel zu unterwürfig." Wallis war die erste Frau – abgesehen von Professionellen, mit denen Edward in seiner Jugend häufig verkehrte –, die seinen sexuellen Wünschen mit Freuden nachkam. Sie schob ihn auf Partys in den frühen Morgenstunden in einem Kinderwagen durch die Gegend, Augenzeugen hörten sein beglücktes Jauchzen. Auch seinen Fußfetischismus befriedigte sie anstandslos. Wallis' Vorgängerinnen hielten Edward für impotent; erst die Frau aus Baltimore sei fähig gewesen, seine Ejaculatio Praecox durch Oralsex zu kontrollieren – eine Praktik, die unter heterosexuellen Ehepaaren noch die Ausnahme war. Englische Mädchen aus Adel und Bürgertum wurden von ihren Müttern mit dem Spruch „Schließe die Augen und denk an England" auf die Hochzeitsnacht vorbereitet. Prüderie und Unwissenheit, alle sexuellen Belange betreffend, waren vor allem bei weiblichen Angehörigen höherer Gesellschaftsschichten weit verbreitet. Von Freda oder Thelma hatte Edward sicher nicht alles bekommen, was er sich gerne ausmalte. Lady Gladwyn, Ehefrau des britischen Botschafters in Paris, lächelte nachsichtig, als sie vom sogenannten China-Dossier hörte, das Wallis so schwer belastete: „Ach, man nennt es Oralsex, wissen Sie. Was soll daran Chinesisch sein?"

Vor allem dürfte es jedoch Wallis' Intersexualität gewesen sein, die Edward unwissentlich und unterbewusst stark angezogen hat. Er kaprizierte sich auf Wallis, weil er eine Frau wie sie noch nie getroffen hatte und es unwahrscheinlich war, nochmals einer solchen zu begegnen. Sie war etwas ganz Besonderes, etwas Einzigartiges. Der schwule Interiordesigner Nicky Haslam sprach davon, dass Edward mit Vorliebe Windeln trug und sich von Wallis als „böser kleiner Bub" behandeln ließ. Ohnehin sei der Prinz von Wales in Wahrheit homosexuell gewesen, da sei er sich vollkommen sicher. Schon als junger Mann habe er sich mit einem Freund von Haslam an einem Anbahnungsort für Schwule im Hyde Park getroffen. Die Männer seien dann zu einem queeren Nachtclub im Vergnügungsviertel Seven Dials weitergezogen.

Edward wollte von Wallis mit einer kleinen Peitsche geschlagen werden, die man in ihrem Unterwäscheschrank fand. Er liebte diese Frau deswegen über alle Maßen, weil er endlich ausleben konnte, wovon er bisher nur zu träumen gewagt hatte. Dass er sich auch vor ihr fürchtete, machte sein

Der abgedankte König Edward mit seinem Intimfreund „Fruity“ Metcalfe.

Edward als junger Prinz von Wales auf einer Commonwealth-Tour.
In Gesellschaft fescher Männer blühte er regelmäßig auf:
Hier auf dem Schoß seines Freundes Louis Mountbatten,
einem Onkel des 2021 verstorbenen Prinzen Philip.
Es war bekannt, dass Edward männliche Freunde fallen ließ,
sobald diese älter wurden und ihren physischen Reiz für ihn verloren.

Liebesglück perfekt. Nie hätte er es gewagt, Wallis – wie Freda – mit „little Mummie" anzusprechen. Cecil Beaton, schwuler Fotograf der Königsfamilie, kannte beide gut, sowohl Edward als auch Wallis. Beaton sagte über seine Auftraggeber: „Edward war das klassische Beispiel eines bisexuellen Mannes. Und auch Wallis teilte diesen bisexuellen Antrieb. Aber im Wesentlichen war es so: Er war schwul und sie eine Lesbe („a dyke", Anm.)." Dudley Forwood schloss sich dieser Meinung an. Erst nach seinem Tod (2001) durfte bekannt gegeben werden, was er in Enzesfeld beobachtet hatte, als Fruity Metcalfe seinen Freund Edward besuchen kam: Fruity sei ein aktiver Homosexueller gewesen, so Forwood. Er habe mit dem abgedankten König eine physische Beziehung gepflegt.

Der homosexuelle Tagebuchschreiber Chips Channon notierte im Dezember 1936, dass „Edward immer so tut, als würde er sich in Gesellschaft schwuler Männer überhaupt nicht wohlfühlen, obwohl er sich mit sehr gut aussehenden Männern umgibt. Mein ganzes Leben lang habe ich Gerüchte gehört, er sei in Wahrheit schwul. Man kann den Typ Mann, der ihm gefällt, vorhersagen: Fruity Metcalfe, Mountbatten, der Earl of Sefton etc. Und sogar diese ließ er fallen, als sie ein wenig älter wurden." Der englische Biograf und Literaturagent Andrew Lownie berichtet in seinem Buch „Traitor King" (2021), dass Edward in Wien Ehrenpräsident des „Österreichischen Sport- und Schießvereins" gewesen sei, den die deutsche Polizei als Undercover-Schwulenclub geführt habe. Dem Wiener „Zentrum für queere Geschichte – QWien" ist dazu allerdings nichts bekannt.

Man kann heute davon ausgehen, dass die vielen Beziehungen und One-Night-Stands mit Frauen auf der ganzen Welt Edward dazu dienten, seine wahren Neigungen, die er für unerfüllbar hielt, zu verbergen. Vor sich selbst und seiner Entourage wollte er als „toller Hecht" dastehen, der nichts anbrennen lässt. Seine Sehnsüchte lagen ganz woanders und erst in Wallis fand er die Gefährtin, die ihn verstand, weil sie selbst „anders" war als wohl alle Frauen, die sie kannte. An sich waren die Windsors das perfekte Paar. Gerade Wallis gilt heute als Identifikationsfigur der queeren Szene, Schwule als auch Lesben feiern sie für ihren „freien" Lebensstil, obwohl ihre Ehe mit dem Herzog von Windsor von ihrer Seite aus gesehen nicht als erfüllend bezeichnet werden kann.

NS-Verbindungen

„Emerald" Cunard, eigentlich Maud Alice Burke aus San Francisco, hatte den Schiffsmagnaten Bache Cunard geheiratet und gehörte zu den gefragtesten Society-Hostessen in London. So wie sie Thelma unter ihre Fittiche genommen hatte, um ihre eigenen Interessen voranzutreiben, tat sie es nun mit Wallis: „Nun, meine Liebe, ich zeige Ihnen gerne, wo die Fallstricke verborgen sind." Die professionelle Gastgeberin war mit dem Dirigenten Sir Thomas Beecham liiert und versuchte seit Langem, Königin Mary für ihre musikalischen Soireen, gesponserten Opern und künstlerischen Veranstaltungen aller Art zu gewinnen. Viele gut aussehende Frauen waren bei Emerald geladen, was wiederum mächtige Männer als Gäste anzog. Premierminister Lloyd George behauptete, Lady Cunard sei die gefährlichste Frau in London, denn sie erfahre Indiskretionen von allen Seiten und zögere nicht, diese weiterzuerzählen. Königin Mary, die man als juwelenbehängten Automaten bezeichnete, wäre nie zum Dinner einer Gesellschafts-Hostess erschienen. Edward und Wallis jedoch kamen gerne, feierten nach den Partys im Kit-Kat-Club weiter.

Die als deutschfreundlich geltende Emerald Cunard stand auf gutem Fuß mit dem deutschen Botschafter in England, Joachim von Ribbentrop. Die meisten Engländer von Adel fanden den angeheirateten Sektverkäufer einfach nur peinlich – seine Frau war die Henkell-Erbin Annelies Henkell –, doch innerhalb der kleinbürgerlichen Riege von NS-Funktionären, die oft die deutsche Grammatik nur leidlich beherrschten, fiel einer wie Ribbentrop schon allein dadurch auf, dass er einigermaßen passabel Englisch sprach. Wallis, magisch angezogen von Diplomaten, freundete sich auf Emeralds Gesellschaften mit Ribbentrop an und wurde einmal in der deutschen Botschaft neben dem Botschafter knieend angetroffen, als beide eine Europa-Karte studierten. Derartige Beobachtungen trugen dazu bei, dem Deutschen und der Amerikanerin eine mehr als freundschaftliche Beziehung nachzusagen. Ribbentrop, der von Hitler den Auftrag hatte, eine deutsch-englische Allianz zustande zu bringen, setzte alles auf seine Bekanntschaft mit Wallis Simpson, von der er wusste, dass sie das Ohr des ebenso deutschfreundlichen Prinzen von Wales hatte. Auch diese Gerüchte erreichten den Premierminister und Edwards Familie. Botschaftergattin Courtney Letts de Espil war sich später sicher: Ribbentrop sei der wahre Grund gewesen, warum Königin Mary Wallis nie empfangen habe. Die niedrige Geburt, die US-Herkunft oder die Scheidungen habe Mary zwar nicht gutheißen, aber verkraften können. Für amerikanische Verhältnisse war Wallis immerhin (fast) eine Adelige, die Familie Warfield galt in Baltimore als „aristokratisch“. Sowohl die Warfields als auch die Montagues pochten mit Stolz auf ihre Wurzeln, die sich bis ins 17. Jahrhundert zurückverfolgen ließen. Ein Pagan de Warfield soll als Gefolgsmann von William dem Eroberer 1066 an der Schlacht bei Hastings teilgenommen haben. Das wäre sogar für einige der hochgestellten britischen Familien eine nicht üble Vorgabe.

Königin Mary wollte eine intime Bekannte des deutschen Botschafters auf keinen Fall treffen. Sie hielt es für denkbar, dass Wallis eine Spionin für Deutschland gewesen sei. Im selben Block wie die Simpsons, Bryanston Court Nr. 5, lebte nämlich auch „Hitlers Spionin“, die Prinzessin zu Hohenlohe-Waldenburg-Schillingsfürst, geboren in Wien als Advokatentochter Stephanie Richter. Sie hatte den österreichischen Diplomaten Friedrich Franz zu Hohenlohe-Waldenburg-Schillingsfürst geheiratet, war seit 1920 aber wieder geschieden und wurde danach in Gesellschaft verschiedener mächtiger Männer gesehen, darunter britischer Pressebarone. Zeitweise residierte sie in London. Da sie 1938 kurzfristig des Schloss Leopoldskron bewohnen durfte, aus dem Max Reinhardt nach dem „Anschluss“ vertrieben worden war, hieß es, sie habe diesen Ansitz als Dank für ihre „Vermittlungsdienste“ (= Spionage) erhalten. Fest steht, dass sie Hitler persönlich gekannt hat und von ihm ausgezeichnet wurde.

Dass Wallis Simpson und Ribbentrop häufige Verabredungen pflegten, kann nicht angezweifelt werden. Er ließ ihr regelmäßig teure Blumengebinde schicken und behandelte sie mit größter Ehrerbietung – was mit seinem Auftrag zusammenhing, in London einflussreiche Leute ausfindig zu machen, die für die deutsche Sache als „nützliche Idioten“ instrumentalisiert werden könnten. „Bring me the English alliance“, lautete der Wunsch des „Führers“. Zu den Zielpersonen gehörte neben „Emerald“ Cunard auch der Prinz von Wales, den Ribbentrop über Wallis Simpson zu erreichen trachtete.

Im Gegensatz zum Prinzen kümmerte sich Wallis nicht um die Belange der Deutschen, sie waren ihr gleichgültig wie alle anderen politischen Fragen. Ihr ging es um „friends in high places“, die ihr von Nutzen sein könnten, finanziell oder gesellschaftlich. Immerhin konnte sie ihren Mann und ihren Geliebten im Nullkommanichts los sein – man musste vorsorgen.

Die Windsors im „Deutschen Reich"

Als Wallis im Oktober 1937 mit Edward durch das „Dritte Reich" unterwegs war und sich dort vor den Karren der Nationalsozialisten spannen ließ, dürften ihr die damit verbundenen Implikationen mehrheitlich entgangen sein. Edwards Interesse, die „Wohn- und Arbeitssituation der deutschen werktätigen Bevölkerung" kennenzulernen, trat im Vergleich zu seinem sehnlichen Wunsch, seine Frau als „Her Royal Highness" zu promoten, in den Hintergrund. Politisches dürfte Edward auf dem Obersalzberg nicht diskutiert haben – ganz im Sinn seines Bruders, des Königs. Zu diesem, so behauptete er, sei er immer loyal gewesen, wenn er auch wenig Verständnis für die Handlungen seines Bruders als Mensch zeigen konnte. In NS-Deutschland wurde Wallis mit „Ihre Königliche Hoheit" angesprochen, die Nationalsozialisten knicksten vor ihr. Dudley Forwood bestätigte, dass es Edward vor allem darum gegangen war: „Er wollte, dass der Frau, die er anbetete, Ruhm und Ehre zuteilwürden." Dass ihm sogar enge frühere Unterstützer wie der kanadisch-britische Pressemagnat Lord Beaverbrook vor einem derart kontroversiellen, wenn auch privaten, Besuch abgeraten hatten, schlug Edward in den Wind. Die Deutsche Reichsbank bezahlte den gesamten Aufenthalt, die Propagandamaschinerie der Nationalsozialisten lief auf Hochtouren. Gleichgeschaltete Printmedien druckten täglich die neuesten Bilder der Windsors, die mit „Heil Edward!" und „Hoch die Windsors!" von der Beifall klatschenden Menge begrüßt wurden.

Der britische Botschafter in Berlin hatte keine Zeit für seinen Ex-König, auch eine Einladung in die britische Botschaft erfolgte nicht. Der in vielen Bereichen schwache, naive und mit unterdurchschnittlicher Intelligenz ausgestattete Edward soll darüber extrem enttäuscht gewesen sein. Hätte er auf Beaverbrook gehört oder selbst ein wenig mehr nachgedacht, wäre ihm dies im Vorhinein klar gewesen. Edward sprach mit den NS-Größen durchgehend Deutsch, lernte den ständig betrunkenen, bäurischen Führer der Deutschen Arbeitsfront, Robert Ley, kennen, aber auch Heinrich Himmler, Rudolf Heß und Joseph Goebbels. Joachim von Ribbentrop war bei vielen Empfängen anwesend. Wallis fiel vor allem Magda Goebbels auf: „Sie war die schönste Frau, die ich in Deutschland gesehen habe." Ilse Heß bemerkte über Wallis:

Die Windsors während ihrer Reise ins nationalsozialistische Deutschland:
Links Edward, in der Mitte Robert Ley, vorne rechts Wallis.

Herzog von Windsor
beim Besuch des Industriegebiets

Links oben: Der Herzog von Windsor vor der Einfahrt in den Schacht „Friedrich Heinrich" — Rechts oben: Nach der Besichtigung der Siedlung Kamp-Lintfort Unten links: In den Werkstätten der Fried. Krupp AG. in Essen — Unten rechts: Begrüßung durch Dr. Krupp von Bohlen und Halbach

Aufnahmen: NZ (Reissner) 2, Krupp 2

Auch die österreichische Presse berichtete prominent über die Reise des berühmtesten Ehepaares der Welt in zahlreiche deutsche Städte. Edward wurde als sozial interessierter und fortschrittlicher Ex-Monarch präsentiert.

„Eine hübsche, charmante, warmherzige und kluge Frau mit einem goldenen Herzen und viel Zuneigung für ihren Mann, die sie offen ausdrückt."

Edward besuchte ein Ausbildungszentrum der SS sowie ein Lager der HJ, während Wallis durch das Schloss Sanssouci in Potsdam geführt wurde. Eines Abends stand ein Besuch in Hermann Görings Landresidenz Carinhall auf dem Programm. Laut der NS-First Lady Emmy Göring soll Edward ihren Mann detailreich nach den Wohnverhältnissen der deutschen Arbeiter ausgefragt und enthusiastisch von seinen Plänen, die soziale Lage der Werktätigen in England zu verbessern, gesprochen haben. Bis heute halten sich hartnäckig Gerüchte, wonach Edward tatsächlich geglaubt haben soll, mithilfe der Nationalsozialisten wieder auf den britischen Thron gelangen zu können.

Auch von Wallis zeigte sich Emmy Göring angetan: Sie sei so elegant und dabei einfach gekleidet gewesen und hätte „eine gute Königin abgegeben". Doch als Edward in Görings Bibliothek eine Karte des „Dritten Reiches" hängen sah, auf der Österreich bereits als Teil NS-Deutschlands eingezeichnet war, kippte die Stimmung. Edward erklärte, das könne nie sein. Göring antwortete: „Es muss sein, Königliche Hoheit." Edward schüttelte energisch den Kopf: „Nein. Nie, nie, nie."

Die Windsors reisten weiter nach Dresden, Nürnberg, Stuttgart, München, Essen und Düsseldorf. Überall wurden sie von strategisch zusammengestellten Abordnungen kraftstrotzender Arbeiter und blonder Kinder, die Hakenkreuz-Fähnchen und Union Jacks schwenkten, begrüßt. Wallis langweilte sich in den Industrieanlagen des Ruhrgebiets, doch blühte sie in einem Krankenhaus für Bergleute auf, wo sie an den Betten der Patienten saß und sich deren Geschichten erzählen ließ.

Am 22. Oktober 1937 wurden Wallis und Edward von Adolf Hitler auf dem Berghof bei Berchtesgaden empfangen. Auch der britische Appeasement-Politiker Lord Halifax suchte im Herbst 1937 den „Führer" auf, er überbrachte die guten Wünsche seines Premierministers Neville Chamberlain und die Hoffnung Englands auf eine Friedensgarantie. England werde dafür den Vorrang der deutschen Interessen in Europa akzeptieren. Es war nicht der erste und auch nicht der letzte Versuch englischer Volksvertreter, mit Hitler-Deutschland eine Art von Allianz zu schmieden, so unbehaglich man sich dabei auch fühlen mochte.

Edward und Wallis trafen Hitler rein privat, doch die Fotos der wie eine gealterte „Oldfields"-Debütantin strahlenden Herzogin von Windsor und ihres stolz danebenstehenden Ehemannes wirken bis heute katastrophal.

Bis heute das wohl bekannteste Foto von Wallis Windsor:
Breit lächelnd begrüßt sie den Diktator Adolf Hitler,
während Edward stolz und glücklich zusieht.

Rudolf Heß hatte die Windsors vom Bahnhof abgeholt. Obwohl Edward perfekt Deutsch sprach, bestand Hitler auf der Anwesenheit seines Übersetzers Paul Schmidt. Wallis schrieb in ihren Erinnerungen: „Hitlers Gesicht war sehr blass und sein Mund unter seinem Schnurrbart zu einer traurigen Grimasse erstarrt. Er strahlte jedoch eine große innere Kraft aus. Seine Hände waren lang und schlank (...) und seine Augen außerordentlich: intensiv, ohne Blinzeln, magnetisch, erfüllt von einem seltsamen Feuer."

Wallis war beim persönlichen Gespräch ihres Mannes mit dem „Führer", das eine Stunde dauerte, nicht dabei. Sie trank derweil Tee mit Heß. Edward formulierte später: „Meine Interessen in Deutschland beschränkten sich darauf, mit eigenen Augen zu sehen, was der Nationalsozialismus für die Wohlfahrt der Arbeiter in Gang gebracht hatte. Ich wollte auch mit dem ‚Führer' nur darüber sprechen und keinesfalls in eine politische Debatte hineingezogen werden. Er sprach jedoch davon, dass das Rote Russland der einzige Feind sei. England und ganz Europa müssten sich darüber im Klaren sein und Deutschland bei seinen Interessen im Osten unterstützen, nur so könne der Kommunismus ein für alle Mal geschlagen werden. Ich war davon überzeugt, dass er recht hatte. Ich glaubte ihm auch, als er sagte, er wolle keinen Krieg mit England."

Der persönliche Übersetzer Hitlers war sicher, es habe keinerlei Anzeichen dafür gegeben, dass „der Herzog von Windsor mit der Ideologie oder politischen Praxis des Dritten Reiches übereinstimmte. Hitler ging jedoch davon aus. Abgesehen von einigen zustimmenden Worten zur sozialen Wohlfahrt in Deutschland wurden keine politischen Fragen erörtert." Schmidts Eindruck dürfte korrekt gewesen sein: Der Herzog war ohne Frage deutschfreundlich, jedoch nicht unbedingt NS-freundlich, was Hitler kaum unterschieden haben dürfte. Zahlreiche Fotos zeigen Edward mit erhobenem rechtem Arm. Dudley Forwood verharmloste den Hitlergruß: „Edward hat den NS-Gruß nur aus simpler Höflichkeit gezeigt. Wäre Seine Königliche Hoheit in einem Land zu Gast gewesen, in dem man zur Begrüßung die Nasen rubbelt, hätte er das genauso getan. Der Gruß war nichts anderes als ‚gute Manieren'."

Nach der Unterredung mit Edward nahm Hitler am Teetisch neben Wallis Platz. Später schrieb sie, eine Bemerkung über die zahlreichen neu errichteten Gebäude der Nationalsozialisten gemacht zu haben, was Hitler unheilvoll so kommentierte: „Unsere Bauwerke werden einmal großartigere Ruinen abgeben als die altgriechischen Tempel." Wallis verstand die

Botschaft dieser Aussage nicht, ebenso wenig wie die Lawine von Kritik, die auf sie und ihren Mann nach der Rückkehr aus Deutschland niederprasselte. Unmissverständlich hatte sich das Herzogspaar von Windsor zu Propagandazwecken des Deutschen Reiches ausbeuten lassen. Weder Edward noch Wallis hatten die Verfolgung Andersdenkender, den Terror gegen die Juden, die Gefängnisse und Konzentrationslager thematisiert. Indem sie schwiegen, tolerierten sie die verbrecherische NS-Politik, hießen sie womöglich sogar gut.

In Wirklichkeit wusste Edward kaum etwas über das „Dritte Reich". Sein Versäumnis war es, darüber nichts wissen zu wollen. Wallis hatte noch weniger Ahnung und auch kein Interesse. Sie schätzte es zwar sehr, von deutschen Offiziellen mit dem Rang ihres Mannes angesprochen zu werden, aber sie hätte auf diese Reise auch gut verzichten können.

Edward war in Schlössern voller Porträts seiner hannoveranischen Vorfahren groß geworden. Unzählige Cousins lebten in Deutschland, einige waren aktive Nationalsozialisten. Von seiner Heimat England fühlte er sich schlecht behandelt. Dass es ihn in jenes Land zog, aus dem seine Familie stammte, ist – aus seiner Sicht – nachvollziehbar.

Nach dem Zweiten Weltkrieg gab er seinen Irrtum zu: „Ich dachte damals, die Hauptaufgabe meiner Generation sei es, einen neuerlichen Konflikt mit Deutschland (wie im Ersten Weltkrieg, Anm.) um jeden Preis zu verhindern, denn das würde unsere Zivilisation zerstören. Ich dachte, wir könnten Zuschauer sein, während die Nazis und die Kommunisten es unter sich ausmachen." Überliefert sind aber auch Aussagen wie: „I would never have thought that Hitler was such a bad chap", oder dass „Roosevelt und die Juden" den Zweiten Weltkrieg verursacht hätten.

Die geplante Tour in die USA, die auf das deutsche Debakel folgen sollte, konnte nicht stattfinden. Auch wenn Edward Wallis hoch und heilig versprochen hatte, sie werde ihre Familie besuchen und den Präsidenten treffen können. Amerikanische Arbeiter hatten keine Lust, mit einem Gast von Charles Bedaux, einem erklärten „Feind der Arbeiterklasse", über ihre Lebens- und Arbeitsbedingungen zu sprechen. Streikdrohungen hingen in der Luft. Jüdische Gruppen in Amerika gingen ebenfalls auf Distanz. Der britische Botschafter in Washington erhielt strenge Instruktionen aus London: Es sei verboten, die Windsors in einem Gebäude der Botschaft oder eines Ministers unterzubringen. Niemand dürfe sie zum Dinner einladen. Eine kleine Jause sei in Ordnung. Es dürfe sich auch niemand von den Windsors einladen lassen – außer auf eine kleine Jause. Niemand von den höheren Botschaftschargen dürfe den Ex-König und seine Frau vom Bahnhof abholen, jedenfalls niemand, der einen höheren Posten als „Untersekretär" bekleide. Edward befand sich auf hoffnungslos verlorenem Posten.

Ausschlaggebend war schließlich ein Telegramm des Königs an Dudley Forwood, in dem um sofortigen Anruf im Buckingham Palace ersucht wurde. Forwood wurde augenblicklich durchgestellt. George VI. hielt sich nicht mit Präliminarien auf, sondern schrie sofort: „Sagen Sie David, er wird verdammt noch mal nicht nach Amerika fahren!", und legte auf. Der gelernte Diplomat Forwood ging sogleich zu Edward: „Königliche Hoheit, Seine Majestät ist sehr besorgt wegen Ihrer Sicherheit in Amerika und der US-Botschafter meint auch, es sei besser, wenn Sie nicht fahren."

„Also gut!", brüllte Edward, sehr aufgebracht. „Dann sagen Sie das verdammte Ding halt ab."

Rule Britannia

Die intuitive Nähe zu Deutschland ging bei Edward auf seine Erziehung zurück. Obwohl sein Vater George V. sich mitten im Ersten Weltkrieg (1917) gezwungen sah, den Familiennamen der Royal Family von Sachsen-Coburg-Gotha auf das reine Fantasiekonstrukt „Windsor" zu ändern, blieb die innere Verbundenheit zu allem, was „deutsch" war, weiterhin prägend. Edwards Mutter, die Prinzessin Maria von Teck, war zwar schon in London geboren, doch sie hatte ebenso deutsche Vorfahren und sprach Deutsch. An sich war sie mit dem älteren Bruder von George V. verlobt gewesen, Albert. Als Albert überraschend an einer Lungenentzündung starb, folgte sie sogleich dem Wunsch der Königin Victoria, den nächstjüngeren Bruder zu ehelichen. Sämtliche Pflichten widerspruchlos wahrzunehmen und Opferbereitschaft für das Königshaus zu zeigen, gehörten zu Marys Leitmaximen. Schon aus diesem Grund hatte sie nicht das geringste Verständnis dafür, dass ihr Ältester persönliches Glück und Erfüllung im Privatleben für wichtiger erachtete, als den Anforderungen seines Berufs als König von England zu entsprechen. Doch war Königin Mary möglicherweise doch eine bessere Mutter, als ihr Ruf es vermuten lässt. Die Briefe, die sie mit Edward in den Jahren

Thronerbe wider Willen: Die englische Königsfamilie posiert im Buckingham Palace kurz vor dem Ersten Weltkrieg. König George V. und Königin Mary, die Princess Royal Mary (geboren 1897), im Zentrum der zukünftige König Edward VIII. (geboren 1894).

des Ersten Weltkrieges austauschte, belegen, dass die Kinder ihren Lebensinhalt bildeten. Sie konnte diese Liebe allerdings nicht zeigen, was wohl an der stocksteifen Umgebung lag sowie an ihren eigenen schlechten Erfahrungen als Heranwachsende. Edward vermutete, sie sei selbst nie verliebt gewesen, deswegen könne sie mit niemandem liebevoll umgehen.

Richtig schlimm war Edwards psychotische Nanny, die den kleinen Prinzen seinen Eltern entziehen und für sich allein haben wollte. Sie schlug und quälte das Kleinkind, bis es weinte und in die Windel machte. In diesem Zustand wurde der kleine Edward dann zum täglichen, halbstündigen Termin bei Mary und George gebracht. Der Vater drehte sich sofort weg. Mary wusste nichts mit dem plärrenden, stinkenden Bündel Mensch anzufangen. Mit einer abweisenden Handbewegung winkte sie die Kinderfrau aus dem Zimmer. Diese hatte ihr Ziel erreicht und das Baby gehörte wieder ihr. Die Qualen gingen monatelang weiter, bis Mary endlich von der Tragödie erfuhr und die Nanny aus dem Hofdienst entfernen ließ. Doch da war das Unglück schon passiert. Der Arzt der Königsfamilie, Bertrand Dawson of Penn, einer der besten Mediziner der Epoche, attestierte Edward eine Störung, die er als Arrested Development bezeichnete. Der Prinz sei in seiner geistigen Entwicklung in der Pubertät stehen geblieben, was sich u. a. in seinem nicht vorhandenen Körperhaar manifestiere. Kameraden, die während seiner Navy-Ausbildung mit ihm duschten, fiel sofort auf, dass Edward keine Achsel- oder Schambehaarung hatte – weswegen er vom ersten Tag an gemobbt wurde. Rasieren musste er sich nur einmal pro Woche und selbst dann waren nur wenige Stoppeln vorhanden. Dazu passt auch, dass Wallis ihn von Anfang an „Peter Pan" nannte und seine Ideen als „Peter-Pan-Pläne" abqualifizierte. Dawson of Penn erklärte weiters, eine Mumps-Erkrankung habe Edward aller Wahrscheinlichkeit nach zeugungsunfähig zurückgelassen. Viele Zeitgenossen wunderten sich, dass die zahllosen Liebschaften des Prinzen von Wales keine unerwünschten Folgen nach sich zogen. Es ist möglich, dass Edward Bescheid gewusst hat und auch deswegen schon lange vor seiner Freundschaft mit Wallis immer wieder davon gesprochen hat, nie König werden zu wollen.

Das Verhältnis Edwards zu seinem Vater war gestört, solange der Prinz zurückdenken konnte. George V. galt als ein extrem ruppiger, jähzorniger, unfassbar reaktionärer Mann, der glaubte, seine Familie behandeln zu können wie Untergebene auf einem englischen Kriegsschiff. Königin Mary durfte nur bodenlange Röcke tragen, keine Farben, die ihm nicht gefielen, kein Make-up. Für den modebegeisterten Edward, der schon als Teenager völlig andere Vorstellungen vom Leben entwickelt hatte, gab es vom Vater nur zwei Dinge: Beschimpfungen oder Spott. Der Prinz brachte dieses Beispiel: „Mein Vater hatte die schlimmsten Launen, die man sich nur denken kann. Er war grauenhaft unhöflich zu meiner Mutter. Oft verließ sie den Esstisch einfach und wir Kinder folgten ihr alle hinaus." Über seine Mutter Mary sagte er: „Meine Mutter war eine kalte Frau. Eine kalte Frau." Eine überwältigende Leidenschaft wie seine Gefühle für Wallis hätte bei ihr nur Kopfschütteln hervorrufen können.

Als Premierminister Stanley Baldwin im Spätherbst 1936 bei seiner Königin um eine Audienz ansuchte, in der er sie offiziell über die Heiratspläne ihres Ältesten zu unterrichten gedachte, hörte Mary ruhig zu und stellte dann fest: „Now, Prime Minister, this is a pretty kettle of fish." (Nun Premierminister, da haben wir den Salat.)

Positive Auswirkungen der neuen Beziehung ihres Sohnes musste sogar Königin Mary mitbekommen haben: Im Gegensatz zu Thelma war Wallis (noch) keine Trinkerin und Edward beherrschte sich nun beim Alkohol. Auch erschien er (beinahe) pünktlich bei Terminen, da Wallis ihm erklärt hatte, es gehöre sich nicht für ein königliches Vorbild, andere warten zu lassen. Bisher war Edward von klein auf der Ansicht gewesen, dass „normale Menschen" kein Maßstab für ihn, den Thronerben, seien. Wallis tat ihr Bestes, um Edward in dieser Frage mehr „Volksnähe" beizubringen.

Unter Verdacht

Die Detektive im Auftrag des Innenministeriums und der britischen Krone beschatteten die Simpsons weiterhin. Es hieß, Erpressung sei der Motor der Beziehung des Prinzen zu der verheirateten Amerikanerin. Ernest Simpson würde in angeheitertem Zustand herumprotzen, dass er von Edward in den Adelsstand erhoben werde, sobald dieser König sei. Auch ein Diplomatenposten, vielleicht in China, sei für ihn vorgesehen. Was Ernest auf jeden Fall schon früher erhielt, war eine Mitgliedschaft in jener Freimaurerloge, der auch Edward und seine Brüder angehörten. Er hoffte, dies sei seinen Geschäften förderlich. Der Großmeister und Ex-Bürgermeister von

London, Maurice Jenks, machte kein Hehl aus seiner Ablehnung jenes Vorhabens und auch andere Mitglieder wehrten sich entschieden. Ein Freimaurer durfte keine ehebrecherische Beziehung zur Ehefrau eines Logenbruders unterhalten … Im Endeffekt hat die Aufnahme in Edwards Loge Ernest wohl mehr geschadet als genutzt. Bis heute gibt es in London zahlreiche Freimaurer und jeder redete damals nur über dieses eine Thema.

Ein Detektiv von Scotland Yard, der für diese Erkenntnis befördert wurde, wollte im Sommer 1935 herausgefunden haben, dass Wallis neben Edward noch eine zweite außereheliche Liaison führte: Mit einem sich als Playboy gerierenden Autohändler, der ausgerechnet die von Wallis verachteten Fords verkaufte und Guy Marcus Trundle hieß. Sie überhäufe ihn mit Geschenken, die sie von Edwards Geld erwerbe, so der Beamte. Möglich ist, dass der als Womanizer und Eintänzer bekannte Trundle, der auf vielen Londoner Gästelisten stand, die Geschichte erfunden hat, um sich wichtig zu machen. Möglich ist aber auch, dass Wallis nicht nur zwei, sondern sogar drei Beziehungen „jonglieren" musste. Es wird verständlich, dass sie sehr überanstrengt war; begreiflich ist auch, dass die Royal Family, der alle Polizeiberichte vorgelegt wurden und die sie ohne weitere Nachfragen für bare Münze nahm, einen mehr als unerfreulichen Eindruck von der Freundin des zukünftigen Königs bekam.

Im Buckingham Palace begriff man nämlich inzwischen, dass es Edward diesmal ernst war. Alles deutete darauf hin, dass er die Amerikanerin zu seiner Frau machen wollte. An Wallis schrieb er von einer Schiffsinspektion:

„Oh! Ein Junge vermisst ein Mädchen so schrecklich heute Nacht! Bitte, bitte, Wallis, mach Dir keine Sorgen und verliere nicht den Glauben, wenn wir nicht zusammen sind. Ich liebe Dich jede Minute mehr und keine Komplikationen können unser ultimatives Glück verhindern."

Wie seit jeher zeichneten sich Edwards Liebesbriefe durch das Fehlen von Satzzeichen und – in Wallis' Augen – auch durch das Fehlen von Sinn aus. Sie konnte mit diesen Zetteln nichts anfangen und wäre nie auf die Idee gekommen, ihrem Liebhaber Ähnliches zu schreiben. Als sich der Prinz einmal dienstlich auf der Isle of Wight aufhielt und das Dienstmädchen am Bryanston Court mehrere Male bat, Wallis um einen Rückruf zu ersuchen, kam die Hausherrin der Bitte nicht nach. Edward raste zurück nach London, weil er sich ausmalte, Wallis wäre womöglich sterbenskrank. Warum, um Himmels willen, sie ihn denn nicht anrufe? „Ich rufe niemals einen Mann an, merk dir das", entgegnete Wallis kühl dem bestürzten Thronerben.

Dieser machte sich bereits intensiv Gedanken über mögliche Ausstiegsszenarien. War das Empire etwa untergegangen, als der eigentliche Prinz von Wales damals gestorben war und stattdessen sein Vater König wurde? Nein. Oder als die Deutschen London bombardierten und der wachsende öffentliche Druck George V. dazu veranlasste, auf sämtliche deutsche Titel und Würden zu verzichten und das Haus Windsor zu begründen? Auch nicht. Ihm, Edward, war es nun sogar gestattet, eine englische Adelige zu heiraten, nicht nur eine deutsche Prinzessin. Nur katholisch durfte die Braut nicht sein. Aber Wallis war Protestantin. Eine geschiedene Person stellte eher ein moralisches Hindernis dar. Ehescheidungen waren auch in Großbritannien auf dem Vormarsch, doch von der Königsfamilie erwartete man, dass deren Mitglieder mit gutem Beispiel vorangingen. Sollte es diesbezüglich Schwierigkeiten geben, könnte Edward ja noch zu Lebzeiten des Vaters Platz machen für seinen Bruder Bertie. Widerstand wäre kaum zu erwarten, nahm Edward an. Dass Wallis überhaupt kein Interesse an ihm haben könnte, wenn er nicht König würde – auf diese Idee kam der hoffnungslos verliebte Mann mittleren Alters nicht.

Weihnachten 1935 verbrachte der Prinz pflichtschuldig bei seinen Eltern auf Schloss Sandringham. Von diesem ihm seit Jahrzehnten verhassten Ort hatte er schon 1919 seiner damaligen Flamme Freda Dudley Ward geschrieben: „Sandringham – fuck it!!!“ Am 1. Jänner 1936 war er etwas besserer Laune und verfasste folgende zweisprachigen Zeilen an Wallis: „I know we’ll have Viel Glück to make us one this year.“ In drei Wochen wird er König sein: Edward VIII.

Der neue Monarch

Als am 20. Jänner 1936 das Ende von George V. nahte, verabreichte ihm sein Leibarzt Dawson of Penn eine überdosierte Mischung aus Kokain und Morphium, sodass der Tod des Königs in den Qualitätszeitungen, die am Morgen erschienen, rechtzeitig bekannt gegeben werden konnte. Königin Mary sank neben dem Totenbett ihres Mannes vor Edward auf die Knie und küsste seine Hand. „Eure Majestät“, sagte sie demütig. Ihr Sohn erlitt einen

Nervenzusammenbruch, heulte schrill und „hysterisch"; er hatte es verabsäumt, seinem Vater mitzuteilen, dass er Wallis heiraten und gar nicht König werden wollte. Nun stand er da, ohne Wallis, dafür mit der Königsbürde. Er fühlte sich entsetzlich.

Es war nicht üblich für englische Könige, ihrer eigenen Proklamation beizuwohnen, die wenige Tage nach dem Ableben des früheren Monarchen im St. James's Palace stattfand. Doch Edward, dessen erklärtes Ansinnen es war, die Monarchie zu reformieren und zu modernisieren, schritt sogleich zur Tat. Er lud Wallis ein, der mittelalterlichen Zeremonie von einem gut einsehbaren – was er nicht bedacht hatte – Fenster beizuwohnen; in letzter Minute entschied er sich auch noch, neben ihr Aufstellung zu nehmen. Alle dem Hof nahestehenden Personen wussten von Wallis und erkannten sie und den König hinter dem Fenster. Es war ein Skandal, und der nächste folgte sogleich. Eine adelige Lady war Augenzeugin, als König Edward VIII. für seine Freundin vor dem St. James's Palace ein Taxi herbeiwinkte. Eine unfassbare Erniedrigung für den König eines Reiches mit 500 Millionen Einwohnern. Edward erfuhr natürlich von dem Gerede und war sauer. Ein Witz kursierte: Wallis Simpson steigt in ein Taxi und sagt zum Fahrer „King's Cross." – Darauf der Taxler: „Oh. I'm sorry, Lady."

Als der frischgebackene König an einem Regentag mit einem Berater vom Buckingham Palace zum benachbarten St. James's Palace spazierte und dabei seinen Schirm selbst trug, zerriss sich die ganze Stadt das Maul. So etwas tat man als Monarch einfach nicht. Edward wisse nicht, was seinem Stand gebühre, er mache sich und die gesamte Monarchie lächerlich. Doch das war die Vorstellung des Königs von der „neuen Zeit".

Brautalarm

Seine nur wenige Monate währende Regentschaft spielte sich beständig zwischen zwei miteinander unvereinbaren Polen ab: Pflicht und Sehnsucht, Stiff Upper Lip und Herzklopfen. Die Quadratur des Kreises gelang auch König Edward VIII. nicht. Er wollte die Vorrechte seiner hohen Geburt ausüben und war gleichzeitig von dem übermächtigen Wunsch beseelt, so zu leben, wie er wollte. Die konservative „Times" schrieb verhalten kritisch: „Menschen, nicht Bücher, sind seine Bibliothek." Das hieß, dass der neue Herrscher nie freiwillig ein Buch zur Hand nahm. Neville Chamberlain, damals Finanzminister, notierte prophetisch: „Ich hoffe, er benimmt sich. Wenn nicht, wird er bald vom Thron stürzen."

Als Premierminister amtierte bereits zum dritten Mal der konservative Stanley Baldwin, ein bald 70-jähriger Mann, der sich als typischer Engländer bezeichnete und gerne damit prahlte, genau zu wissen, was die englische Bevölkerung denke und wolle. Die Taschen seiner Sakkos waren von den darin sich befindlichen Pfeifen zerbeult, der hedonistischen Gesellschaft der Socialites und Bright Young Things zog er sein Familienleben mit Ehefrau Lucy, die sich in zahlreichen christlichen Wohltätigkeitsvereinen engagierte, vor. Er wusste seit Langem von der Freundschaft des Königs mit Wallis Simpson, ging jedoch – wie viele der politischen Entscheidungsträger – davon aus, das Problem werde sich durch den Abgang von Mrs. Simpson von allein lösen. Grundsätzlich hielt Baldwin von Edward nicht viel. Ende der 1920er-Jahre hatte er auf einer Tour des Prinzen von Wales durch Kanada dem Hofbeamten Alan „Tommy" Lascelles zugestimmt, als dieser aufgrund der Frauenaffären und der Unpünktlichkeit seines Chefs verzweifelt gemeint hatte: „Das Beste für England wäre es, wenn sich Edward beim Steeplechasing das Genick bräche."

Die schwerste Belastungsprobe in Baldwins zahlreichen Amtsperioden begann an jenem Februartag des Jahres 1936, an dem der König Ernest Simpson in seine Wohnung im York House einlud und dem Schiffsmakler eröffnete, er wolle seine Frau heiraten. Nur mit Wallis an seiner Seite könne er sich die Krönung, anberaumt für Mai 1937, vorstellen. Ernest hatte dies erwartet. Er stimmte einer möglichst skandalfreien Scheidung zu, verlangte aber eine große Geldsumme. Diese sei „zur Absicherung für Wallis" gedacht, sollte die Hochzeit doch nicht zustande kommen. Ein sechsstelliger Pfundbetrag wechselte den Besitzer, die genauen Zahlen variieren.

Logen-Großmeister Maurice Jenks sprach bei Baldwin vor und erklärte dem Premierminister frei heraus, alles rieche nach Erpressung. Ernest Simpson nutze seine Position als Ehemann der Geliebten des Königs aus, um zu Geld zu kommen, das er dringend benötige, da sein Unternehmen den Bach hinunterginge. Baldwin hörte ruhig zu und saugte an seiner Pfeife. Nun, der König könne gerne verliebt sein, meinte er, aber er sei der „Verteidiger des Glaubens", er könne daher keine Amerikanerin mit zwei lebenden

Ehemännern heiraten. Da gäbe es nichts zu diskutieren. Edward solle einfach eine passende Frau zum Altar führen, danach seien seine Mesalliancen kein Thema mehr. So sei es immer gewesen, gar kein Problem. Man denke nur an seinen Großvater Edward VII., der sich einen eigenen Liebesstuhl für mehrere Personen konstruieren ließ (das Stück steht heute im Erotikmuseum in Paris). Alice Keppel, eine der unzähligen Affären Edwards VII., gilt als geradezu legendär. Die jahrelange Beziehung des Königs zur Admiralstochter Alice (sie ist eine Urgroßmutter der derzeitigen englischen Königin Camilla) lief aber diskret und diplomatisch ab, was man von Wallis und Edward nicht behaupten konnte. Mrs. Keppel war genau das, was Baldwin eine „respectable whore" nannte und was, wie er bald seufzte, Wallis offenbar nicht genügte, da Edward sie heiraten wollte.

Hotels

Wallis war bereits Königin in allem, nur dem Namen nach noch nicht. Ihre Schmucksammlung wuchs täglich, ihr Schreibtisch bog sich unter all den schweren, teuren Einladungskarten, den goldumränderten Billetts der Reichen und Schönen, die sich einen Gefallen von ihr erhofften. Der Prestigegewinn war enorm, sie hatte es in eine höchst einflussreiche Position geschafft. Aber in vielen Belangen war sie das eher einfache Mädchen aus Baltimore geblieben. Der von ihr kultivierte Südstaaten-Akzent wurde von vielen Engländern als vulgär wahrgenommen; ihr sorgloses Benehmen in royaler Umgebung ließ zu wünschen übrig, was außer Edward niemand zu schätzen wusste. In Paris, wo sie mehrere Designer-Ateliers abklapperte, „vergaß" Wallis im Hotel Meurice ihre Zimmertür zu schließen, wenn sie mit dem König telefonierte. Alle sollten die enge Freundschaft mitbekommen. Im Nebenzimmer blieb Loelia, der Herzogin von Westminster, die der superreiche „Bendor", Herzog von Westminster, statt seiner langjährigen Freundin Coco Chanel geheiratet hatte, der Mund offen stehen. Zu Loelia sagte Wallis auf deren neugierige Nachfrage, sie werde Edward bestimmt nicht heiraten, sie sei glücklich in ihrer Ehe mit Ernest Simpson. Als Loelia wenig später erfuhr, dass Wallis die Scheidung eingereicht hatte, fiel ihr das Gespräch auf dem Hotelflur wieder ein. Zu dieser Zeit dürfte Wallis noch immer sicher gewesen sein, dass Edward bald eine europäische Prinzessin zur Königin machen würde. Gleichzeitig war sie weiterhin bestrebt, die Vernarrtheit des Königs so lange wie möglich gewinnbringend auszunutzen. Edwards Gewohnheit, ihr x-mal am Tag hinterherzutelefonieren, ging einer mit allen Wassern gewaschenen, im Grunde eher nüchternen Person wie Wallis Simpson gewaltig auf die Nerven. Aus Liebesschwüren machte sie sich nichts (mehr). Hatte sie damit bei Felipe Espil etwa Erfolg gehabt? Wohl kaum. Constance Coolidge, die Gefährtin aus Pekinger Tagen, brachte es auf den Punkt: „Wallis liebte Edward nicht, bestenfalls liebte sie den König. Überhaupt war sie nie in jemanden verliebt. Vom ersten Moment an, als sie sich kennenlernten, wollte Edward ihre Scheidung von Ernest. Es war nicht umgekehrt."

Zettel, die Wallis für Edward hinterließ, sprachen nie von Verliebtheit, sondern klangen wie Empfehlungen einer spießigen Hausdame oder mahnenden Hostess: „Ich sehe kein Gemüse auf dieser Speisekarte. Tut mir leid, dich damit zu belästigen, aber ich möchte, dass jeder findet, du machst alles perfekt." Auch in Briefen an Freunde oder Familienangehörige ging es bei Wallis nur um Organisatorisches, kaum um Emotionales. Was man einkaufen musste, worum man sich zu kümmern hatte. Ernest sagte, Wallis habe keine romantische Ader gehabt. Kontrolle war ihr Ein und Alles. Zuerst überprüfte sie sich selbst, dann die Dienerschaft, ihre Küche, ihren Esstisch, ihren Ehemann. Tante Bessie erklärte sie, warum sie sich am Ende für den König entschieden hatte: „Ich bin 40 und muss meinem Instinkt folgen. Ich kann ohnehin nur die finanzielle Seite meiner Zukunft kontrollieren, gegen Herzschmerz, Einsamkeit etc. gibt es keine Versicherung. Wenn es zum Schlimmsten kommt, baue ich mein Zelt eben ab und verschwinde still und leise."

Dass sie Edward nur wegen seines Vermögens geheiratet hat, ist offensichtlich. Ein Augenzeuge aus Amerika berichtete von einem Abend im Fort Belvedere, als Edward das Wohnzimmer betrat, wie ein Wilder auf Wallis zustürzte und weder nach links noch nach rechts schaute. Wallis erhob sich bedächtig aus ihrem Sessel, knickste vor dem König und sagte höflich: „Guten Abend, Sir." Der Amerikaner vermisste intime Gesten zwischen Wallis und Edward, was er Courtney Letts de Espil mitteilte: „Sie war sicher nicht seine Geliebte – da verwette ich gerne mein ganzes Geld darauf." Es kann gut sein, dass Wallis ihre Grundsätze weiterhin aufrechterhalten und keinen „normalen" Verkehr mit Edward gepflegt hat. Der König kündigte mehrmals an, jeden

Journalisten zu verklagen, der ihm eine voreheliche sexuelle Beziehung mit Wallis unterstellte. Jurist Walter Monckton, ein langjähriger Bekannter Edwards aus Oxford, dem die undankbare Rolle zufiel, im sich anbahnenden Konflikt zwischen Regierung und Monarchie zu vermitteln, formulierte die Verbindung zwischen den beiden so: „Es ging um intellektuelle Kameradschaft, spirituelle Übereinstimmung. Die einsame Natur Edwards hatte einen ‚symbiotischen' Menschen gefunden."

Indessen wurde die Stimmung nicht nur zwischen Wallis und Ernest, sondern auch zwischen Edward und Ernest Simpson immer frostiger. Trotz der hohen „Ablöse" und obwohl Ernest längst mit Mary Raffray eine feste Beziehung führte, schien er mit Wallis verheiratet bleiben zu wollen. Edwards Rechtsanwälte machten Druck: Der Ehescheidungsprozess müsse beginnen, sonst gehe es sich keineswegs aus bis zur Krönung. Edward schrieb an Wallis: „Ich muss hinter Ernest her sein, sonst bewegt er sich keinen Millimeter."

Im Juli 1936 ließ sich Ernest mit Freundin Mary im Hotel de Paris in Bray vom Personal im Bett erwischen – ein üblicher Vorgang bei scheidungswilligen Leuten in der damaligen Zeit. In und um die kleine Stadt Bray fanden sich damals zahlreiche junge Mädchen, die bereit waren, für ein kleines Entgelt die „Geliebte" zu mimen, sodass die echte Freundin unerkannt bleiben konnte. Doch das wäre einem Ehrenmann wie Ernest Simpson zuwider gewesen und er nahm Mary Raffray mit, die sich unter dem Namen „Buttercup Kennedy" im Hotel registrieren ließ, was Wallis später sehr erheiterte. In England kursierte damals das geflügelte Wort: „Are you married? Or do you live in Bray?"

Kein Traumschiff

Wallis verfasste den für eine Scheidung notwendigen formellen Brief an ihren Rechtsbeistand: Sie habe von der Untreue ihres Ehemannes erfahren und könne mit diesem nicht länger unter einem Dach zusammenleben. Er sei ein Ehebrecher, daher wolle sie die Scheidung. Ernest verließ die Wohnung am Bryanston Court und zog in seinen Guard's Club. Edward atmete auf. Endlich tat sich etwas. Er begab sich nun wohlgemut mit Wallis in die Sommerferien.

Der König von England hatte eine Jacht gemietet, die „Nahlin", mit der seine Reisegesellschaft die dalmatinische Küste entlang in Richtung

Griechenland segeln wollte. Unter den Gästen befanden sich die allgegenwärtigen Rogers, gewissermaßen als Wallis' „Personenschutz". Die auf dem Schiff vorhandene Bibliothek wurde ausquartiert und in den Raum stattdessen eine gut bestückte Bar eingebaut. Edward sonnte sich oben ohne an Deck, lief in Shorts an den Stränden herum und saß auf griechischen Inseln in der Badehose im Kafenion. Die Einwohner waren begeistert, die mitreisenden Berater entsetzt. Auf der Adriainsel Korčula (heute Kroatien) organisierten einige Bauern einen Fackelzug für Edward und Wallis und ließen das Liebespaar hochleben. Doch Prinzessin Olga, die Ehefrau des Königs Paul von Jugoslawien, weigerte sich, die Amerikanerin zu empfangen. In der Türkei machte Edward den gravierenden Fehler, die Soldatenfriedhöfe des Ersten Weltkrieges auf der Halbinsel Gallipoli nur zusammen mit Wallis aufsuchen zu wollen. Dort liegen über 100.000 Gefallene, hauptsächlich aus Australien, Neuseeland und Tonga. In der Heimat tobten Adel und Establishment aufgrund der Pietätlosigkeit des Monarchen.

Das böse Erwachen nach dem misslungenen Kreuzfahrttraum stellte die Beziehung zwischen Englands König und seiner Begleiterin auf eine neue Stufe. Während Edward seine Funktionen in London wieder antrat, beendete Wallis die Urlaubsreise in Paris, wo ein dicker Stapel Post von Tante Bessie sie erwartete: Zeitungsausschnitte aus der US-Presse beschrieben detailreich das sommerliche Schiffsvergnügen von „Queen Wally" aus Baltimore. Sie war nun die bekannteste Frau der USA, der Ton der Artikel war sarkastisch bis unverschämt: „The Yankee at King Edward's Court", frei nach Mark Twain. Die europäische Presse zog nach dem Love-Boat-Auftritt im Mittelmeerraum geschäftstüchtig mit. Nur die britischen Journalisten taten so, als gäbe es für ihren Herrscher keine Heiratskandidatin. Über das Privatleben der Royals durfte kein Wort nach außen dringen.

Bei Wallis meldeten sich die altbekannten Beschwerden im Bauchraum, zusätzlich litt sie an hohem Fieber. Im Pariser Hotelbett überlegte sie erstmals ernsthaft, was zu tun sei. Die Scheidung war eingereicht. Sollte sie das Schriftstück zurückziehen? Edward würde es nicht zulassen. Er wollte sie heiraten. Aber was wollte sie? Königin von England werden – vielleicht früher einmal; jetzt nicht mehr. Früh aufstehen, christliche Schulen und Krankenhäuser eröffnen, Reden vor Kindergartenkindern halten, wohltätigen

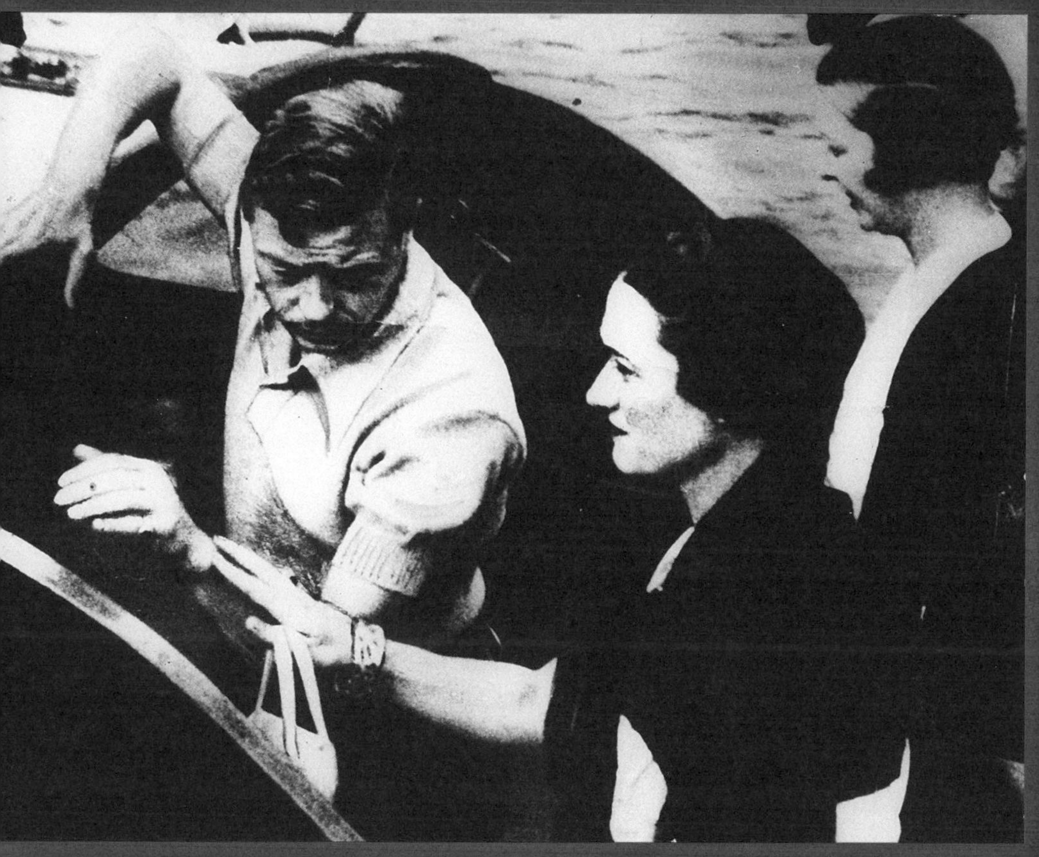

Das Foto, das die Welt veränderte. Zeitungsleser in aller Welt fragten sich: Wer ist diese völlig unbekannte Frau, die so selbstverständlich ihre Hand auf den Arm des Königs legt? Man wusste: Niemand durfte den Monarchen in der Öffentlichkeit berühren.

Solche Fotos hatte man von einem englischen König noch nie gesehen: Edward VIII. in Bermudas, Wallis mit eng anliegender Badekappe und ihre Tante Bessie aus Amerika in einem etwas altmodischen Badekostüm samt Sonnenhut genießen einen Strandausflug während der „Nahlin“-Kreuzfahrt im Sommer 1936.

Engländerinnen die Hand schütteln, Tag für Tag, das ganze Leben lang: Wallis verspürte nicht die geringste Lust dazu. Die Last der Verantwortung, die Zwänge des Hoflebens, von denen Edward unablässig sprach – es war definitiv keine Option. Was hatte ihre Mutter Alice immer gesagt? „Du bist nie zufrieden mit dem, was du hast oder was du geworden bist." So war es; der „Montague-Fluch", wie sie es nannte.

Balmoral

Edward erwartete Wallis bereits sehnsüchtig auf dem schottischen Schloss Balmoral, wo sich die Königsfamilie traditionell im Sommer versammelte. Sie sollte dort als Hausherrin – sprich mehr oder weniger: Königin – auftreten, die Gäste empfangen, alles organisieren. Sie schrieb einen „Es liegt nicht an Dir, sondern an mir"-Brief an den König, mit dem sie die Beziehung zu beenden gedachte. Die Zeitungsberichte über ihre Vergangenheit, ihre Affären und Scheidungen etc. hätten ihr die Augen geöffnet. Ihr Ruf sei vollkommen ruiniert. Sie hege Bedenken und Befürchtungen, was ihre gemeinsame Zukunft betreffe: „Ich bin sicher, zusammen würden wir nur ein Desaster verursachen. Ich möchte, dass Du glücklich bist. Ich weiß, ich kann Dich nicht glücklich machen und ich glaube auch ganz ehrlich, Du kannst mich nicht glücklich machen." Sie habe beschlossen, zu Ernest zurückzukehren, falls er sie noch wolle.

Wallis hatte mittlerweile auch begriffen, dass heftige Zerwürfnisse zwischen dem Premierminister, der Regierung und dem König direkt in Edwards Abdankung münden könnten. Sie plante, das geflossene Geld an die Krone zurückzuerstatten. Doch all diese Bemühungen – sofern sie ehrlich gemeint waren – kamen zu spät. Edward drohte, sich zu erschießen, sollte Wallis nicht in kürzester Zeit in Balmoral aufschlagen: „Du musst verstehen, ich liebe Dich als Ganzes, auf jede Art und Weise, Wallis. Verrückt, zärtlich, anbetend und mit Bewunderung und Vertrauen", bettelte der König. Wallis bettelte ebenso, und zwar bei Herman und Katherine Rogers, sie müssten sie – bitte, bitte – auf jeden Fall nach Schottland begleiten. Sie getraue sich nicht allein in die Höhle des Löwen. Ein Glück, dass die Rogers nie etwas zu tun hatten.

Edward holte Wallis in Kilt und Schottenmütze in Aberdeen am Bahnhof ab. Er trug eine modische Autofahrerbrille, weil er sich einbildete, so nicht

Ein Sommer auf Balmoral:
König Edward (erster von links) empfängt seine Gäste im Highlands-Look.
Mit dabei unter anderen die aus Frankreich angereisten Freunde seiner Freundin,
Herman und Katherine Rogers (zweiter von links bzw. vierte von rechts) sowie –
unfreiwilligerweise - Wallis (dritte von rechts)

erkannt zu werden. Selbstverständlich wurde er augenblicklich von einem Pressefotografen abgelichtet, was umso blamabler war, da er zur selben Zeit ein Spital in Aberdeen eröffnen sollte. Edward schickte Bruder Bertie samt Ehefrau Elizabeth als Vertretung dorthin – er selber sei ja in Hoftrauer. Aha – sein Bruder aber nicht?, fragte sich ganz Schottland. Am nächsten Tag konnte man auf einer Hausmauer in Aberdeen lesen: „Nieder mit der amerikanischen Hure!" Schuld an der Misere war natürlich Wallis, nicht der König. Trotzdem, in Schottland brauchte er sich so schnell nicht mehr blicken zu lassen.

In Queen Victorias Schloss tat Elizabeth so, als sei die Gastgeberin Luft. Wallis streckte ihr die Hand zur Begrüßung entgegen, doch die königliche Herzogin marschierte schnurstracks an ihr vorbei und verkündete: „Ich bin gekommen, um mit dem König zu speisen."

Reno

Zwei Wochen später übersiedelte Wallis in die Küstenstadt Felixstowe in der Nähe von Ipswich, ähnlich wie vor zehn Jahren, als sie für ihre erste Scheidung nach Warrenton ziehen musste. Es war Edwards Einfluss zu verdanken, dass die Gerichtsverhandlung in Ipswich stattfinden konnte, um Wallis die riesige Aufmerksamkeit, mit der sie in London bereits allerorten bedacht wurde, zu ersparen. Doch auch Ipswich war ein berühmter Ort. Eine Schlagzeile in der US-Presse lautete: „King's moll Reno'd in Wolsey's hometown." (Liebchen des Königs in Wolseys Heimatstadt geschieden.) Reno/Nevada hatte in den 1930er-Jahren noch nicht den Ruf als jene Stadt, in der Johnny Cash einen Mann erschossen haben wollte, nur um ihn sterben zu sehen. Reno galt als US-Scheidungsmetropole. Auch die Anspielung auf Kardinal Thomas Wolsey war wenig schmeichelhaft für Wallis. Der in Ipswich geborene katholische Kardinal galt im 16. Jahrhundert einige Jahre lang als der mächtigste Mann Englands. Das amerikanische Blatt implizierte demgemäß, die wahre Macht hinter der Krone hieße Wallis Simpson.

„Your Grace" Cosmo Lang, der Erzbischof von Canterbury, goss Öl ins Feuer: Eine Heirat des Königs mit der zweifach geschiedenen Mrs. Simpson würde die Grundfesten der Church of England erschüttern. Er sei nicht sicher, ob er Edward unter diesen Umständen zum König salben könne. Auch in den Dominions regte sich harscher Widerstand: Kanada, Australien und

Neuseeland taten unmissverständlich kund, sie wünschten keine „Queen Wally". Der australische Vertreter erklärte rundheraus, Australien würde das Empire verlassen, sollte Wallis Königin werden. Dem englischen Parlament und dem Regierungskabinett spielten solche Aussagen in die Hände. In England kommt eine Uneinigkeit zwischen dem König und seiner (!) Regierung einem nationalen Erdbeben gleich, das eine politische Explosion verursachen könnte, auf die sogar Guy Fawkes stolz gewesen wäre. Am Guy Fawkes Day (5. November) 1936 sollen unter den informierten Aristokraten und Politikern mehr Wallis-Simpson- als Guy-Fawkes-Puppen verbrannt worden sein. Der König gegen sein Land – repräsentiert durch Parlament und Regierung. Mehr hatte England nicht gebraucht. Obwohl rein juristisch gesehen eine Heirat Edwards mit Wallis Simpson nach deren endgültiger Scheidung möglich gewesen wäre: Genau so geht „Verfassungskrise".

Einige Hardliner im Beamtenapparat redeten die kurz bevorstehende Spaltung des Landes herbei. Eine „Partei des Königs" unter Führung von Winston Churchill sei im Entstehen begriffen und der Faschistenführer Oswald Mosley werde diese aufgrund der Deutschfreundlichkeit des Königs unterstützen. Tatsächlich demonstrierten Mosley-Anhänger für Edwards Verbleib auf dem Thron und trugen Plakate mit Aufschriften wie „Hands off our king!" oder „We want Edward!".

Das Empire schlägt zurück

Edward verstand die Kräfte, die sich gegen ihn formierten, nicht. Sein Charme, seine Popularität als Prinz von Wales, die vielen Reisen im Dienst des Empire, die Entbehrungen, die Streitereien mit seinem Vater – das konnte doch nicht alles umsonst gewesen sein! Eine so persönliche Angelegenheit wie die Wahl seiner Braut, das musste ihm sein Land doch gönnen. Die Antwort aber war ein klares Nein. Wallis wusste über die – ungeschriebene – Verfassung des Vereinigten Königreiches gar nichts. Sie glaubte, ihr Freund sei eine Art Märchenfigur, unwiderstehlich reich und grenzenlos mächtig. Ein König, der der Regierung Befehle erteilen oder gar gegen die Volksvertretung

Der britische Aristokrat und Faschistenführer Oswald Mosley, dessen Partei etwa 50.000 Mitglieder hatte. Er und seine Anhänger unterstützten Edward öffentlichkeitswirksam, hauptsächlich aufgrund der Deutschfreundlichkeit des Monarchen.

regieren könne. Das Gegenteil war der Fall. Ihre Fehlinterpretation beruhte darauf, dass Wallis eine rein symbolische Amtsbefugnis mit realpolitischer Macht verwechselte.

Wallis riet Edward, doch eine Radioansprache zu halten, wie es der US-Präsident Roosevelt mit seinen „Fireside Chats" gerne tat. Er solle sich direkt an die Bevölkerung wenden, um seine Gefühle und Beweggründe zu erläutern. Einen König von England und einen Präsidenten der Vereinigten Staaten von Amerika trenn(t)en aber Lichtjahre, was ihre Befugnisse anbelangt(e). Edward hätte Baldwin das Manuskript vorlegen und die Zustimmung seiner Minister einholen müssen – die er niemals bekommen hätte. In ihrer Not suchte die zeitlebens abergläubische Wallis eine amerikanische Society-Astrologin in London auf, die ihr verkündete, die „Bande der Liebe" seien „sicher und fest". Eine Hochzeit im Sommer des Jahres 1937, im August oder September sei wahrscheinlich. Wallis hätte sich an den Rat der Dame halten sollen, denn da wäre zumindest die Krönung vorüber gewesen.

Auch Winston Churchill, der Edward (noch) wohlgesinnt war und ihn fast wie einen auf Abwege geratenen Sohn behandelte, riet zum Zeitgewinn. Die Deutschfreundlichkeit seines „Schützlings" teilte er allerdings absolut nicht, im Gegenteil, er rief seine Landsleute seit Jahren dazu auf, mehr in die Verteidigung zu investieren, da man auf einen Angriff der Nationalsozialisten gefasst sein müsse. Viele beschimpften ihn als Kriegshetzer, doch er sollte recht behalten. Wie ein Großteil der Staatsmänner in den 1930er-Jahren betrieb Churchill eine nationalistische Politik, betrachtete es zum Beispiel als Unglück, wenn man nicht als weißer Engländer zur Welt gekommen war; unter „Pech" fiel es auch, war man Slawe oder Jude.

Premierminister Stanley Baldwin erhöhte indessen den Druck auf den König: Sollte Edward in der Heiratsfrage Anzeichen einer Hinhaltetaktik zeigen, werde die Regierung dies nicht dulden. Es sei alles daran zu setzen, die Krise vor Weihnachten 1936 zu bereinigen. Die Börsenkurse reagierten bereits negativ auf die noch immer nicht öffentlich bekannt gemachte angespannte Situation. Das rief weitere Gegner Edwards auf den Plan: Er zerstöre das für die Wirtschaft wichtige Weihnachtsgeschäft. Die Schlinge zog sich immer enger zu. Und wer wusste, wie lange die Presse noch stillhalten würde?

Winston Churchill kannte Edward schon sein ganzes Leben lang und versuchte, ihn auf dem Thron zu halten. Von Wallis hielt er nichts und war überzeugt, dass sie bald Geschichte sein würde. Während des Zweiten Weltkriegs revidierte Churchill gründlich seine einstmals positive Meinung über Edward.

Sobald Wallis' Name in den britischen Zeitungen aufscheinen würde, würde die öffentliche Meinung sie nach Strich und Faden fertigmachen. Davor schreckte Edward am meisten zurück. Als es nichts wurde mit der Radioansprache, empfahl Wallis einen New Yorker PR-Guru, der Edwards Sache vertreten solle. Der König hörte sich das alles an, doch es machte für ihn keinen Unterschied. Er wollte einfach nur abdanken und heiraten. Bald würden weder Kristallkugeln noch amerikanische Consultants etwas für das in die Enge getriebene Paar tun können.

Der „König des Volkes"

Mitte November 1936 traf im Fort Belvedere der berüchtigte Brief von Edwards Privatsekretär Alec Hardinge ein, der ihm offenbar nicht persönlich sagen wollte oder konnte, was demnächst geschehen werde. Hardinge, ein Vertrauensmann von George V., verabscheute Edward und Wallis sowieso. Er teilte in geschäftsmäßigem Ton mit, dass die Schweigeabsprache zwischen Edward und dem Zeitungszaren Lord Beaverbrook – dem es vor allem um die Aushebelung des ihm verhassten Premiers Baldwin ging und kaum um das private Glück Edwards, doch wie so oft hatte Edward vor den Tatsachen die Augen verschlossen – nicht länger halten werde. Seitenfüllende Berichte über Mrs. Simpson samt Porträtfotos seien in der Fleet Street in Vorbereitung. Hardinge war aber noch nicht fertig. Sollte Edward weiterhin störrisch darauf bestehen, die Amerikanerin zu heiraten, werde die Regierung Baldwin zurücktreten. Das bedeute Neuwahlen, wobei im Wahlkampf die Freundschaft zwischen dem Monarchen und Mrs. Simpson im Zentrum der Debatten stehen würde. Er habe nur eine Empfehlung an seinen König: Mrs. Simpson solle das Land so bald wie möglich verlassen.

Edward war fuchsteufelswild aufgrund der unverhohlenen Impertinenz seines Angestellten, doch er reagierte wie immer in solchen Fällen: Mit Ignoranz. Zwar wollte er Hardinge nicht mehr sehen, doch er blieb auf der königlichen Gehaltsliste. Auch Wallis wollte er keinesfalls von seinem Sekretär vertreiben lassen. Er versuchte es mit „business as usual", eröffnete mit einer von der Presse gelobten Rede das Parlament, inspizierte die Flotte und – besonders wichtig: Er begab sich auf Dienstreise nach Wales, um dort die Bewohner verarmter Bergbauorte und deren Familien zu treffen. Dies waren die einzigen Gelegenheiten, bei denen er seinen repräsentativen Verpflichtungen mit Energie und Freude nachkam. Sie führten ihm aber auch deutlich die Grenzen seines Amtes vor Augen. Die Arbeitslosen und hungrigen Kinder sahen in ihrem König einen Erlöser, wollten ihn berühren, hörten mucksmäuschenstill zu, wenn er mit ihnen sprach. Edward nahm schmutzige Babys auf den Arm und tröstete weinende Mütter. Er zeigte keinerlei Berührungsängste. Die Worte, die er nach seinem Besuch den Journalisten sagte, gingen um die Welt: „Something must be done!" Seine Gegner empfanden dies bereits als Einmischung in das politische Tagesgeschäft, was einem König von England strikt untersagt ist. Aber sogar seine wenigen Unterstützer fragten: Und was genau soll getan werden, bitte? Denn konkrete Vorschläge zur Zurückdrängung von Arbeitslosigkeit und Elend konnte Edward nicht vorbringen.

„Die größte Story seit der Auferstehung!"

Nach der Rückkehr aus Wales traf Edward fast täglich zu Beratungen mit Churchill zusammen, der ihm helfen wollte, „Cutie", wie er Wallis nannte, ohne Staatskrise zu heiraten, wenn auch nicht in absehbarer Zeit. Er meinte, Edward gut zu kennen; wie ihre Vorgängerinnen würde Wallis längst in der Versenkung verschwunden sein, bevor man überhaupt einen konkreten Hochzeitstermin ins Auge fassen könnte. Insgeheim war er absolut nicht bereit, sich eine „Queen Cutie" auch nur vorzustellen. Sein Rat vorerst lautete: Abwarten und Tee trinken. Alles werde sich zu gegebener Zeit in Wohlgefallen auflösen. Churchill irrte sich.

Zu Edwards größtmöglicher Ermüdung erschien jeden zweiten Tag Baldwin im Buckingham Palace bzw. im Fort Belvedere, um den König über die neuesten politischen Entwicklungen zu informieren. Er versuchte auch, mit ihm Möglichkeiten auszuloten, Monarch zu bleiben und gleichzeitig die Krise abzuwenden. In Wahrheit hatte sich Edward alle Schwierigkeiten selbst zuzuschreiben. Wallis war nicht frei für ihn. Das zweite, endgültige Scheidungsdekret würde erst im Frühjahr 1937 eintreffen, wenn überhaupt. Falls jemand herausfände, dass es sich um eine abgesprochene – also im Grunde

Wallis – die öffentliche Frau.
Das gesamte britische Empire beschuldigte die Amerikanerin, dem beliebten König Edward VIII. den Thron „gestohlen" zu haben.

genommen illegale – Scheidung handelte, würde Wallis verheiratet bleiben. Es hatte überhaupt keinen Sinn, jetzt, im November 1936, ständig von einer unmittelbar bevorstehenden Hochzeit zu reden. Am vernünftigsten – aus Edwards Perspektive – wäre es gewesen, Wallis außer Landes reisen zu lassen (nichts lieber als das hätte sie getan), gar nicht mehr von einer Heirat zu sprechen, sich im Mai 1937 als Junggeselle krönen zu lassen und dann in aller Ruhe mit Unterstützung der Berater Churchill und Monckton Thron und Braut unter einen Hut zu bringen. Doch die panische Ungeduld Edwards machte alle Bemühungen der wenigen ihm wohlgesinnten Männer zunichte. Edward schien zu ahnen, Wallis würde endgültig Reißaus nehmen, wenn man ihr die Möglichkeit dazu gab.

Und dann rollte die Presselawine los. Am 3. Dezember 1936 brachten sämtliche Zeitungen Englands reich bebildert die Ballade von Edward und Wallis auf Seite eins. Den Vogel schoss ein Blatt aus Wallis' Heimatstadt Baltimore ab: „The Greatest Story since the Resurrection!" Dagegen die staatstragende, altehrwürdige „Times": „Schwere Krise". Wallis hatte keine Ahnung, wie die komplizierten Machtverhältnisse im englischen Parlament zu bewerten waren. Aber sie wusste, wie man die eigene Haut rettete und wie man Edwards starre Ansichten verändern konnte – bis zu einem gewissen Grad. Er erlaubte nun, dass sie sich aus der Schusslinie nahm und nach Cannes zu den Rogers fuhr, die angeboten hatten, sie unterzubringen. Slipper blieb im Fort zurück. Der Hund ruhte auf Edwards Arm, als dieser Wallis zwischen Tür und Angel beschwor: „Du musst auf mich warten, egal, wie lang es dauert. Ich werde dich nie aufgeben." Perry Brownlow, ein Freund des Königs aus anderen Zeiten, klimperte bereits ungeduldig mit dem Autoschlüssel. Zu Wallis' zahllosen Ängsten gehörte auch die vor Flugreisen. Als Ex-Ehefrau eines Navy-Piloten wusste sie vielleicht zu viel über Probleme, die während eines Fluges auftreten konnten. Sie stieg also zu Brownlow ins Auto.

Die beiden reisten inkognito als Mr. und Mrs. Harris, doch leider handelte es sich bei dem Wagen um Edwards Buick, eine US-Marke, die in Frankreich kaum jemand fuhr und die daher die Blicke von Fans privater Motorisierung magisch auf sich zog. Zu allem Überfluss lautete das Kennzeichen CUL 547. Cul bedeutet auf Französisch 1.) Hintern und 2.) gilt es als Slang-Wort für Sex-Affären aller Art. Das Fahrzeug, in dem Wallis sich verstecken wollte, war sogleich eine Pressesensation. Jedem fiel es auf, die Route wurde an Journalisten weitergegeben und von Dieppe bis Cannes wurden Brownlow und seine Begleiterin ununterbrochen verfolgt. Das Wetter war schlecht, Regen,

Nebel und Schnee behinderten die Sicht. Beinahe wäre der Buick verunfallt. Nach der Nächtigung in einer Auberge musste Wallis einmal aus dem Klofenster flüchten, da beim Haupt- und Hintereingang Fotografen lauerten. Als die völlig erschöpfte Reisepartie am 5. Dezember 1936 die Villa „Lou Viei" erreichte, kauerte Wallis im hinteren Teil des Wagens und hatte eine Decke über dem Kopf, um nicht abgelichtet zu werden.

Herman Rogers erschrak über dieses sichtliche Gegenteil der properen Perfektion, als deren Inbegriff Wallis im Allgemeinen galt. Er meinte, sie sehe aus wie der Geist eines alten Mönchs, der in der Villa spuke und dem er mehrmals pro Woche begegne. Er wollte die Freundin vielleicht nur ablenken, doch Wallis fürchtete sich sofort vor dem Hausgespenst. Am nächsten Tag überfiel sie erst recht Panik, als sie sich selbst in pinkem Negligé auf den Titelseiten der Côte-D'Azur-Zeitungen sehen konnte. Sie hatte unvorsichtigerweise kurz das Fenster aufgemacht, um Frischluft zu atmen und aufs Meer zu schauen. Diesen Moment hatte die „gefräßige Belagerungsarmee" (Wallis) genutzt, um abzudrücken. Presseleute fanden sich an den unmöglichsten Orten, Herman musste Wallis informieren, dass die Scotland-Yard-Detektive, die sie beschützen sollten, ihre Beobachtungen um gutes Geld an Journalisten verkauften. Wallis heulte vor Verzweiflung und schloss sich in ihrem Gästezimmer ein. Herman Rogers, dem begeisterten Hobbyfilmer, wurde eine Million Francs geboten, sollte er seine Privatfilme von der „Nahlin"-Kreuzfahrt und vom Aufenthalt in Balmoral zur Verfügung stellen. Gut, dass er ein vermögender Mann war, der sich ein „Nein" leisten konnte. Ein Australier schrieb an Wallis, er werde nach Frankreich kommen und ihr eine Kugel in den Kopf jagen. Herman versuchte daraufhin, die täglich verrückter werdenden Drohbriefe aus den riesigen Postbergen, die für Wallis einlangten, auszusortieren. Ein kaum durchführbares Unterfangen.

In London waren die Würfel gefallen. Die britischen Eliten wollten keine Amerikanerin als Königin, die „einfache" Bevölkerung wollte keine Frau, die zweimal geschieden war. Auf dem Land galt Scheidung weithin als „unmoralisch". Dem erfahrenen und geschickten Politprofi Baldwin war es gelungen, die Labour-Opposition und die anderen im Parlament vertretenen Parteien einig hinter sich zu versammeln. Edward hatte als König keine Chance mehr. Herman Rogers blieb vor allem das laute Geschrei von Wallis in Erinnerung, wenn sie mit Edward telefonierte, denn die Telefonleitung nach England war nicht wie die in ein anderes Land, sondern wie auf einen anderen Planeten: „Danke nicht ab! Überstürze nichts! Hör auf deine Freunde!"

Edwards Entscheidung hatte jedoch mit Wallis nur mehr wenig zu tun. König hatte er nie werden wollen. Seit Jahrzehnten versuchte er, aus den familiären Zwängen auszubrechen. Wallis war nur der Anlass. Obwohl es in vielen Büchern über das britische Dreikönigsjahr 1936 heißt, Edward habe Wallis gehorcht wie ein Hündchen: In diesem, vielleicht wichtigsten Fall tat er es nicht. Wallis brüllte in den Hörer: „Abzudanken wäre eine Tragödie für dich und mich würde es für immer zerstören." Jeder würde sagen, der König habe ihretwegen auf den Thron verzichtet. Ein paar Tage noch und sie war die meistgehasste Frau der Welt.

Doch Edward ging stur seinen Weg, taub für die Ratschläge seiner Freunde, taub für das Flehen von Wallis.

Sie startete eine letzte Rettungsaktion und ließ folgendes Statement über die Medien verbreiten:

„Mrs. Simpson hat in den vergangenen Wochen immer versucht, alle Handlungen und Vorschläge zu vermeiden, die Seiner Majestät oder dem Thron Schaden zufügen könnten. Ihre Ansicht ist bis heute unverändert und sie möchte, sollte dieser Schritt das Problem lösen können, sich von einer Situation zurückziehen, die unglücklich und untragbar zugleich geworden ist."

Sie war auch bereit, das Scheidungsprocedere zu stoppen und mit Ernest verheiratet zu bleiben. Doch als sie Edward endlich erreichte, um ihn darüber in Kenntnis zu setzen, gab jener den Hörer wortlos an seinen Anwalt weiter. Dieser teilte ihr mit, das Abdankungsdokument sei bereits aufgesetzt. Das Telefon der Rogers wurde abgehört und so ist ihre Reaktion von der französischen Sûreté nationale verbürgt: „You god-damned fool!"

Fatale Täuschungsmanöver

Wallis und Edward täuschten einander in diesen vielleicht zentralsten Tagen ihres Lebens. Wallis wollte weit weg, nach China, wo sie meinte, es gäbe noch ein paar alte Bekannte, die sie aufnehmen würden. Edward wollte sein Amt niederlegen und Wallis um jeden Preis heiraten. Später behauptete Wallis, Edward habe ihr nie einen formellen Antrag gemacht. Wohlweislich, denn er

Daily Express

TODAY'S WEATHER: MILDER. RADIO PROGRAMMES: PAGE 23.

No. 11,409 TUESDAY, DECEMBER 8, 1936 ONE PENNY

Mrs. Simpson Authorises Dramatic Statement From Cannes

I AM WILLING TO WITHDRAW

f Such Action Would Solve The Problem

LATEST NEWS
Telephone: Central 8000

ORD BROWNLOW READS SIGNED DOCUMENT

Situation Which Has Become Both Unhappy And Untenable'

Daily Express Staff Reporter

CANNES, Monday Night.

Mrs. Simpson is "willing, if such action would solve problem, to withdraw forthwith from a situation at has been rendered both unhappy and untenable."

Her offer is made in a statement signed by Mrs. Simpson herself ch Lord Brownlow, Lord-in-Waiting to and close friend of the King, d to a Press Conference in the Hotel Majestic, Cannes, tonight. The ement said:—

"Mrs. Simpson, throughout the last few weeks, has invariably wished to avoid any

Mrs. Simpson

Von Frankreich aus unternahm Wallis einen letzten, verzweifelten Versuch, Edward die Abdankung auszureden. Doch als diese Zeitung gedruckt wurde, war das Abdankungsdokument bereits aufgesetzt.

musste damit rechnen, dass sie ablehnte. Er sei einfach davon ausgegangen, dass sie ihn heiraten wolle. Das war aber nie ihre Absicht. Der König benutzte sie, um das verhasste „Princing" ein für alle Mal los zu sein. Er hatte nie verstanden, dass seine Herkunft und sein Beruf die einzigen Dinge waren, die Wallis an ihm schätzte.

Im Dezember 1936 versuchte Wallis nur noch sich selbst und ihren Ruf zu retten. An Edward hatte sie jedes Interesse verloren. Er jedoch wollte sie an sich binden, da er fühlte, sie war auf dem Sprung. Das stimmte, gesagt hat sie es ihm aber nie. Man kann annehmen, dass Wallis vielleicht eine Zeit lang den Top-Job wollte: Königin von England. Zum Zeitpunkt der „Verfassungskrise" jedoch nicht mehr. Die Ehe der Windsors fußte von Anfang an auf Unwahrheiten und (Ent-)Täuschungen. Bei Wallis war es schon lange zu einer unüberwindlichen Ernüchterung und Entzauberung gekommen, die ihr den Alltag vergällten. Edward musste gespürt haben, dass die Frau, mit der er unbedingt den Rest seines Lebens verbringen wollte, ihn nicht liebte. Er setzte all seine Hoffnungen darauf, die Liebe werde kommen, müsse kommen, wenn er auf Wallis' Seite stand. Doch er tat meistens das Falsche – etwa abzudanken.

Wallis wurde eine Projektionsfläche kollektiver Imaginationen. War sie eine „Irre"? Ein Opfer? Um den medial verbreiteten Zerrbildern etwas entgegenzusetzen, empfing Wallis in Cannes einen amerikanischen Journalisten des Hearst-Pressekonzerns, um ihre Sicht der Dinge klarzustellen. Heute existieren Hinweise, wonach Wallis und auch Ernest Simpson während des gesamten Jahres 1936 US-Mitarbeitern der Hearst-Presse unter der Hand und gegen sehr hohe Summen Informationen zum jeweils aktuellen Stand der Beziehung zwischen Wallis und Edward zukommen ließen. Für ein gutes Auskommen waren dem Noch-Ehepaar Simpson viele Mittel recht gewesen. Dass es ein Hearst-Journalist war, der nun eine ausgebrannte, schwer mitgenommene Wallis in einem streng geschnittenen, dunkelblauen Kleid zu sehen bekam, die ihm gegenüber auf dem Sofa Platz nahm, dürfte kein Zufall gewesen sein: Mrs. Simpson, die Frau, über die die ganze Welt am meisten sprach.

Als Erstes fiel dem Redakteur ein breites „silbernes" Armband auf, „mit großen Steinen", das er für „Modeschmuck" hielt. Es war sicher aus Weißgold und bestimmt waren die Steine echt. Auch die großen Hände seiner Interviewpartnerin waren ihm einen Kommentar wert: „Tüchtige Hände", erkannte er. Ansonsten war sein Eindruck der „eines kleinen Mädchens, das

Broschenkönigin Wallis Windsor:
Keine Frau trug so riesige und wertvolle Broschen wie die Frau des Ex-Königs von England.
Auf einer schlichten Bluse in Wallis' Lieblingsfarbe Blau prangt ein vielfarbiges Edelstein-Bukett.

herangewachsen, weise geworden war. Ein kleines Mädchen, dem man seine Puppe weggenommen hat. Sie zerstörten die Puppe vor ihren Augen und warfen mit den Teilen herum."

Am nächsten Tag, dem 11. Dezember 1936, wurde Edwards berühmt gewordene Abdankungsrede weltweit ausgestrahlt. Große Teile davon entsprachen seinem Entwurf für die von Wallis empfohlene Radioansprache, die er nicht hatte halten dürfen. Der gewiefte Rhetoriker Churchill habe noch einige stilistische Verbesserungen hinzugefügt, wie Edward später berichtete. Der Ex-Monarch sprach davon, dass die Abdankung seine Entscheidung gewesen sei und seine allein. Das stimmte sogar. Er sehe sich ohne Wallis nicht in der Lage, sein Amt in Zukunft so auszuüben, wie er es für richtig halte. „Die Frau, die er liebte" lag in der Villa „Lou Viei" auf der Chaiselongue, hörte zu und heulte Rotz und Wasser. Die Rogers verließen das Zimmer, sie sahen sich nicht in der Lage, Wallis zu trösten. Mary Raffray, die bald die dritte Mrs. Simpson werden würde, schrieb an ihre Schwester in Amerika: „Was für eine Aufregung, die wir hier durchleben! Es scheint unglaublich, aber der König hat tatsächlich abgedankt! Es gibt viel Bitterkeit gegen ihn und die Gefühle gegen Wallis sind fürchterlich."

Virginia Woolf, Schriftstellerin und Feministin, ging am 12. Dezember – Edward saß bereits im Zug nach Österreich – Lebensmittel einkaufen und natürlich wurde auch in der kleinen Greißlerei in Bloomsbury nur über das Thema Nummer eins gesprochen. Die junge Verkäuferin erklärte ihrer Kundin: „Das ist doch klar, dass wir nicht irgendeine Simpson-Frau als Königin haben können. Die ist ja nicht königlicher als Sie. Oder ich." Der Autor Osbert Sitwell, bestimmt kein Fan von Edward und Wallis, beschrieb die in London vorherrschende Stimmung, als die falschen Freunde des gestürzten Paares und die Sykophanten Reißaus nahmen und sich zukunftsträchtigeren Förderern zuwandten:

Where are the friends of yesterday
That fawned on Him,
That flattered Her;
Where are the friends of yesterday,
Submitting to His every whim,
Offering praise to Her as myrrh
To Him?

What do they say, that jolly crew?
Oh… her they hardly knew,
They never found her really nice
(And here the sickened cock crew thrice) …

„Your Grace" Cosmo Lang, der Erzbischof von Canterbury, konnte seine Euphorie über Edwards schmachvollen Abgang nicht zurückhalten und predigte anklagend, der König habe sein privates Glück über seine staatlichen Pflichten gestellt. Besonders verwerflich sei es, dass er dieses Glück „inmitten einer Gruppierung gesucht hat, die mit den christlichen Eheprinzipien nicht übereinstimmt und deren Standards und Lebensweisen unseren guten Instinkten und Traditionen fremd sind." Das war selbst manch scharfem Kritiker Edwards zu viel; ein Satiriker veröffentlichte diese Verse:

My Lord Archbishop, what a scold you are
And when a man's down, how bold you are
Of Christian charity, how scant you are
You old Lang swine, how full of Cantuar.

„Swine" Langs Worte richteten sich direkt gegen Wallis: Sie war geschieden, stimmte also „mit den christlichen Eheprinzipien" nicht überein; und sie war Amerikanerin – „unsere guten (= britischen, Anm.) Instinkte und Traditionen" mussten ihr demnach „fremd" sein. Edward erfuhr in Enzesfeld von der Predigt und war so schockiert, dass er daran dachte, „Your Grace" auf Rufschädigung zu klagen, doch seinen Anwälten gelang es mit etwas Aufwand, ihn zu beschwichtigen. Die Journalisten, bemüht, den Übergang von Edward VIII. zum neuen König George VI. friedvoll und der vorweihnachtlichen Stimmung entsprechend zu kommentieren, brachten einen Bericht über eine walisische Familie, deren siebenjährige Tochter so zitiert wurde: „Mummy, ist es nicht schön, dass wir wieder eine königliche Familie haben?"

Bestimmt nicht Mary Raffray, aber andere Frauen aus Wallis' Umfeld konnten Verständnis für die missliche Lage der Braut in spe aufbringen, für die sie dennoch selbst mitverantwortlich war. Constance Coolidge sagte zu einer Freundin: „Kannst du dir ein schrecklicheres Schicksal vorstellen, als eine Liebeslegende leben zu müssen, die man nicht fühlt? Den ganzen Tag, von morgens bis abends, einen Buben mittleren Alters sehen zu müssen, der

Edward während seiner Abdankungsrede, die bis in die entlegensten Winkel des Empire übertragen wurde.

INSTRUMENT OF ABDICATION

I, Edward the Eighth, of Great Britain, Ireland, and the British Dominions beyond the Seas, King, Emperor of India, do hereby declare My irrevocable determination to renounce the Throne for Myself and for My descendants, and My desire that effect should be given to this Instrument of Abdication immediately.

In token whereof I have hereunto set My hand this tenth day of December, nineteen hundred and thirty six, in the presence of the witnesses whose signatures are subscribed.

SIGNED AT
FORT BELVEDERE
IN THE PRESENCE
OF

Edward R I

Albert

Henry.

George.

Das von Edward und seinen drei Brüdern unterzeichnete Abdankungs-Schriftstück.

keinen anderen Lebenszweck sieht als eine obsessive Leidenschaft für dich?“ Thelma, die mit wachsendem Horror der Abdankungsrede ihres Ex gelauscht hatte, verlieh ihren Empfindungen Ausdruck: „Wenn ich jeden Morgen aufwachen und ihm ins Gesicht blicken und daran denken müsste, dass ich es bin, für die er sein Volk, sein Land, sein Leben aufgegeben hätte …“

Die emotionale Lage in Wallis’ US-Heimat fasste die Journalistin und Freundin der lesbischen First Lady Eleanor Roosevelt, Lorena Hickok, folgendermaßen zusammen: „Mrs. Simpson tut mir leid. Sie wird nun einen schrecklichen Job haben. Was wird er tun mit sich, all die Jahre, die vor ihm liegen? Er ist erst in den frühen Vierzigern. Ob sie es schafft, ihn glücklich zu halten? Er wird das noch nicht wissen, aber ich habe Sorge, dass sehr schlechte Zeiten vor ihm liegen.“ Wallis’ alte Rivalin Courtney Letts de Espil durchschaute die Konstellation vorbildlich: „Sie werden kein Land haben und er keinen Job. Kann eine Liebe existieren und sich von diesem schalen Speiseplan nähren? Denn Edward ist nicht mehr König. In Wallis’ Augen kann er nur ein armer, schwacher Mann sein, der alles weggegeben hat, ganz von ihr abhängig ist.“

„Cake“

Ab sofort wurde Edward mit „Seine Königliche Hoheit, der Herzog von Windsor“ angesprochen. Die Königinnenkrone an der Seite von Bertie trug Elizabeth Bowes-Lyon, von den bekannten Mitford-Schwestern gerne „Cake“ genannt. Elizabeth war nach dem Ersten Weltkrieg selbst in Edward verliebt gewesen und wurde wiederholt an seiner Seite gesehen. Doch der ersehnte Heiratsantrag wollte nicht kommen und so erhörte die schottische Adelige, die in puncto Ehrgeiz Wallis um nichts nachstand, das schüchterne Werben von Edwards jüngerem Bruder Bertie. In die Königsfamilie einheiraten wollte sie um jeden Preis – auch wenn sie den Traum, Queen zu werden, (vorläufig) zu Grabe trug. Hätte ihr bei der Hochzeit 1923 jemand gesagt: „In 13 Jahren bist du Königin“ – sie hätte wohl nur gelacht. Wallis hielt die kleine, etwas rundliche Frau von George VI., Mutter der fotogenen Prinzessinnen Elizabeth und Margaret, für unattraktiv und hatte sie wenig ehrerbietig als „that fat Scottish cook“ bezeichnet. „Cookie“ klang da vergleichsweise noch nett und freundlich, war aber keineswegs so gemeint, bezog es sich doch auf die ausladenden, pastellfarbenen Hutkreationen, die „Queen Mum“ bis ins hohe

Sie wollte immer gerne Königin werden, doch er nie König:
Der gehandicapte George VI. und die willensstarke Schottin Elizabeth,
die spätere Queen Mum, übernahmen den Thron Ende 1936.

George und Elizabeth mit den Töchtern Elizabeth (links, später Königin Elizabeth II.) und Margaret.

Alter bevorzugte und die auch die schicken Mitfords zum Totlachen fanden. Der Tiefpunkt in der Beziehung der beiden geltungssüchtigen Frauen war in dem Moment erreicht, als Wallis die von ihr verachtete „Goody-Goodiness", also die überzogene (und oft verlogene) Herzlichkeit der baldigen Schwägerin, im Fort Belvedere einmal grausam parodierte. Elizabeth wurde unfreiwillig Zeugin der Vorstellung, da sie sich gerade im Eingangsbereich des Forts den Mantel abnehmen ließ, was Wallis nicht sehen konnte.

„Frau des Jahres"

„Rache wird am besten kalt serviert", dachte sich die nunmehrige Königin und verbannte alle Leute aus dem Umfeld des Buckingham Palace, die mit dem früheren König oder dessen baldiger Ehefrau auf gutem Fuß gestanden hatten. In Perry Brownlows exklusivem Gentlemen's Club tat man so, als sei er gar nicht vorhanden. Kaum ein Mitglied der High Society hatte Mrs. Simpson je gekannt. Oder? Dafür kannte alle Welt nun Mrs. Simpson. Ihr Konterfei prangte im Jänner 1937 auf dem Cover des „Time"-Magazins, sie war „Frau des Jahres 1936", die erste weibliche Person, der dieser Titel zuerkannt wurde. Der Artikel im Inneren des Blattes bezeichnete Wallis als „24-Karat-Goldgräberin", die schon früh beschlossen habe, „Männer zu ihrem Beruf zu machen. In 40 Jahren erreichte sie den Gipfelpunkt – fast." Gerade in den USA war die Faszination rund um die mysteriöse Frau, für die, so schien es, ein König seinen Thron aufgegeben hatte, gewaltig. „Wallis & Edward"-Bars eröffneten, ein Haus in Baltimore, in dem Wallis eine Zeit lang gelebt hatte, wurde in ein Museum umgestaltet. Neugeborene Zwillinge in Chicago erhielten die Vornamen „Edward Windsor" und „Wally Warfield". Der große Calypso-Hit „Edward the Eighth" brachte den Amerikanern die Abdankungskrise näher:

King Edward was noble, King Edward was great
But it's love that caused him to abdicate …
And he got the money and he got the talk
And the fancy walk just to suit New York …
On the tenth of December 1936
The Duke of Windsor went to get his kicks.
It was love, love alone, which caused King Edward to leave his throne.

TIME

The Weekly Newsmagazine

WOMAN OF THE YEAR

Volume XXIX

The Archbishop of Canterbury: "Truly this has been wonderful."

(See FOREIGN NEWS)

Number 1

Eine muss die Erste sein: Wallis Simpson, „Woman of the Year".
Das einflussreiche US-Nachrichtenmagazin „Time" entschied sich im Jänner 1937 für Wallis als bedeutendste Person des Jahres 1936 und somit als erste Frau auf dem Cover.

Wallis, gefangen in Cannes und belagert von der Presse, wurde immer wütender. Sie fühlte den Strick um den Hals und gab Edward die Schuld daran. Er bot ihr keinerlei Unterstützung an, ging in Österreich Ski fahren. Die gesamten Hochzeitsvorbereitungen, alles musste sie allein auf die Beine stellen – doch Herman Rogers war ja an ihrer Seite. Edward sei mit allem einverstanden, ließ er ausrichten, nur „unvergesslich“ müsste es sein. Oh ja, genau das würde es sein.

Amazing Grace(s)

Bitterkeit, Reue und Zorn hatten von Wallis Besitz ergriffen. Ihre negativen Emotionen wird sie ein Leben lang an ihrem Zukünftigen auslassen. Sie hatte durchaus grausame Seiten, die auf ihre tiefsitzenden Unsicherheiten zurückzuführen waren. Fühlte sie sich in die Enge getrieben, wie in den Monaten bei den Rogers, als niemand sagen konnte, wie es weitergehen würde, gewannen die dunklen Seiten ihres Charakters die Oberhand. Eines Tages teilte ihr Edward aus Österreich brieflich mit, dass er möglicherweise seinen Hosenbandorden verlieren würde, den höchsten englischen Ritterorden. Sie führte ihn daraufhin als jemanden vor, der nie wisse, was Sache sei, und sprach ihn in einem unfreundlichen Brief mit „Liebster Blitzgneißer“ an. Die Voraussetzungen für ein fruchtbares Eheleben waren nie ungünstiger als im Winter 1936/37. Edward kam nicht heraus aus seiner ewigen Entschuldigungslitanei: Alles habe er sich anders vorgestellt, „Du und ich auf dem Thron“, man liege ihnen zu Füßen. Aber: „Die Zugbrücken gehen hoch hinter mir. Ich habe Dich in ein Nichts geführt“, gab Edward in einem Schreiben an Wallis zu.

Die nächste Erniedrigung warf ihre Schatten voraus: Wallis würde nach einer eventuellen Heirat mit dem Herzog von Windsor nicht auch dessen Titel erhalten (wie alle anderen Ehefrauen königlicher Herzöge). Sie realisierte: „Ich sehe, wir haben ein Problem mit einem Namen für mich armes Ding, denn York (der ehemalige Herzog von York, jetzt König George VI., Anm.) will mich nicht zur Her Royal Highness ernennen.“ Der König sowie die Königinnen Elizabeth und Mary sorgten sich, dass die Ehe der Windsors bald wieder Geschichte sein könnte. Edward würde vielleicht nochmals heiraten und dann würden plötzlich mehrere, abgelegte „Ihre Königliche Hoheiten“ herumlaufen. Solchen Zuständen musste man rechtzeitig einen

Riegel vorschieben. Wallis' Wut war erneut entfacht: „Es ist klar, dass York auf Wunsch von ihr (Wallis meinte „Cookie", Anm.) uns nicht das Extra geben wird, mich zur Her Royal Highness zu machen. Das wäre aber die einzige Möglichkeit, mich in den Augen der Welt zu rehabilitieren." Nach außen hin tat Wallis so, als würde sie auf diesen Titel keinerlei Wert legen.

Kurz vor ihrem Hochzeitstag, an dem sie „Your Grace, the Duchess of Windsor", aber keine Königliche Hoheit werden sollte, ereilte Wallis ein weiteres Unglück. Der „wichtigste Gast der Hochzeit", Cairn Terrier Slipper, wurde, so die Braut, im Garten des Schlosses Candé von einer Schlange gebissen und starb. Ein augenblicklich herbeigerufener Tierarzt konnte das Hündchen nicht mehr retten. Wallis war am Boden zerstört. Edward empfahl eine Einbalsamierung, doch der immer praktisch denkende Herman war sofort zur Stelle und wickelte den toten Hund in eine Decke. Er nahm Wallis an der Hand, murmelte besänftigende Worte und hob an einer abgelegenen Stelle im Schlosspark ein Hundegrab aus. Slipper wurde vor den Augen seines schluchzenden Frauchens beigesetzt. Ohne Herman ging einfach nichts. „Seine Ruhe verschaffte mir Sicherheit. Er zog mich aus dem Abgrund der Verzweiflung", schrieb Wallis über ihren Dauerfreund. Man könnte meinen, Herman wäre der zukünftige Ehemann, nicht Edward.

Ablenkung nahte in Gestalt des königlichen Hoffotografen Cecil Beaton, der dieser Tage auf dem Schloss eintraf. Er durfte die offiziellen Hochzeitsbilder machen und führte im Vorfeld ein Gespräch mit Wallis, „einer sehr starken Persönlichkeit", wie er sich ausdrückte. Sicher, sie habe „ihre Grenzen", sei „politisch völlig ignorant" und habe „nicht die geringste Ahnung von Ästhetik. Vom Leben versteht sie aber viel." Weniger Freude rief das Telegramm aus dem Buckingham Palace hervor: „Wir denken mit großer Zuneigung an diesem Eurem Hochzeitstag an Euch und senden Euch alle guten Wünsche für Euer zukünftiges Glück. In Liebe, Elizabeth & Bertie". Wallis hätte das repräsentative Papier am liebsten in der Luft zerfetzt. Der Bräutigam indes erspähte ein Hochzeitsgeschenk ganz nach seinem Geschmack: Einen Klopapierhalter, der „God save the King" spielte. Er war also vorerst beschäftigt.

Third Time Lucky?

Elizabeth und Bertie hatten sämtlichen Familienmitgliedern verboten, bei der „Hochzeit des Jahrhunderts“, so zahlreiche Zeitungen auf der ganzen Welt, anwesend zu sein. Wer trotzdem kam, musste mit Repressalien rechnen. Die wenigsten gingen das Risiko ein. Der frühere König von England gab sein Ja-Wort vor genau sieben englischen Gästen: Seinen Rechtsanwälten Walter Monckton und George Allen; dem akkreditierten Journalisten Randolph Churchill, Sohn von Clementine und Winston Churchill; dem Diplomaten Hugh Lloyd Thomas von der britischen Botschaft in Paris; Dorothy Selby, der Frau des britischen Gesandten in Österreich (ihrem Mann war geraten worden, fernzubleiben); Fruity und Baba Metcalfe. Weiters nahmen an der Feier die Fixpunkte aus Wallis’ Vergangenheit teil: Tante Bessie sowie das Ehepaar Rogers. Kitty und Eugen Rothschild vergaßen kurzfristig ihren Groll und reisten ebenfalls ins Loire-Tal. Schließlich die Schlosseigentümer, Charles und Fern Bedaux, wobei die schlanke Fern bewundernde Blicke auf sich zog: Sie trug das schönste Kleid des Tages, seidene Spitze von Chanel in der neuen Farbe Beige. Wallis’ binnen weniger Stunden weltberühmtes und vielfach kopiertes Hochzeitskleid des amerikanisch-französischen Designers Mainbocher, das ihr auf den Leib geschneidert wurde und sie ihrem Wunsch gemäß unnatürlich dürr aussehen ließ, stand ihr nicht. Das Oberteil wirkte wie ein Herrenhemd, ein typisches Stilmittel Mainbochers, das er auch bei anderen Kreationen einsetzte und das Wallis zusagte. Die Farbe, ein extrem helles Blau, wurde ab sofort „Wallis-Blue“ genannt. Es erzeugte bei der nicht mehr ganz jungen Wallis einen optisch bleichen Teint, wozu der starke Lippenstift noch seinen Teil beitrug. Der wie ein Kinderkäppchen aus der Biedermeierzeit wirkende, heiligenscheinartige Hut von Caroline Rebaux passte, wenn auch modisch auf der Höhe der Zeit, nicht zu Wallis’ Gesicht.

Hochzeitsgast Baba Metcalfe notierte in ihr Tagebuch:

„Ich hatte vergessen, wie unangenehm ihre Stimme war und überhaupt ihre ganze Art zu sprechen. Ihr Aussehen garantiert, dass sie – selbst in einem Zimmer mit nur mäßig hübschen Frauen – bei Weitem die Unansehnlichste wäre. Und ihre Figur ist so dürr, ohne jegliche Kurve. Die anderen Gäste, Mrs. Merriman – Tante Bessie – ein harmloses altes Mädchen, das einen Schlaganfall gehabt haben muss. Die Hälfte ihres Gesichts ist unbeweglich und ihr Mund hängt herab. Mrs. Rogers, eine gewöhnliche, grobknochige Amerikanerin. Herman, nett, ruhig, effizient. Ich habe das Gefühl, das

Wochenende in einem hässlichen Château mit unattraktiven (mit Ausnahme von Seiner Königlichen Hoheit) Leuten zu verbringen, die völlig ignorant den Geschehnissen gegenüber sind und die ich nie wiedersehen möchte.

Wallis benimmt sich so korrekt und hart. Der Effekt ist, als ob eine ältere Frau nichts gibt auf die Affenliebe eines jüngeren Mannes. Ich hoffe, sie ist privat ein wenig lockerer, sonst muss es wirklich trostlos sein."

Als Altar diente, wie Cecil Beaton despektierlich feststellte, eine Fake-Renaissance-Truhe aus dem 19. Jahrhundert. Weder Wallis noch Edward wären in der Lage gewesen, den Unterschied zu erkennen. Da kein Altartuch vorhanden war, eilte die Braut in ihr Gästezimmer und schnappte sich ein besticktes Tischtuch, das sie in Ungarn als Reisesouvenir erworben hatte. Schließlich weigerte sich der Reverend auch noch, das Paar vor einem katholischen Kruzifix zu trauen und man musste ein Kreuz ohne Corpus, wie es bei den Anglikanern üblich ist, organisieren. Die protestantische Ortskapelle konnte helfen.

Wenn man bedachte, welche Art Hochzeit sich Wallis gewünscht hatte: In Westminster Abbey oder der St. Paul's Cathedral, in Anwesenheit der gesamten Royal Family, getraut von einem hohen Geistlichen der anglikanischen Kirche. Und nun standen die von Herman Rogers zum Altar geführte Wallis und ihr Ex-König wie zwei Outlaws im kleinen Musikzimmer eines abgelegenen Privatschlosses vor einem exzentrischen Pastor, der gut zum Brautpaar passte, denn er galt ebenfalls als Außenseiter seiner Kirche. Er nannte sich gerne einen „Mann des Volkes", stromerte normalerweise in den Slums von Nordost-England herum, hatte eine große Nase in einem roten Gesicht, vorstehende Zähne und war der einzige anglikanische Pfarrer, den Edward für seine Trauung auftreiben konnte. Alle Geistlichen, die der Ex-König kannte und angefragt hatte, entschuldigten sich mit Bedauern. Der Reverend Robert Anderson Jardine, ein Straßenprediger mit Hang zu Geistheilungen, behauptete, er habe sein Frühstück nicht beenden können, so geschockt sei er gewesen von der Kunde, dass kein Priester den früheren Monarchen trauen wolle. Und da sei er nun. Edward war hingerissen vom „Mut" des Reverends, umarmte ihn überschwänglich, klopfte ihm jovial auf den Rücken und schenkte ihm goldene Manschettenknöpfe, graviert mit „ER" (Eduardus Rex, was er nicht mehr war). Doch das störte Jardine bestimmt nicht, denn er tourte nach getaner Arbeit durch die USA, wo er gegen Eintrittsgeld seine Erlebnisse mit dem berühmtesten Paar der Welt zum Besten gab.

Am Vorabend der Hochzeit besuchte Constance Coolidge Edwards „Junggesellenabschiedsparty". Sie habe noch nie jemanden gesehen, der „so glücklich war wie Edward, wie ein Schulbub am ersten Ferientag". Der Bräutigam im Schottenrock zeigte sich Wallis gegenüber überaufmerksam, was ihr sofort auf den Nerv fiel. Er trug ihr ihren Drink nach, wirkte ein wenig scheu, da er nicht wusste, wie sie reagieren würde, betete sie schlicht und einfach an. Als Constance und Wallis am Kamin saßen und sich unterhielten, entdeckte Edward, dass sich ein Riemchen an Wallis' Schuh gelöst hatte. Er kniete sich hin und brachte das Malheur in Ordnung. Randolph Churchill bekam es mit und lächelte amüsiert – um das Mindeste zu sagen. In der Nacht vor dem Hochzeitstag redeten die drei weiter über alte Zeiten. Edward fand das Licht der Lampe in Constances Gästezimmer zu dunkel, versuchte, das zu ändern und kroch erneut auf dem Boden herum. Constance Coolidge schloss daraus, wie „natürlich und unverdorben" der Ex-König doch sei.

Felipe Espil orakelte, Wallis sei die Sorte Frau, die Edward verlassen würde, sobald sich Neuigkeiten wie ihre Erhebung zu „Your Grace" verflüchtigt hätten und die Langeweile in der Ehe unausweichlich geworden sei. Die Herzogin werde mit den Millionen, die sie erhalten hatte, in den USA ein gutes Leben führen. Sie würde mit ihrem Mann ununterbrochen streiten, ihn ohne Unterlass ärgern. Es sei vorbei mit ihm, solange er unter ihrem Einfluss stehe. Sie habe es sicher gemocht, solange ihn Glanz und Gloria eines Königs umgeben hätten. Aber allein mit ihm im Exil … bestimmt nicht. Wallis werde keine Ruhe geben, bis sich ihre Lage verbessert habe.

Botschafter Espil lag falsch. Oder doch nicht?

„Mrs. Smith & Mr. Jones"

Wallis Windsor stand vor den Trümmern ihrer kindischen Träume: Edward konnte seiner Familie und Umgebung nicht vermitteln, was für eine „einzigartig tolle Frau" (Edward) sie sei; sie war nicht seine Königin geworden, nicht einmal einen königlichen Titel hatte er ihr verschaffen können: Sie war Mrs. Smith und er war Mr. Jones, wie sie es später ausdrückte. Die Leute würden nicht verstehen, warum sie vor ihm knicksen mussten, ihr

Endlich vereint: Edward und Wallis auf dem Schloss Candé am Vorabend ihrer Hochzeit, Juni 1937.

Dunkle Wolken über der Côte d'Azur:
Wallis und Edward vor ihrem prächtigen Sommerpalast Château de la Croë im Jahr 1938.
Der Ehealltag gestaltete sich als außerordentlich mühsam und für beide enttäuschend.

aber nur die Hand schütteln durften. Keine würdevolle Hochzeit mit einer Segnung durch einen königlichen Kirchenmann hatte es gegeben. Sie wurde beschimpft, bedroht, beleidigt, gedemütigt, musste unter Autositze kriechen. Edwards angeborene Neigung zu Selbsterniedrigung und Selbstzerfleischung verdoppelte sich infolge dieses katastrophalen Beginns seiner Ehe mit Wallis. 35 Jahre würde er verheiratet sein; 35 Jahre lang wurde er das Gefühl nicht los, auf ganzer Linie versagt zu haben. „Willst du mich heute Abend wieder weinend ins Bett schicken?", fragte er seine Frau nicht nur einmal. Dass er mit einer von den Medien hochstilisierten „Sexgöttin" verheiratet war, dürfte ihm, zumindest nach der Hochzeit, kaum aufgefallen sein.

Herman Rogers erkannte das Problem: Wallis hätte ein ganz anderes Kaliber von Mann benötigt, einen gebildeten Menschen, der sie in politischen Fragen hätte beraten können. Sie war „das personifizierte Desaster", was derartige Themen betraf, und „wütend wie ein wildes Tier" (Herman Rogers), als Edward ihr im Herbst 1937 eröffnete, den Trip in ihre Heimat müsse sie sich aus dem Kopf schlagen. Ein dauerhaftes Leben in England rückte ebenfalls in weite Ferne. Dafür trug Edward selbst ausreichend Verantwortung: Er meinte, nun, da er kein König mehr wäre, könne er seine unpassenden und unbedachten, dazu noch wenig diplomatischen und ganz und gar nicht fundierten Ansichten zur Weltpolitik ungestraft hinausposaunen. Zumindest in England wollte George VI. vor den Stumpfsinnigkeiten seines Bruders sicher sein und wünschte ihn daher möglichst weit weg.

Wallis suchte also in Paris nach einem repräsentativen Haus sowie an der Côte d'Azur nach einem prunkvollen Sommersitz, einem Ex-König angemessen. Lastwagen mit Edwards englischer Meublage fuhren bald vor dem Château de la Croë am Cap d'Antibes vor, in dem Wallis hatte heiraten wollen. Ihre Gespräche kreisten nur noch um Personal, Tische, Vorhänge, Gardinen und Gedecke. Das war ihre Welt. Die Aussicht, zwei riesige Gebäude nach Lust und Laune einrichten zu können, ließ sogar eine Ehe mit Edward in einem erträglicheren Licht erscheinen. Interiordesignerin Elsie Mendl und Moderedakteur Johnnie McMullin unterstützten die „von Ästhetik unbeeindruckte" Amerikanerin. Aber es musste ja Edward gefallen und nicht Cecil Beaton.

In Paris lebten die Windsors in einem großen Haus am Boulevard Suchet im 16. Arrondissement. Wallis hatte im Vorfeld Herman Rogers hinbeordert, um es sich anzusehen, und mietete das Gebäude erst nach dessen Zustimmung. Nie hätte sie etwas so Wichtiges wie die Wahl eines Wohnsitzes ihrem Mann anvertraut. Täglich konsumierte Wallis vier französische Tageszeitungen und nahm Französischunterricht. Zweimal die Woche frönte sie ihrem Hostessen-Dasein und lud zu aufwändigen Diners. Der Butler musste die regelmäßig zu spät auftretende Hausherrin ankündigen: „Her Royal Highness, the Duchess of Windsor." Dies war nur innerhalb der eigenen vier Wände möglich. Wallis erwartete dann, dass sich sämtliche Grüppchen auflösten, um sie zu begrüßen. Die Gräfin Münster war einmal dabei und berichtete: „Nicht einmal von der Königin hätte ich ein solches Auftreten erwartet. Wallis hatte gelernt, dass die Menschen sie nicht akzeptierten und begonnen, jeden von oben herab zu behandeln."

Der Sitzkrieg

Als das nationalsozialistische Deutschland im September 1939 Polen überfiel, änderte sich die Lage signifikant. Obwohl England noch nicht militärisch ins Kriegsgeschehen involviert war, gehörte Edward nun zu den Soldaten des Empire und trat einen Posten als Verbindungsoffizier zwischen den britischen und französischen Streitkräften in der Nähe von Paris an. Als ehemaliger Prinz von Wales hatte er bei einem Kurzbesuch in London seinen Bruder George VI. um einen Dienstort in Wales gebeten, diesem Wunsch war nicht entsprochen worden. Man wollte Edward nicht auf der Insel. Mit seinem Adjutanten und Freund Fruity Metcalfe inspizierte er französische Truppenpositionen und verfasste darüber ausführliche Berichte – die niemand las. Vor allem erwähnte er detailliert französische Schwächen in der Verteidigung bestimmter Abschnitte, die miserable Moral und fragwürdige Disziplin der französischen Einheiten. Nach einem Besuch der Maginot-Linie hielt er fest, dass deren Verlässlichkeit und Wirksamkeit zu hinterfragen seien. Kein Militär in London interessierte sich für die Ausführungen des abgedankten Königs – was ab Mai 1940 verheerende Folgen haben würde.

Wallis hoffte, dass eine der in Paris zahlreich operierenden britischen Wohltätigkeitsorganisationen an sie herantreten würde – vergeblich. Stattdessen bat Elsie Mendl sie um ehrenamtliche Mithilfe in ihrer eigenen Organisation „Colis de Trianon – Versailles". Autofahren konnte Wallis zwar nicht, doch lieferte sie mit einem Chauffeur Plasma aus, Verbandsmaterialien und Zigaretten. Sie packte Utensilien in Care-Pakete und wie immer, wenn jemand ihre Dienste wollte und schätzte, arbeitete Wallis durchaus hart, jeden Tag, die ganze Woche hindurch. Edward kämpfte um Anerkennung für die wohltätigen Leistungen seiner Frau, doch keine englische Zeitung brachte einen Bericht.

Als die Deutschen im Mai 1940 Frankreich überfielen, gab Edward Wallis zwei Stunden Zeit zum Packen. Ganz Paris floh nach Südfrankreich. Wallis rief ihren Botschafter-Freund William Bullitt an und fragte nach, ob es wirklich nötig sei, Paris zu verlassen. Ratschläge ihres Mannes spielten für sie keine Rolle. Bullitt hatte für diesen nur Spott übrig: „Der arme kleine Herzog. Wenn seine Frau ins Zimmer kommt, vergisst er alles andere." An diesem Tag jedoch empfahl Bullitt, tatsächlich alles andere zu vergessen und noch am selben Nachmittag aufzubrechen. Edward „vergaß", seinem Adjutanten Fruity Bescheid zu geben und als jener mit seinem Vorgesetzten sprechen wollte, musste er feststellen, dass der Herzog weg war. Und nicht nur das: Alle Autos waren fort, sogar die Fahrräder. Metcalfe schrieb an Ehefrau Baba: „1936 hat er seinen Job hingeschmissen. Nun hat er sein Land im Stich gelassen, in einer Zeit, in der jeder Bürobub und jeder Krüppel alles tut, was möglich ist. Das ist das Ende."

Auf der Flucht

In Südfrankreich verbarrikadierten sich die Windsors in ihrer Villa La Croë. Edward widmete sich sogleich der Gartenarbeit: Er hob Splittergräben aus und stattete sie mit Fresskörben, Magazinen, Thermosflaschen und einem gepolsterten Liegestuhl für Wallis aus. Diese lag Edward in den Ohren, er solle doch zurück nach England fahren, allein. Sie würde derweil bei den Rogers in Cannes Quartier nehmen. Tausche Ehemann gegen Herzensmann …

Doch die Kriegslage verschlimmerte sich, die Deutschen zogen in Paris ein. Herman Rogers tauchte von sich aus im Sommerpalast der Windsors auf und riet Wallis und Edward dringend zur Flucht. Die Deutschen könnten sie als Geiseln nehmen, wo doch allgemein bekannt sei, wie deutschfreundlich

Wallis als freiwillige Helferin einer Wohltätigkeitsorganisation in Paris nach dem Beginn des Zweiten Weltkrieges. Sie trägt ihr Armband mit den Kreuz-Anhängern.

sich beide oft genug gezeigt hätten. Es würde in Frankreich heißen: Die Windsors seien zu den Nationalsozialisten übergelaufen: „Ihr müsst doch wissen, was für widerliche Leute die Nationalsozialisten sind. Ich glaube nicht, dass ihre Gefängnisse sehr komfortabel sind." Ihrem Herman widersprach Wallis selten, sie packte und man fuhr mit kleinem Gepäck nach Spanien. Wie sollte es weitergehen? Spanien war ein offiziell neutrales Land, wurde aber von der faschistischen Franco-Diktatur beherrscht. Aus England kam der Befehl, so rasch wie möglich nach Lissabon weiterzureisen und von dort nach London zurückzukehren. Winston Churchill, inzwischen Premier- und Verteidigungsminister, werde zwei Flugboote schicken. Edward benahm sich in dieser höchst angespannten Situation wieder einmal störrisch und ungeschickt. Er werde das Angebot nur annehmen, wenn seine Frau den Titel „Her Royal Highness" zugestanden bekäme, wenn es für beide eine angemessene Bleibe gäbe sowie ihm selbst ein signifikanter Posten in Aussicht gestellt würde – gemeint war einer mit viel Prestige, guter Bezahlung und wenig Arbeitsaufwand. Außerdem wollte er einen Empfang im Buckingham Palace mit allen Ehren für seine Frau und sich selbst.

Abgesehen von diesem törichten Ansinnen verhandelte Edward geheim mit einem spanischen Mittelsmann, der in deutschen Diensten stand. Vordergründig ging es um die Bewachung der Villa La Croë. Dafür aber hatte Herman Rogers längst gesorgt. Die Unterredungen standen in Zusammenhang mit dem nationalsozialistischen „Unternehmen Willi", einem Plan, die Windsors zu kidnappen und Edward zu einer Kooperation mit der Führung des „Dritten Reiches" zu überreden. Sollte es möglich sein, mit England einen Separatfrieden auszuhandeln, würden die Deutschen Edward als NS-König auf den Thron setzen und Wallis wäre Königin. Ähnliche Pläne hegten die Nationalsozialisten auch für Monarchien wie die Niederlande oder Norwegen. Deren Monarchen sollten als Marionetten-Staatsoberhäupter installiert werden, um so die deutsche Herrschaft vor den Untertanen zu legitimieren. Die betroffenen Königsfamilien konnten sich jedoch in Sicherheit bringen.

Tatsächlich benahmen sich Edward und Wallis als Gäste eines rechtsgerichteten Bankers in Portugal genau so, wie die Deutschen es sich vorstellten, und spielten diesen dadurch in die Hände. Sie dachten nur an ihren eigenen Vorteil, trafen sich mit zwielichtigen Leuten, darunter befanden sich deutsche Spione. Sie vertrauten Männern, die ihnen utopische Versprechungen vorgaukelten. Es hätte nicht viel gefehlt und sie wären in die NS-Falle getaumelt. Churchill, dessen Meinung zu Edward sich stark ins Negative gewandelt hatte, wurde von Mitarbeitern des Geheimdiensts über die englandfeindlichen Äußerungen Edwards und Wallis' auf dem Laufenden gehalten. Von ihm stammt die Idee, den Ex-König und seine nimmermüde Frau auf den Bahamas zu parken. Diese englische Kolonie war in den Augen der Regierung so unbedeutend gewesen, dass sie nicht ein einziges Mal auf dem Reiseprogramm stand, als Edward Prinz von Wales war und entlegenste Gebiete des Empire aufsuchen musste. Nun war es so weit. Edward sollte als Gouverneur der fernen Inselgruppe amtieren; er war alles andere als begeistert, musste aber zustimmen. Sein Premierminister erinnerte ihn daran, dass das Land sich im Kriegszustand befinde, Edward ein Soldat sei wie jeder andere und den Befehlen seiner Vorgesetzten zu gehorchen habe. Verstöße würden vom Kriegsgericht geahndet. Der Kidnapping-Plan der Deutschen führte trotz bis heute offener Fragen – insbesondere geht es darum, was Edward persönlich über die „Operation Willi" gewusst und auch verstanden hatte – zu nichts.

Ein Schiff, die „Excalibur", stand bereit, als der schwer enttäuschte deutsche Spion Walter Schellenberg am 1. August 1940 mit seinem Feldstecher beobachtete, wie seine Zielpersonen Edward und Wallis Windsor in Richtung Karibik davonsegelten. Während der langen Seereise spielte sich Edward als friedfertiger, prodeutscher Appeaser auf. Den Krieg halte er für „dumm" und sein Aufenthalt auf den Bahamas werde nur von kurzer Dauer sein, teilte er den Mitreisenden unaufgefordert mit. Wallis versammelte Botschaftergattinnen um sich und gab ebenso unverlangt ihre indiskreten Ansichten zu Hitler, Churchill und zum Verlauf des Weltkriegs zum Besten. Zu Wallis' Entsetzen traf sie auf dem Schiff Alice Gordon, die Ehefrau des US-Botschafters in Italien wieder, die sie seit mindestens 15 Jahren nicht gesehen hatte. In Washington war Alice einst sehr freundlich zu Wallis gewesen, hatte sie mit Kleidern und einer Unterkunft versorgt, als sie die abgerissene, mit ihrem Mann zerstrittene Frau des Marinefliegers Win Spencer gewesen war. Niemand sollte von dieser Vergangenheit Wind bekommen, daher tat Wallis so, als würde sie Alice nicht kennen, und grüßte sie nicht einmal, wenn sie ihr an Deck begegnete. Edward sollte jeder Blick in die Abgründe der Armut, denen sie entflohen war, verwehrt werden.

Unsicherheiten und Ängste verfolgten Wallis auch auf der Fahrt zu den Karibikinseln. Obwohl man es auf den ersten Blick nie bemerken würde: Tief in ihrem Inneren war die Herzogin noch immer alles andere als souverän; sie blieb die junge Provinzlerin ohne Geld, ohne Mann, ohne Job, ohne Selbstbewusstsein.

Der Charme der Bahamas

Das neue Gouverneursehepaar erreichte sein tropisches Ziel Mitte August 1940. Die Luftfeuchtigkeit war sagenhaft wie die Hitze, es hatte weit über 40 Grad Celsius. Edward schwitzte in seiner Khakiuniform, hatte dunkle Flecken unter den Achseln. Wallis trug ein pink und blau gemustertes Kleid, darüber einen dunkelblauen Sommermantel und einen weißen, mit Perlen bestickten Hut. Applaus brandete auf, als die Windsors von Bord gingen. Mückenwolken umgaben die Gestrandeten.

70.000 Einwohner, hauptsächlich Schwarze, lebten hier auf 29 Inseln, der Großteil in der Hauptstadt Nassau, wo sich außerhalb auf einem Hügel das 1801 errichtete Government House befand, in dem die Windsors die nächsten fünf Jahre über wohnen sollten. Es war zwar Weltkrieg, aber das britische Außenministerium hatte trotzdem Zeit gefunden, mitzuteilen, dass die Bewohner vor dem Gouverneur knicksen und sich verbeugen mussten, keinesfalls aber vor seiner Frau. Diese sei mit „Your Grace" zu adressieren, er mit „His Royal Highness". Bei offiziellen Empfängen nahm Wallis auf einem niedrigeren Sessel Platz als ihr Mann. Der lange Arm des Buckingham Palace erreichte die Bahamas locker.

Wallis stellte gleich am ersten Tag fest, dass „Termiten das Government House von innen heraus auffraßen". Sie hatte sich fix vorgenommen, nie wieder schäbige, abgenutzte Räume wie in Baltimore oder Coronado zu beziehen. Edward beantragte daher, sein armseliges Reich für die Dauer der hochsommerlichen Renovierung der Residenz verlassen zu dürfen und derweil Quartier in seiner kanadischen Ranch zu beziehen. Dies wurde postwendend vom Kolonialministerium abgelehnt. Schon wieder wolle Edward seinen Verpflichtungen nicht nachkommen, in solchen Zeiten, hieß es aus London.

Harry Oakes, ein Engländer und der reichste Mann der Bahamas, stellte dem Gouverneur eines seiner Häuser in Nassau zur Verfügung – doch Pech war der ständige Begleiter der Windsors, auch im karibischen Paradies. Es handelte sich um jenes Haus, in dem Oakes drei Jahre später einem bis heute nicht vollständig geklärten Mordanschlag zum Opfer fallen sollte. Premier Winston Churchill plagte die Sorge, dass das nicht enden wollende, defätistische Geplapper des Gouverneurspaares den US-Isolationisten, die nicht in den Krieg hineingezogen werden wollten, Rückenwind verleihen würde. In solchen Kreisen galt Edward geradezu als Posterboy. Also keine Ausflüge auf den amerikanischen Kontinent. Shopping-Trips ins nahe gelegene Miami wurden untersagt und Wallis musste ihre „Flüchtlingsfetzen", wie sie die mitgebrachte Kleidung nannte, in der Karibikhitze auftragen.

Die Wahl ihrer Freunde gestaltete sich für das reisefreudige Paar ebenfalls nicht hilfreich. Sie verstanden sich blendend mit dem schwedischen Electrolux-Industriellen Axel Wenner-Gren, einem Kühlschrank- und Staubsauger-Millionär. Er besaß die damals weltgrößte Jacht „Southern Cross", die sich die Windsors gerne ausborgten. Wenner-Gren galt als Vertrauter von Hermann Göring und wurde vom britischen wie vom US-Geheimdienst beobachtet. Möglicherweise spioniere er für die Nationalsozialisten, glaubten viele Politiker. Bei Edward langte ein geheimes Telegramm aus der Downing Street Nr. 10 ein, er möge sich von Wenner-Gren fernhalten. Solange die Ansichten der Windsors mit denen der offiziellen britischen Politik nicht übereinstimmten, mussten sie auf ihren Inseln mit Sanktionen rechnen, wobei sich Wallis zu immer dümmlicheren Hasstiraden gegen das Land, das nun auch ihres war, hinreißen ließ.

Doch sie zeigte auch die andere Seite ihrer Persönlichkeit und es gab Menschen auf den Bahamas, die von der „dekadenten Abenteurerin" nichts zu sehen bekamen.

Die Gouverneursfrau bei der Arbeit

Wenn die Sklavenhalternachfahrin, die auf den Bahamas zum ersten Mal in ihrem Leben schwarzen Frauen und Männern die Hand schüttelte, um Hilfe ersucht wurde, ging sie ans Werk. Sie engagierte sich bei der örtlichen Vertretung des Roten Kreuzes sowie als Vorsitzende der Wohltätigkeitsorganisation „Daughters of the British Empire", ein Amt, das sie als Gouverneursgattin automatisch innehatte. Sie inspizierte Spitäler, Schulen und Kindergärten, stellte dort zahlreiche Mängel fest und organisierte daraufhin noble Charity-Veranstaltungen, um Geld für diese Institutionen aufzutreiben. Die Erinnerung daran, wie arm und vereinsamt ihre Mutter Alice hatte sterben müssen, verließ sie nie. Aus diesem Grund lag ihr der Kampf gegen die hohe Mütter- und Kindersterblichkeit besonders am Herzen.

Mangelnde Bildung im Kindesalter, ledige Mütter und Geschlechtskrankheiten – solchen Problemen, die hauptsächlich die schwarze Mehrheitsbevölkerung betrafen, sagte Wallis entschieden den Kampf an. Sie war die erste Gouverneursehefrau überhaupt, die solche Dinge beim Namen nannte und keine Scheu hatte, sich „die Hände schmutzig zu machen". Ähnlich wie später Lady Di, die von der Königsfamilie unter anderem abgelehnt wurde, weil sie AIDS-Patienten besuchte, tat sich Wallis mit der schwarzen Krankenschwester Alice Hill Jones zusammen. Diese Einheimische kannte alle Schwierigkeiten ihrer Landsleute aus eigener Erfahrung und führte Wallis durch die Ortschaften mit den größten sozialen Herausforderungen. Als die Herzogin sah, wie zeitraubend es war, entlegene Dörfer mit den öffentlichen Bussen zu erreichen, schenkte sie Alice einen nagelneuen „Plymouth"-Wagen. Um Ausbildungsprogramme für Krankenschwestern zu ermöglichen, pumpte Wallis mehrfach ihren Freund Axel Wenner-Gren an. Jeden Mittwoch kam sie selbst in die Ausbildungsklinik, um Schwester Alice und ihre Kolleginnen bei der Arbeit zu unterstützen. Sie wusch und wog Babys, wechselte Windeln, fütterte Kinder, sang sie in den Schlaf. Wallis unterstützte den „Bahamian Assistance Fund" mit großen Summen, um die ärztliche Versorgung und Ausbildung von Kindern zu verbessern. Da niemand der auf den Bahamas durchaus vorhandenen reichen Engländerinnen und Engländer an diesen „hässlichen" Dingen anstreifen wollte, begründete die Herzogin mit ihrem eigenen Geld eine Spezialklinik für Geschlechtskranke. Die Syphilisrate unter der schwarzen Bevölkerung war hoch, was die Inselregierung bisher einfach ignoriert hatte. Auch hatte noch nie eine Gouverneursfrau engen Kontakt mit schwarzen Kindern aus bettelarmen Familien gesucht – Wallis war die Erste. Eine Freundin, die Wallis damals zur Hand ging, sagte über sie: „Die Herzogin stellte nicht nur Geld auf. Sie brachte sich ein, krempelte die Ärmel hoch und arbeitete. Ich werde nie vergessen, wie ich am Abend zu ihr ins Government House kam. Sie war zwölf Stunden unterwegs gewesen, zuerst in einem Krankenhaus, dann in einer Schule, dann in einer Klinik, dann in einer Soldaten-Kantine. Ihre Energie war ansteckend. Sie kam herein und begann sofort mit der Planung für den nächsten Tag.“ Wallis wollte einen Unterschied machen: Gab sie jemandem die Hand, so zog sie die Spitzenhandschuhe vorher aus; Leuten begegnete sie von Angesicht zu Angesicht, redete in ihrer Sprache mit ihnen, berührte sie; versuchte, soziale Stigmata zu überwinden, kümmerte sich um unpopuläre Angelegenheiten.

Kriegskantinen

Im Jahr 1942 wurde in Nassau eine neue Landepiste für Militärflugzeuge errichtet – die USA waren in den Krieg eingetreten – und britische und amerikanische Soldaten patrouillierten gemeinsam in den Gewässern rund um die Inselgruppe. Hunderte junge Männer bevölkerten die Straßen. Wallis erkannte rasch, dass man sie in ihrer Freizeit beschäftigen musste. Sie richtete Canteens für schwarze Armeeangehörige ein – die Rassentrennung galt überall, sie hätte keine Chance gehabt, gemeinsame Kantinen einzufordern. Persönlich suchte sie die Möbel und Spiele aus und kam immer wieder vorbei, um sich mit den Soldaten zu unterhalten und sich zu informieren. Am bekanntesten wurde das auf Wallis' Vorschlag hin umgebaute, da wegen des Ausbleibens der US-Touristen nicht mehr benötigte Spielcasino an der Nassauer Hauptstraße West Bay Street: Im nunmehrigen „Bahamian Club“ entstand eine neue, großzügig bemessene Truppen-Canteen. Wallis stand morgens hinter der Budel und gab Frühstück aus. Jeder Soldat schrieb nach Hause, dass die Herzogin von Windsor ihm selbst gebratene „Ham & Eggs“ überreicht und sich davor erkundigt habe, wie es ihm gehe und wie er seine Eier am liebsten esse.

Nach dem Küchendienst standen Besuche in Spitälern und beim Roten Kreuz auf dem Programm, abends agierte Wallis als perfekt frisierte und gekleidete Charity-Lady und richtete Diners, Empfänge und Tanzveranstaltungen aus, um Geld für ihre zahlreichen Hilfsprojekte zu sammeln. Etwa hundert schwarze Frauen arbeiteten in einer von Wallis gegründeten Stickwerkstatt, um das Handwerk der Insel bekannter zu machen. „Nie in meinem Leben habe ich mehr gearbeitet“, fasste Wallis später ihre Jahre auf

Wallis und Edward nehmen als Gouverneursehepaar auf den Bahamas offizielle Verpflichtungen wie einen Lazarettbesuch (links) wahr. Wallis investierte ihre Zeit und Energie in umfangreiche Charity-Projekte, um Geld zu sammeln und die Lebensbedingungen der einheimischen Bevölkerung zu verbessern.

den Bahamas zusammen, „nie habe ich mich mehr gebraucht gefühlt. Ich musste mich beschäftigt halten. Sonst hätte ich nicht hierbleiben können." Trotz ihrer zweifellos nützlichen Tätigkeiten sehnte Wallis das Ende ihrer „Verbannung" auf „Elba" oder „St. Helena" herbei, wie sie in Anlehnung an Napoleons Exilorte die Inselgruppe in Briefen wahlweise nannte. Dass sie ihre verschwitzten seidenen Abendkleider in die chemische Reinigung ihres Vertrauens nach New York schicken ließ, hat Wallis stets vehement bestritten. Ebenso, dass ihr US-Friseur wöchentlich zum Haarefärben per Flugzeug nach Nassau kam beziehungsweise während des Krieges per Schiff. Da derartige Dienstleistungen in der von Wallis erwarteten Qualität auf den Bahamas nicht zur Verfügung standen, dürften die Vorwürfe kaum aus der Luft gegriffen sein.

„Homecoming Queen"

Im September 1941 wurde den Windsors erlaubt, ihr dunstiges Freiluftgefängnis zu verlassen, damit Edward seiner Frau seine kanadische Ranch bei Alberta zeigen konnte. Danach stand die lang ersehnte USA-Reise auf dem Programm und Wallis konnte als „Homecoming Queen" ein Bad in der Menge der Einwohner von Baltimore nehmen. Sie wurde gefeiert wie nie zuvor und genoss sichtlich die grenzenlose Aufmerksamkeit. Der Bürgermeister wollte ihre Hände gar nicht mehr loslassen und sagte, sie werde hier immer willkommen sein.

Zeitgleich starb in London Mary Simpson, geborene Kirk, an Brustkrebs. Ernest und Mary hatten 1937 geheiratet und 1939 einen Sohn bekommen, Ernest Jr. Nach dem Tod seines Vaters verriet Ernests Schwester Maud ihm einige Familiengeheimnisse: Unter anderem sprach sie über die jüdische Herkunft der Familie und dass sein Großvater den Familiennamen Solomon in Simpson geändert habe. Ernest Jr. nahm in der Folge den Namen Aaron Solomon an und emigrierte nach Israel, wo er viele Jahre mit seiner Familie glücklich lebte. Sein Vater Ernest Simpson heiratete noch ein viertes Mal und starb im Jahr 1958. Wallis hatte nach Marys Tod ihren Ex-Mann brieflich zu trösten versucht: „Man versteht Gott oft schwer, denn Du hast Dir das hart erarbeitete Glück verdient. Ich weiß, wie schwer Du leidest, Dein Sohn wird Dir in der Zukunft eine Stütze sein."

Das seit 1937 aufgeschobene Treffen mit dem sehr skeptischen US-Präsidenten Roosevelt wurde nachgeholt. Er ließ seine Gäste vom FBI überwachen.

Karibische Affären

Zurück in Nassau, erschütterte ein weiterer Todesfall die Monotonie unter Palmen: Edwards jüngerer Bruder Prinz George, der Herzog von Kent, stürzte am 25. August 1942 mit einem RAF-Flugboot über Schottland ab. Seit der Abdankung war das Verhältnis der Brüder dermaßen getrübt, dass Edward offenbar kein Kondolenztelegramm an die Witwe Prinzessin Marina schickte, die Wallis nicht leiden konnte. Wallis sollte dennoch jahrelang behaupten, das Schreiben sei verloren gegangen. Zusätzliche Gewitterwolken zogen auf, als der Bischof von Nassau in den Ruhestand trat und zurück nach England fuhr. Königin Mary empfing den Geistlichen und ließ sich berichten, was für eine großartige Bereicherung ihr ältester Sohn doch für die Bahamas darstelle. Edwards Mutter nickte höflich. Als der Pensionist anfangen wollte, über Wallis' Wohltätigkeitsunternehmungen zu reden, erklärte Mary die Audienz für beendet. Die Herzogin von Windsor würde nie aufhören, bei den Royals Persona non grata zu sein.

Das Gouverneursehepaar war im Jahr 1943 vier Monate außerhalb der Inseln unterwegs, im Jahr 1944 blieb es dem Dienstort 18 Wochen fern. Jede Gelegenheit, in die USA zu flüchten, wurde beim Schopf gepackt. Einmal hatte sich Tante Bessie die Hüfte gebrochen, dann meldeten sich Wallis' chronische Bauchbeschwerden. Sie war auf 45 Kilo abgemagert und obwohl einer ihrer überlieferten Sprüche lautete, dass man nie zu reich oder zu dünn sein konnte: Es gab auch da Grenzen. Im März 1945 segelten die Windsors endgültig auf Nimmerwiedersehen nach New York. Wallis verkündete, sie würde keinen Sommer in Nassau mehr überstehen – die Verpflichtung als Gouverneur hätte für Edward bis August 1945 gegolten. Wieder hatte sich der Herzog seiner Aufgabe entzogen. Vom Kolonial- oder Außenministerium kam kein Dankesschreiben, von der sonst üblichen Verdienstmedaille für Gouverneure konnte keine Rede sein. Die Stille vonseiten des Buckingham Palace war schon fast ohrenbetaubend.

No Country for Old Men

Sie konnten noch so viele Knickse und Verbeugungen anordnen: Mitglieder der arbeitenden Royal Family waren die Windsors keine mehr, sie bekleideten nach dem Zwischenspiel in der Karibik keine offiziellen Posten und wurden daher von Politikern, Ministern oder Regierungen nicht wahrgenommen, und wenn, dann nur en passant und bestenfalls als Störfaktor. Wallis und Edward gehörten nach dem Zweiten Weltkrieg zur internationalen Hochseejacht-Superchalet-(Halb-)Welt, dem als verachtenswert angesehenen Jetset, den sie anzuführen trachteten. Die Urmutter des Boulevardjournalismus, Elsa Maxwell, beobachtete: „Wo die Windsors hingehen, da folgen ihnen die Beautiful People." Sie hassten es, königliche Underdogs zu sein, es verdarb ihnen die öffentlichen Auftritte und auch die Ehe. Wallis zog bei jeder Gelegenheit über ihre angeheiratete Verwandtschaft her, besonders über „Cookie", was nicht dazu angetan war, die Gegebenheiten positiv zu verändern. Königin Mary informierte Edward zwar über anstehende Familienereignisse, etwa die Hochzeit ihrer Enkelin Elizabeth mit Prinz Philip. Eine Einladung zu solchen Festen erfolgte jedoch nie. Kein Mitglied der Familie wäre bereit gewesen, Wallis zu empfangen, sie in einem der königlichen Schlösser unterzubringen, sie an einer Tafel zu platzieren. Aber Edward wollte nie ohne sie anreisen, und somit war es entschieden.

Die „Wandering Windsors" schlugen ihren Exilhof nun – je nach Jahreszeit – in Paris, Palm Beach oder New York auf. Wochenlang hieß das Minikönigreich Suite Nr. 28A im New Yorker Hotel Waldorf Astoria, das Wallis alljährlich in eine Art Herzogtum verwandelte, komplett mit Familienporträts an den Wänden, Fotos und juwelenbesetzten Nippes-Figuren. Lud die Herzogin zum Essen, war alles fantastisch, die Weine hervorragend, die Kleider von Dior, Balenciaga oder Givenchy, die biegsame Raubkatzen-Schmuckmenagerie von Cartier.

Jeanne Toussaint, genannt „La Panthère", die legendäre Kreativdirektorin des Pariser Hauses, hatte die berühmten Raubkatzen aus Edelmetall und prächtigen Steinen, verführerisch und gefährlich, nicht direkt für Wallis entworfen, aber mit ihr als Inspiration. Die Herzogin trug meist mehrere gleichzeitig, als Armschmuck oder Brosche. Dazu Halsketten, Ohrringe,

Cocktailringe an fast jedem Finger, sie brach fast zusammen unter dem Gewicht der zahlreichen farbigen Juwelen. Dudley Forwood fragte einmal: „Ma'am, glauben Sie nicht, dass Sie ein bisschen zu viel Schmuck tragen?" Wallis antwortete: „Sie vergessen, ich bin die Herzogin von Windsor. Nie würde es mir einfallen, den Herzog zu enttäuschen."

Modejournalisten aus den USA nahmen weder am pompösen Gefunkel noch an den Shorts, Miniröcken, farbenprächtigen Kleidern oder dem großzügig aufgetragenen blauen Lidschatten Anstoß. Wallis' Name fand sich drei Jahrzehnte hindurch regelmäßig auf den „Best dressed"-Listen. Doch Gesprächsthemen? Fehlanzeige. Ein Gast: „Sie (Wallis und Edward, Anm.) treffen Leute, die sie gar nicht treffen wollen. Sieht man den Herzog, so ist er ein bemitleidenswertes Exemplar Mensch. Klein, nervös, eher unfertig und nicht gerade gescheit."

Es hieß, die Windsors würden sich ihre Auftritte bei Galaveranstaltungen oder großen Abendeinladungen bezahlen lassen. Was heute für Promis aller Kategorien zum Alltag gehört, war damals ein Riesenskandal. Die internationale Reputation von Wallis und Edward befand sich im freien Fall.

Abgesehen vom Tischdecken und dem Planen von Menükarten besaß Wallis keinen wirklichen Lebensinhalt. In ihrer Ehe war sie unendlich gelangweilt und nach über zehn Jahren mit Edward sah sie auch keinen Grund mehr, ihre wahren Gefühle ständig unter Verschluss zu halten. Die ganze Welt würde bald Anteil daran haben, denn im Jahr 1950 traf Wallis Windsor einen neuen Lover.

Und Jimmy ging zum Regenbogen

Eigentlich hatte dieser zuerst nur Augen für ihren Mann gehabt. Wallis fühlte sich ausgegrenzt, als der junge, lustige, grenzenlos vermögende Woolworth-Erbe Jimmy Donahue Interesse an Ex-König Edward bekundete. Begegnet war man sich in Monte Carlo. Herman Rogers wollte mit seiner zweiten Frau Lucy gerade zur Hochzeitsreise aufbrechen. Beim Abendessen im Restaurant wäre es am Tag davor beinahe zu einem Eklat zwischen der zweiten Frau Rogers und der Leider-nie-Frau-Rogers gekommen: Lucy zeigte Wallis auf dem Damen-WC einen enormen goldenen Diamantring, den sie von Herman erhalten hatte. Sie überlege, ihn zurückzugeben, erklärte sie, er sei ihr im Grunde genommen zu extravagant. Wallis zischte: „Sei keine Närrin! Wenn

Wallis backstage bei einer Modeschau des Designers Christian Dior.

Drama, Baby!
Ein Presseschnappschuss zeigt einen der nie enden wollenden Ehezwists im Hause Windsor.

dir ein Mann etwas schenkt, behältst du es. Es bedeutet Geld!“ Lucy fand die habsüchtige Herzogin zwar abstoßend, was sie aber nicht daran hinderte, sich im vordergründigen Glanz von Aristokraten und Königen zu sonnen. Lucys Vorfahren waren Bauern aus dem Elsass gewesen; sie konnte nicht anders, als Wallis heimlich zu bewundern. Dennoch fiel Lucy auf, dass Wallis von ihrem Ehemann nie wie von einem Menschen sprach, sondern „wie von einer Bank“, so Madame Rogers.

Am Folgetag wollte Herman Rogers mit seiner Lucy und den als Gäste geladenen Windsors auf seiner Jacht lossegeln, als auf der daneben im Hafen liegenden Jacht Wallis' neue Privatbank auftauchte: Jimmy Donahue. Der junge Mann meinte, Edward und Wallis möchten doch herüberkommen, ihm beim Lunch Gesellschaft leisten. Der schwule Playboy blickte dabei unentwegt auf Edward. Herman Rogers war im Bild über die sexuelle Orientierung seines Bootsnachbarn und sagte, Lucy und er würden jetzt ablegen, aber natürlich könnten Wallis und Edward gerne Jimmys Einladung folgen. Um Edward eifersüchtig zu machen, wie sie es ihr Leben lang praktiziert hatte, stürzte sich die 54-jährige Wallis geradezu auf den 35-jährigen Jimmy. Herman war vergessen, auch die Riviera-Freunde blieben bald außen vor.

Kings & Queens

Viele Bekannte meinten, Wallis sei verrückt geworden, doch Eingeweihte orteten das Problem in der zweiten Hochzeit des geliebten Herman. Er war schon wieder außer Reichweite, Ersatz musste her. Jimmy hatte viele Vorteile: Er war jung, vergnügungssüchtig wie Wallis, unkompliziert; er organisierte alles, sie ließ sich verwöhnen; er ging mit ihr aus, schenkte ihr Pelze, Schmuck im Überfluss, überall gab es Jachten, beneidenswerte Blumenbuketts und – vor allem: Jimmy war amüsant, das blanke Gegenteil des geisttötenden Edward; und er übernahm, ohne zu murren, jede Rechnung. Leute, die schon lange Kontakt zu Wallis pflegten, konnten es nicht fassen, wie sehr sie sich in diesen Monaten veränderte, unhöflich zu alten Freunden wurde, häufig betrunken wirkte. Sie stand wohl unter Drogeneinfluss, denn ihr neuer Freund war illegalen Genüssen aller Art nicht abgeneigt. Die Liaison war sehr öffentlich, man sah das Paar im Morgengrauen in Schwulenclubs feiern, Fotografen drückten ab. Edward wurde frühzeitig – wahrscheinlich wieder weinend – ins Bett geschickt: „Buzz off, mosquito", wollten Anwesende gehört haben. So wird man einen König von England los.

Hielt der abgehärmte Ehemann am nächsten Morgen Nachschau, ob seine Frau die nächtlichen Exzesse heil überstanden hatte, fand er auf ihrer Tür angeklebte Zettel vor: „BLEIB DRAUSSEN, KOMM NICHT HEREIN, KEEP OUT." Der schwule Schriftsteller und Schauspieler Noël Coward, der eine Affäre mit dem Herzog von Kent gehabt hatte und mit den Windsors seit Langem bekannt war, meinte zu den Ereignissen: „Ich mag Jimmy. Er ist eine durchgeknallte Tunte, aber sehr unterhaltsam. Und ich mag die Herzogin, sie ist die Schwulenmama – das macht sie richtig sympathisch. Der Herzog tut so, als ob er mich mag, aber er hasst mich. Und zwar deswegen: Ich bin schwul und er ist schwul, aber, im Gegensatz zu ihm, tu' ich nicht so, als wär' ich es nicht. Wie auch immer, die Schwulenmama genießt es. Sie hat nun eine königliche Queen zum Schlafen und eine reiche zum Bumsen."

Mit anderen Worten: Wallis gab einen König für eine Queen auf – wenn auch nur vorübergehend.

Grundsätzlich fühlte sie sich wohl in der Gesellschaft gleichgeschlechtlich orientierter Menschen. Häufig forderte sie Edward auf, genau zuzuhören, was diese zu sagen hätten, denn: „Die sind viel gescheiter als du!" Dazu zählten Somerset Maugham, Noël Coward, Cecil Beaton, das Ehepaar Mendl (sie lesbisch, er schwul), Johnnie McMullin, Michael Bloch und andere. Wurde sie von einem dieser Freunde zum Lunch eingeladen, war sie sogleich dabei: „I married the Duke for better or worse but not for lunch."

Ein Besucher bewunderte einmal die vom täglich gartelnden Edward angelegten Rabatten der Moulin de la Tuilerie, dem Ferienhaus der Windsors in den 1950er-Jahren in der Nähe von Paris: „Ihre Stiefmütterchen (= englisch: pansies, bedeutet auch: Schwule) sind so hübsch!" Wallis darauf: „Meinen Sie die im Garten? Oder die an meinem Tisch?"

Da Wallis wahrscheinlich eine fluide Gender-Identität hatte, das heißt als Frau oder als Mann mit einem Partner sexuell verkehren konnte, ist eine Affäre mit dem schwulen Jimmy Donahue im Bereich des Denkbaren. Dies bestätigte Pamela Hicks, jüngere Tochter von Louis Mountbatten, im Jahr 2013. Jimmy kommentierte, als er gefragt wurde, wie es denn sei mit der Herzogin: „Wie wenn man mit einem sehr alten Matrosen ins Bett geht."

In dieser Zeit, 1951, musste sich Wallis in New York einem medizinischen Eingriff unterziehen, da sich ihre Bauchschmerzen erneut gemeldet hatten. Sie blieb drei Wochen im Krankenhaus. Edward flog aus Paris zu ihr, obwohl er mit einem Ghostwriter an seiner Autobiografie („A King's Story", 1951) zu arbeiten hatte. Täglich stand er mit Rosen und Belugakaviar in ihrem Spitalszimmer, doch sie beschwerte sich, der Kaviar sei zu salzig, und scheuchte ihn fort. Biografen vermuteten als Grund der Operation Gebärmutterhals- oder Eierstockkrebs, offiziell wurde nie eine bestimmte Erkrankung mitgeteilt. Eine der genannten Krebsarten war es sicher nicht, denn es gab damals keine Chemotherapie und Wallis wäre mit derartigen Symptomen nie fast 90 Jahre alt geworden. Sie wäre gestorben wie die 33-jährige Eva Duarte de Perón („Evita"), argentinische First Lady, die wohl als Spätfolge von Abtreibungen tatsächlich an Gebärmutterhalskrebs erkrankt war und 1952 daran starb. Vermutlich hat Wallis ohnehin nie über Gebärmutter oder Eierstöcke verfügt. Eher gab es – wie so oft – Komplikationen aufgrund ihrer intersexuellen körperlichen Anlagen, was auf jeden Fall geheim gehalten werden musste.

Als im März 1953 Edward zum Begräbnis seiner Mutter Mary nach London reisen musste, feierte Wallis längst wieder mit Jimmy in diversen New Yorker Nachtclubs. US-Klatschblätter schrieben, die Ehe der Windsors sei „phfft". Was die Welt von ihr samt neuem Freund dachte, war Wallis ziemlich egal – dass ihr Mann sich dadurch erniedrigt fühlte, erst recht. Jimmy war für sie ein perlendes Gegengift zu ihrem sie erstickenden Ehegespons. Sie hatte keine Lust mehr, Edward jeden einzelnen Tag bei Laune zu halten: „Man hat ja keine Ahnung, was es heißt, ständig die weltgrößte Romanze durchleben zu müssen." Das Problem löste sich im Sommer 1954 von selbst. Jimmy beleidigte die perfekte Hausfrau und Gastgeberin in Wallis, denn er tauchte mehrmals zu spät beim Dinner auf. So etwas verzieh sie nicht. Als er einmal nach Knoblauch stank und sie ihn deswegen zurechtwies, zuckte er aus und gab ihr unter dem Esstisch einen Fußtritt, was Wallis aufschreien ließ. Ihr Seidenstrumpf war zerrissen, in Edwards Augen Majestätsbeleidigung. Ausnahmsweise reagierte er in diesem Moment geistesgegenwärtig, stand auf und sagte laut: „Wir haben genug von dir, Jimmy. Hau ab." Das seltsame Paar sah einander nie wieder. Jimmy Donahue wurde öfter gefragt, warum er nicht mehr mit der Herzogin befreundet sei: „Ich habe abgedankt", sagte er dann, mit todernstem Gesichtsausdruck.

Der reiche Erbe starb 1966 mit 51 Jahren, vermutlich an einem Alkohol- und Drogencocktail.

„Mein Herz hatte recht“

Wallis benötigte ein neues Projekt. Die Memoiren ihres Mannes wurden in viele Sprachen übersetzt, verkauften sich ausgezeichnet und hatte sie nicht schon oft darüber nachgedacht, der Welt ihre Sicht von Abdankung und Heirat mitzuteilen? Den vielen Lügen, die über sie in Umlauf waren, entgegenzutreten? Ebenso mithilfe eines Ghostwriters plante sie, ihre Autobiografie zu verfassen. Der Journalist Charles Murphy, der schon Edwards Erinnerungen aufgezeichnet hatte, fand diese Aufgabe bei Wallis noch weitaus schwieriger. Wie Edward hielt sie sich nicht an Zeitpläne, stand während der Gespräche urplötzlich auf, weil sie „etwas anderes zu tun“ hatte, und erzählte vergangene Ereignisse einmal so und am nächsten Tag ganz anders. Murphy warf sehr bald das Handtuch. Am wichtigsten war der Herzogin – so Murphys Nachfolger Cleveland Amory –, sich zu präsentieren wie „Rebecca of Sunnybrook Farm“, also eine Art „Unschuld vom Lande“. Anfangs war der frankophile US-Autor Amory erfreut, Zeit in Paris verbringen zu können, um die Herzogin von Windsor zu interviewen. Er war sich da noch ganz sicher, Wallis wäre wegen ihrer nicht ganz lupenreinen Vergangenheit von der Königsfamilie diffamiert worden und sei ein Opfer der Royals. Es stellte sich rasch heraus, dass dem nicht so war. Der Schriftsteller bekam die ständigen Querelen der Windsors mit: Wallis' Möpse – plötzlich führte alle Welt den Modehund Mops aus – durften ins Wohnzimmer, die von Edward nicht. Als dieser den Raum mit einer Teetasse in der Hand betrat, schnauzte Wallis: „Wir reden über mein Buch, nicht über deines. Trink deinen Tee woanders.“ Edward sei nicht sehr intelligent gewesen, ein Schwachmatiker und ein Weichei, oder ganz einfach ein tieftrauriger Mann, erzählte Amory seiner Stieftochter. Er war erschüttert über die Art, wie Wallis einen Mann behandelte, der trotz allem einmal König gewesen war. Sie wechselte wie Joan Crawford im Buch „Mommie Dearest“ von der Verführerin zur Heiligen zur Sadistin.

Tödliches Schweigen vonseiten beider Windsors herrschte, nachdem Amory es gewagt hatte, einen Buchtitel-Vorschlag zu unterbreiten: „Untitled“ („Ohne Titel“). Fast wäre Amory entlassen worden.

Das Ehepaar Windsor war aufgrund der wechselseitigen Enttäuschungen, der fehlenden Jobangebote für Edward und der Unvereinbarkeit der Charaktere der beiden nach 20 Ehejahren dem Alkohol verfallen. Nicht nur eine Angestellte kündigte wegen des besoffenen Gezänks der ältlichen Leute. Wallis trank mit Vorliebe Wodka aus einer silbernen Schale, Speisen nahm sie wegen ihrer ständigen Diäten kaum zu sich. Amory gab nach mehreren Versuchen ebenso auf wie Murphy, er ging mit den Worten: „Ich hatte noch nie jemanden kennengelernt, der so wenig mit Begriffen wie ‚Absatz' oder ‚Kapitel' anfangen konnte. Wenn man ein Buch schreiben will, wäre es empfehlenswert, auch einmal eines zu lesen." Charles Murphy wurde ersucht, das Manuskript fertigzustellen und zu guter Letzt zog sich Wallis in ihre umgebaute Mühle in Gif-sur-Yvette zurück, um die Endfassung ihres Buches selbstständig zu erstellen. Trotz aller Hindernisse fand die Präsentation der Autobiografie der Herzogin von Windsor „The Heart Has Its Reasons" (nach einem Zitat von Blaise Pascal, das bestimmt nicht Wallis ausgesucht hat; auf Deutsch erschienen als „Mein Herz hatte recht") im Februar 1956 mit großem Trara im Waldorf Astoria Hotel in New York statt.

Ein Exemplar des internationalen Bestsellers schickte Wallis an Herman Rogers, der als Interviewpartner von Amory an der Entstehung des Werkes mitgewirkt hatte. Im Begleitbrief schrieb sie: „Die Presse war freundlich und ich denke, das Buch wurde gut angenommen. Ich bin froh, dass die Vorstellung gelaufen ist und hoffe, Du findest den Stil würdevoll."

Das kurze Schreiben bildete den Schlusspunkt in der langen Beziehung zwischen Wallis Windsor und Herman Rogers. Nach seiner zweiten Heirat hatte Herman mit seiner alten Freundin abgeschlossen. Er starb 1957, ohne Wallis je wiederzusehen. Sie kam nicht zum Begräbnis und schickte keine Blumen.

Ein Tag in der Villa

Die Herzogin ging auf die 65 zu, pensionsreif war sie seit Langem. Mehrere Faceliftings bei Spezialisten in der Schweiz hatten dazu geführt, dass sie beim Schlafen die Augen nicht mehr schließen konnte. Offenbar war eine Lidstraffung nicht korrekt ausgeführt worden. Einmal pro Woche wurden die Haare schwarz gefärbt und auch sonst nahm Wallis eine Menge Strapazen auf sich, um jünger zu wirken als sie war. Cecil Beaton traf sie um 1970 und hatte den Eindruck, sie sei urplötzlich gealtert: „Wie sie aussieht! Ihr Gesicht ist so hochgezogen, dass ihr Mund von einem Ohr zum anderen reicht. Sie war wie galvanisiert, vielleicht high. Ihr Körper, ihre Arme und Hände dermaßen dürr, dass man das Gefühl hat, sie würde gleich umkippen."

Die seit Jahren aufrechterhaltene Tagesroutine galt auch in der heute noch so genannten Villa Windsor nahe beim Bois de Boulogne, die das exilierte Paar seit dem Jahr 1952 als Stadthaus bewohnte. Um 11:30 Uhr trafen sich Wallis und Edward zur „Tagesbesprechung". Wallis informierte ihren Mann über das anstehende Programm. Danach lunchte sie mit Bekannten. Edward spielte am Nachmittag Golf. Um 19 Uhr trank er täglich eine Flasche alten Whiskey und war in den Augen von Wallis nicht mehr ansprechbar, doch sie kümmerte sich nicht darum. Gegen 19:30 Uhr traf der Friseur ein, um Wallis die Haare zu richten, und um 21 Uhr begann die Dinnerparty für acht bis zehn ausgesuchte Gäste.

In Pariser Restaurants wurden die Windsors weiterhin erkannt und beobachtet. Wenn es nichts mehr zu besprechen gab, erinnerte Wallis Edward daran, sich gegenseitig das Alphabet vorzusagen. Die Fassade ewigen Glücks musste in der Öffentlichkeit aufrechterhalten werden, koste es, was es wolle. Cleveland Amorys Frau war aufgefallen, dass die Windsors in der Anwesenheit von Fremden mindestens eine „Turteltäubchen-Szene" aufführten, um jeden Zweifel an ihrer „perfekten Ehe" im Keim zu ersticken.

Für die Presse gab es ab den 1950er-Jahren ohnehin interessantere und jüngere Zielpersonen, etwa Marilyn Monroe. Oder Richard Burton und Elizabeth Taylor. Um up to date zu bleiben, wurde das Schauspielerpaar von den Windsors in die Villa geladen. Richard Burton schrieb in sein Tagebuch:

„Wir waren dort mit einem halben Dutzend der unübertrefflichsten Langweiler, die man sich vorstellen kann. Ich weiß ihre Namen nicht, aber die muss ich mir auch nicht merken, denn diese Leute gehen wohl nur zu den Windsors und der eine oder andere – vermutlich der alte Herzog – wird sowieso bald sterben. Es ist aber sie, die inzwischen vollkommen gaga ist. Ein trauriger und schmerzlicher Abend, man könnte lange darüber

Salon in der Pariser Villa der Windsors.
Die Einrichtung wurde von Wallis bis ins kleinste Detail durchkonzipiert und zeichnete sich durch eine gewisse Vorliebe für Buntes und grelle Muster aus.

schreiben … Sie reden ständig davon, dass er einmal König war – und Kaiser. ‚Ja', sagte sie, ‚und Kaiser. Das wird immer vergessen.' Er fällt physisch vollkommen auseinander, sein linkes Auge ist dauerhaft geschlossen, er ist furchtbar schwach und geht mit einem Stock. Bei ihr ist die Erinnerung zur Gänze verschwunden, kommt aber dann blitzartig wieder zurück."

Der starke Raucher Edward litt unter Kehlkopfkrebs und die untergewichtige Wallis zeigte erste, aber unübersehbare Anzeichen von Alzheimer.

Es gab nichts mehr zu sagen.

IV
Das lange Sterben der Herzogin

„Gone with the Windsors“

XS79
ER
THE QUEEN'S FLIGHT

Zwei Frauen aus den amerikanischen Südstaaten erlangten 1936 Weltruhm, eine fiktive und eine reale. Scarlett O'Hara, die Heroine aus Margaret Mitchells Bürgerkriegsroman „Vom Winde verweht", ist eine mächtige, unabhängige Frau. Sie begehrt auf gegen eine männerdominierte Welt, setzt ihre Schönheit, ihren Charme, ihre starke Persönlichkeit ein, um ihren Weg selbstbestimmt zu gehen. Unvergessen ist vor allem die englische Schauspielerin Vivien Leigh als Scarlett in der Filmfassung des Jahres 1939.

Wallis Simpson als baldige Herzogin von Windsor kann vielleicht als Scarlett O'Hara der 1930er-Jahre beschrieben werden. Ihr Freund Edward VIII. weist durchaus Ähnlichkeiten mit Scarletts Liebhaber Ashley Wilkes auf. Wie Scarlett ist Wallis eine Southern Belle, abgehärtet durch Widrigkeiten, entschlossen, finanzielle Sicherheit zu erlangen. Zu diesem Zweck sind ihr alle Mittel recht.

Als der ungarisch-amerikanische Autor Iles Brody 1953 mitten auf der Straße an einem Herzinfarkt starb, lunchte Wallis gerade mit ihrer Freundin Constance Coolidge in einem Pariser Sternerestaurant. Im kurz vor seinem Tod erschienenen, recht kitschigen Bestseller „Gone with the Windsors" hatte Brody ein abstoßendes Bild des Paares gezeichnet: Zwei egozentrische Menschen ohne Ziele im Leben, zwei Monster, die sich in Luxus und Genusssucht suhlen. Wallis hasste den Schriftsteller und sagte zu Constance: „Endlich kann ich an Gott glauben."

Zum Zustand ihrer Ehe gab sie als 65-Jährige einem US-Magazin folgende Auskunft:

„Was mich betrifft, so habe ich meinem Mann jedes Quäntchen meiner Zuneigung gegeben – etwas, das ihm in seinem Junggesellenleben kaum zuteilwurde. Passen Sie auf! Ich verwende den Ausdruck ‚Zuneigung'. Für mich ist das ein Begriff außerhalb von Liebe, eine tiefe Bindung, die man als Teil einer Ehe voraussetzt. Sie kennen vielleicht die Phrase ‚zärtliche liebevolle Fürsorge' (Wallis sagte ‚tender loving care', Anm.). Das ist es, was ich meine. Es bedeutet, dass man dem Ehemann Selbstvertrauen

S. 227: Wallis in ihrem Givenchy-Trauerensemble wird von Louis Mountbatten am Flughafen abgeholt. Sie war 1972 bereits eine gebrechliche und an Gedächtnislücken leidende Frau.

Edward war 1965 am Auge operiert worden.
Er musste dauerhaft eine Sonnenbrille tragen und konnte kaum etwas sehen.
Wallis versuchte, die Illusion von Jugendlichkeit mithilfe ihrer Outfits aufrechtzuerhalten.

Ein Paar fortgeschrittenen Alters an der Côte d'Azur.
Wallis in topaktuellen Shorts vermittelt Body Positivity – 70 ist doch nur eine Zahl.

18. Mai 1972: Die Queen, Prinz Philip und Prinz Charles besuchen die Windsors in Paris. Das Gespräch der Königin mit dem schwer krebskranken Ex-König dauerte 15 Minuten. Edward starb zehn Tage später, kurz vor seinem 35. Hochzeitstag.

schenkt, rund um ihn eine Atmosphäre der Wärme und des Interesses schafft, versucht, ihm seine Sorgen zu nehmen.“

Nach Edwards Augenoperation im Februar 1965, von der er sich nie mehr richtig erholte, klaubte Wallis eigenhändig jede Gräte aus den Fischgerichten ihres Mannes. Für ihn bedeutete sein Zusammensein mit Wallis mehr als das ganze Leben. Wallis scheint sich vor allem als Kindermädchen, Krankenschwester oder Alleinunterhalterin des Ex-Königs gesehen zu haben. Als Edwards schwere Krebserkrankung nicht mehr ignoriert werden konnte und man auch in London zur Kenntnis nahm, dass er nicht mehr lange leben würde, trafen aus dem Buckingham Palace freundliche Grüße ein: Königin Elizabeth II. gratulierte ihrem Onkel Edward zum Geburtstag – sogar Wallis meinte, ein Tauwetter wahrnehmen zu können. Im Mai 1972 befanden sich Elizabeth und ihr Prinzgemahl Philip auf Staatsbesuch in Frankreich und fanden am Rande zahlreicher offizieller Termine ein paar Minuten Zeit, um den sterbenden Edward zu besuchen. Er stöpselte „die verdammte Takelage“, wie er als ehemaliger Navy-Angehöriger die Schläuche nannte, die ihn am Leben erhielten, aus und stand auf, um seine Königin in aller Würde willkommen zu heißen. Sogar unter Morphium und anderen Palliativmedikamenten erkundigte er sich bei Elizabeth, ob sie gedenke, seine Frau endlich zur Royal Highness zu ernennen. Die Queen bedauerte, grüßte und empfahl sich.

Die „falsche“ Frau am Sterbebett

Die Pflegerinnen, die sich im Schichtdienst um Edward kümmerten, schauten mit ihm John-Wayne-Western und wunderten sich, dass jene Frau, die seit 35 Jahren Hauptkrankenschwester spielte, sich nie bei ihm blicken ließ. Wallis hatte eine amerikanische Freundin zu Gast und überließ ihren todkranken Ehemann den Professionistinnen. Am Sonntag, dem 28. Mai 1972, um 2 Uhr 20 in der Früh starb der frühere König Edward VIII. Eine Frau aus Baltimore hielt in den letzten Momenten seine Hand. Es war aber nicht Wallis, sondern die junge Nurse Julie Chatard Alexander, die trocken kommentierte: „Right city, wrong woman.“ Wallis’ Arzt Jean

Nach der Begräbnismesse für Ex-König Edward VIII. in Windsor am 5. Juni 1972. Die verschleierte Wallis, 75 Jahre alt, folgt Queen Elizabeth II. aus der Kapelle.

Eines der letzten Fotos der verwitweten Wallis Windsor. Die bettlägerige und demente Greisin verschwand Mitte der 1970er-Jahre für immer aus der Öffentlichkeit.

Thin wurde gerufen und stellte den Tod des 77-jährigen Edward Windsor fest. Anschließend wurde die Witwe geweckt, um sich zu verabschieden. Sie murmelte süße Nichtigkeiten und so endete die „größte Romanze des 20. Jahrhunderts".

Die ex-königliche Leiche wurde nach London überführt, wo die Royal Family wenige Tage mit der seit Jahrzehnten ignorierten Ehefrau des Toten zurechtkommen musste. Wallis hätte wissen können, dass Tod und Begräbnis ihres Mannes kurz bevorstanden, trotzdem hatte sie es verabsäumt, Trauerkleidung zu bestellen. Innerhalb von 24 Stunden gelang es Hubert de Givenchy, die Herzogin dem Anlass entsprechend vornehm und stilvoll einzukleiden. Das Ensemble, das Wallis bei Edwards Begräbnis in der St. George's Chapel in Windsor trug, gehörte zu den elegantesten Outfits der nicht immer geschmackssicher auftretenden Amerikanerin.

Edward war es wichtig gewesen, beim Besuch seiner Nichte, der Königin, in der Villa Windsor die fixe Zusage zu erhalten, dass auch seine Frau einmal auf dem königlichen Friedhof Frogmore neben ihm ruhen würde. Es kostete Elizabeth II. zehn Tage Bedenkzeit, doch dann ließ sie eine positive Antwort nach Paris schicken. Als Wallis nun den äußerst begrenzten (und in einem abgelegenen Wäldchen versteckten) Platz sah, an dem Edward und später einmal sie selbst als erste Bürgerliche an einem royalen Begräbnisort bestattet sein sollten, sagte sie zum Erzbischof von Canterbury: „Wissen Sie, ich bin eine kleine und dünne Person. Aber ich bin kein Igel." Der Geistliche antwortete: „Machen Sie sich keine Sorgen. Sie werden hineinpassen."

Das Letzte, was England von seiner einstigen Beinahe-Königin sah, war eine kleine, schwarze Gestalt mit Schleier, die völlig allein über das Rollfeld zur Maschine ging, die sie nach Paris zurückbringen sollte. Ihre Flugangst hatte Wallis längst überwunden. Die königliche Familie ihren Abscheu vor der alten Witwe jedoch nicht. Niemandem kam der Gedanke, der an Alzheimer und Demenz erkrankten Herzogin anzubieten, ihre letzten Lebensjahre in der Heimat ihres verstorbenen Mannes zu verbringen. Immerhin hatte Königin Elizabeth II. die während der Zeremonie verwirrt und desorientiert wirkende Wallis, die durch starke Beruhigungsmittel sowie Tabletten gegen ihre Vergesslichkeit beeinträchtigt war, freundlich am Arm genommen und sie zu ihrem Sitzplatz in der Kapelle geleitet.

Die Villa Windsor in Paris nahe dem Bois de Boulogne.
Das riesige Haus mit Garten soll für die Öffentlichkeit zugänglich gemacht werden.

Im weitläufigen Badezimmer der „Herzkönigin".
Die Toilettentür ziert ein auffälliges rotes Herz.

Letzte Jahre einer Herzogin

Das schöne Haus mit dem großen Garten im Bois de Boulogne, das einst Charles de Gaulle als Sommersitz gedient hatte, schloss seine Pforten. Im oberen Stockwerk siechte in einem in Wallis-Blue möblierten Schlafzimmer eine verlassene, bettlägerige Frau dahin, die weder körperlich noch geistig in der Lage war, Lebenskraft aufzubringen. Wenige Jahre nach dem Begräbnis ihres Mannes konnte Wallis weder sprechen noch schlucken, sie musste künstlich ernährt werden. Seh- und Hörkraft schwanden dahin, die Demenz ergriff immer stärker Besitz von Wallis' Gehirn.

Über ihre unermesslichen Besitztümer wachte ab 1973 die französische Rechtsanwältin Suzanne Blum, die Klienten wie Charlie Chaplin oder Walt Disney in ihrem Portfolio aufweisen konnte. US-Botschafter William Bullitt hatte Wallis 1937 mit Blum bekannt gemacht. Sie ließ niemanden zu ihrer Herrin, auch alte Freundinnen durften Wallis nicht aufsuchen, was diese noch zusätzlich immer mehr vereinsamen ließ. Die ständig wechselnden Krankenpflegerinnen waren die einzige Gesellschaft, die Madame Blum zulassen musste. Vor allem ging es ihr darum, den aufdringlichen Louis Mountbatten abzuwehren, der wohl vom britischen Königspaar geschickt worden war, um Edwards Hinterlassenschaften zu durchforsten und wichtige Korrespondenzen oder Sacheigentum der Royal Family nach London zurückzuschaffen.

Aufgrund ihrer zunehmenden Gebrechlichkeit stürzte Wallis trotz 24-Stunden-Betreuung mehrmals im Badezimmer, was zu Bein- und Rippenbrüchen führte. 1976 erlitt sie einen Blutsturz und musste im Amerikanischen Spital in Paris behandelt werden. Suzanne Blum behauptete später, es sei zur Finanzierung dieser Krankenhausaufenthalte unerlässlich gewesen, Teile aus Wallis' Besitz zu veräußern. Mehrere Stilmöbel aus dem 18. Jahrhundert und Meißen-Porzellanfiguren „verschwanden" – wohl nicht die Meißen-Möpse, die Wallis über alles liebte.

Die Herzogin erkannte ohnehin bald niemanden mehr, weder Freund noch Feind. Vom Traum, einmal Königin zu werden, war nur noch eine Traumwelt geblieben, die Wallis in ihrem kranken Kopf selbst erschuf und in der sie nun dahinvegetierte. Die einst so pingelige und übermäßig perfektionistische Frau wurde bei gutem Wetter im Rollstuhl auf die Terrasse geschoben, ohne modische Kleidung, ohne Make-up, ohne Nagellack und mit weißem Haar. Ihr Körper schrumpfte in diesen Jahren auf die Größe eines Kindes zusammen, ihre Haut verfärbte sich schwarz. Sie wog kaum 35 Kilogramm. Ein Fotograf des Blattes „France Soir“ ergatterte einmal ein Bild, auf dem man sehen konnte, wie die verschrumpelte, offenbar bewusstlose Frau vom Pflegepersonal auf eine Liege gehoben wurde. Es hieß, sie sähe aus „wie ein toter Affe“. Suzanne Blum klagte erfolgreich auf „Verletzung der Privatsphäre“.

Wallis, Herzogin von Windsor, hatte nichts vorzuweisen gehabt, was sie zu einer großen Karriere prädestiniert hätte: Keinen Vater, kein Vermögen, kein Bargeld, keinerlei Begabungen oder Talente. Und doch war sie aus eigener, schierer Willenskraft eine der berühmtesten Frauen der Welt geworden. Und eine der reichsten. Sie starb mit 89 Jahren an Herzversagen, ausgelöst durch eine Lungenentzündung.

Lange hatte sie den Tod herbeigesehnt, am 24. April 1986 tat Wallis ihren letzten Atemzug. Die britische Königsfamilie wurde sogleich informiert und hielt ihr Versprechen: Wallis' Sarg wurde mit einer Maschine der Royal Air Force nach Windsor Castle gebracht, sie erhielt eine Begräbnismesse, wenn auch eine, in der ihr Name kein einziges Mal (!) genannt wurde. Es gab sie – und es gab sie nicht.

Auf ihrem Grabstein steht schlicht: Wallis, Duchess of Windsor. Keine „Her Royal Highness“.

Auffällig war das Benehmen der vielleicht etwas ginbeduselten 85-jährigen Queen Mum, die hinter dem Sarg der toten Rivalin regelrecht hertänzelte und wie ein Honigkuchenpferd vor Glück strahlte. Für die Witwe nach George VI. war die Herzogin immer „diese Frau“, geblieben. Elizabeth wird Wallis um 16 Jahre überleben.

Wallis' „Erbinnen“

An der Verabschiedung nahmen auch der heutige König Charles III. und seine damalige Frau Lady Di teil, in deren Ehe es 1986 bereits gewaltig kriselte. Die widerspenstige und medienaffine Diana Spencer, die die Journalisten nach ihrer Pfeife tanzen ließ, wurde zehn Jahre später von Charles geschieden. Den Titel „Her Royal Highness“ durfte sie nicht mehr führen.

Was eher unbekannt ist: Am letzten Tag ihres Lebens verbrachte Diana einige Stunden in der Villa Windsor, die der Vater ihres damaligen Freundes Dodi Al-Fayed bereits Ende der 1980er-Jahre erworben hatte. Er plante, dort ein „Liebesmuseum“ in Erinnerung an Wallis und Edward einzurichten. Daraus wurde nichts, doch Dodi nutzte das Gebäude hin und wieder, wenn er in Paris weilte und nicht gesehen werden wollte – wie am 30. August 1997. Diana und Dodi landeten nach einem Urlaub auf Sardinien in Paris und ließen sich erst einmal in die Villa fahren. Gegen Abend übersiedelten sie ins von der Presse belagerte Hotel Ritz und das Drama nahm seinen Lauf. Heute ist das Haus, wie zur Zeit der Windsors, im Besitz der Stadt Paris und soll demnächst tatsächlich als Museum zugänglich gemacht werden.

Auch Prinzessin Margaret, die Schwester von Elizabeth II., hatte sich von ihrem Mann, dem Fotografen Antony Armstrong-Jones, scheiden lassen (1978). Der Ehe des Skandalprinzen Andrew, Bruder des Königs von England, mit der Bürgerlichen Sarah Ferguson war ebenso kein Glück beschieden. Das Paar trennte sich im selben Jahr wie Charles und Diana, 1996. Sarah durfte danach nicht mehr mit „Her Royal Highness“ angesprochen werden.

Im Jahr 2018 heiratete zum zweiten Mal eine geschiedene Amerikanerin in die Familie Windsor ein. Dianas jüngerer Sohn Prinz Harry nahm Meghan Markle zur Frau, eine erfolgreiche Schauspielerin aus relativ einfachen Verhältnissen. Wie Wallis wuchs sie als Kind ohne Vater auf. Galaauftritte und Wortspenden rund um den Globus lassen sich Meghan und Harry von ihren Gastgebern bezahlen. Prinz Harry brachte im Jahr 2023 eine viel gelesene Autobiografie („Spare“) heraus, verfasst von einem Ghostwriter. Manches ändert sich nicht.

Die erste geschiedene Amerikanerin in der Royal Family hatte die britische Monarchie verändert. Die Windsors rückten näher zusammen, versuchten, „moderne“ Entwicklungen wie Scheidung, außereheliche Beziehungen, skandalträchtige Veröffentlichungen von Familienmitgliedern etc. zu verhindern. Mit praktisch keinem Erfolg.

„Abdankung“ allerdings ist bis heute ein Unwort in England. George VI., Elizabeth II. und auch Charles III. mit Königin Camilla – der König und seine Frau sind beide geschieden – leg(t)en auf Erfüllung ihrer konstitutionellen Pflichten und einen guten Ruf in der Öffentlichkeit allergrößten Wert. Schwierig- und Zwistigkeiten innerhalb der Familie lassen sich jedoch weder vermeiden noch verbergen. Die Presse ist sämtlichen Schritten der Windsors

Die britischen Royals im Jahr 1938:
Vorne (dritte von rechts) Edwards Mutter Königin Mary, neben ihr Edwards jüngerer Bruder König George VI., vor ihm Prinzessin Margaret, links neben Margaret ihre Mutter Königin Elizabeth und die 12-jährige Elizabeth, die 1952 Königin werden wird.

weiterhin auf den Fersen, was dazu beigetragen hat, dass die derzeitige royale Amerikanerin den Ausbruch gewagt hat. Wie Wallis lebt auch Meghan, Herzogin von Sussex, nicht in der Heimat ihres Mannes. Sie ging mit dem Prinzen und zwei Kindern zurück in die USA. Aus der royalen Karriere wurde nichts, Hollywood hat auch nicht angerufen. Auf den Titel „Her Royal Highness" hat die Kalifornierin Meghan, die ihrer Schwiegerfamilie Rassismus vorwirft, freiwillig verzichtet.

Nachkommen, die die Regentschaft übernommen hätten, wäre Edward VIII. König geblieben, hätte es auch ohne Abdankung nicht gegeben. Der unfruchtbare Monarch war kaum in der Lage, Kinder zu zeugen und somit wäre Elizabeth II. als Tochter von George VI. auf jeden Fall zur Königin gekrönt worden. Dass der politisch unfähige, möglicherweise hochverräterische König Edward vor dem Beginn des Zweiten Weltkrieges Geschichte war, hat sich für England als glückliche Fügung erwiesen.

Liebe zum Mitnehmen

In ihrem Testament hatte Wallis verfügt, dass ihre riesige Juwelensammlung, die im Keller der Villa Windsor in vielfach gesicherten Tresoren aufbewahrt worden war, zugunsten des Pariser Pasteur-Instituts versteigert werden sollte. Der Erlös sei in die AIDS-Forschung zu investieren, so Wallis. Dies widersprach Edwards Wunsch, wonach die einzigartigen Schmuckstücke, die er speziell für seine Herzogin hauptsächlich bei Cartier und Van Cleef & Arpels in Auftrag gegeben hatte, niemals einer anderen Frau gehören sollten. Viele Juwelen stammten aus Edwards privater Edelsteinsammlung, die ihm als Mitglied der Royal Family zustand. Darunter befanden sich ausnehmend reine Steine aus verschiedenen britischen Kolonien, vor allem aus Indien, viele als Schmuckstücke gefasst. Die alten Halsketten und Armbänder wurden zerlegt und nach von Wallis gewünschten, modernen Designs neu arrangiert. In den Augen des Ex-Königs standen die Edelsteine symbolisch für ganz bestimmte Emotionen, große Gefühle und Erinnerungen, die nur für Wallis und ihn bestimmt waren.

Es wurde aber nichts Schriftliches dazu gefunden und so ging die mit enormem Medienecho verbundene Versteigerung der „Liebesgaben" der „größten Romanze des Jahrhunderts" (Werbeprospekt) ein Jahr nach Wallis' Tod in Genf über die Bühne, im Hotel Beau Rivage, wo Kaiserin Elisabeth

Ein Raum im Keller der Villa Windsor in Paris.
Hier (und in weiteren Räumen) lagerte wie in einem Hochsicherheitstrakt die milliardenschwere Juwelensammlung der Wallis Windsor.
Ein Jahr nach ihrem Tod, 1987, wurden die Stücke in Genf versteigert.

im Jahr 1898 gestorben war. Um die Königsfamilie nicht in Verlegenheit zu bringen, war London als Auktionsort von vornherein nicht infrage gekommen.

Die erzielte Verkaufssumme übertraf den Schätzwert um das Siebenfache, man sprach von über 50 Millionen Dollar.

Eine Käuferin war die insgesamt achtmal verheiratete Elizabeth Taylor, einst Gast bei Wallis, der „Eleganz in Person", wie Sotheby's Reklametexter dichteten. Die Schauspielerin erstand eine Brosche in Form der Prinz-von-Wales-Federn, gefertigt aus Platin und mit Diamanten besetzt. Der amerikanische Modedesigner Calvin Klein gehörte zu den Bietern und sein Kollege Tommy Hilfiger kaufte bei einer weiteren Auktion, die Dodis Vater Mohamed Al-Fayed in die Wege geleitet hatte, zahlreiche Möbel der Windsors aus deren Pariser Villa, um damit sein Haus in Connecticut auszustatten.

Ein Stück der Hochzeitstorte, originalverpackt von Wallis in einer mit weißer Seide bezogenen Schachtel und versehen mit den Unterschriften des Herzogspaares, wechselte um 29.000 Dollar den Besitzer. Geld konnte man mit Wallis' Namen hervorragend machen.

Style Over Substance

Über Edward sagte sein Professor in Oxford einmal: „Ein Bücherwurm wird nie aus ihm." Beide Windsors waren zeitlebens oberflächliche Leute mit keinerlei intellektuellen Interessen. Dieser Ansicht schloss sich auch Madonna an, unter deren Regie 2012 das recht schwülstige Liebesdrama „W.E." in die Kinos kam. Videoclipartig tanzt hier eine drogenabhängige Wallis zum Sex-Pistols-Song „Pretty Vacant". Der Film zeigte aber auch, dass das Thema „Wallis und Edward" über eine gewisse Zeitlosigkeit verfügt und Menschen unterschiedlicher Geburtsjahrgänge in seinen Bann zu ziehen vermag.

Die siebenteilige englische TV-Serie „Edward & Mrs. Simpson", die nach Edwards Tod in den 1970er-Jahren gedreht worden war, wollte Suzanne Blum verbieten lassen, weil Wallis noch am Leben war. Die Folgen sind aber ohnehin sehr zahm angelegt, wie auch ein britischer Fernsehfilm aus dem Jahr 2005 Kontroversielles größtenteils ausspart: „Wallis & Edward" ist trotz viel überflüssiger Romantik bemüht, die Geschichte von Wallis' Standpunkt aus zu erzählen.

Lucy Wann, Herman Rogers’ zweite Frau, hatte recht gehabt: Kontrollfreak Wallis benötigte zu ihrem Glück keinen Mann. Sie benötigte einen geduldigen Bankberater; ein großes Haus, das sie führen konnte und wofür sie bewundert wurde; mehrmals am Tag gebügelte Bettlaken; Toilettenpapier, an der Perforation abgerissen und zu exakten Stapeln geschlichtet; gläserne Blumenvasen, in denen das Wasser immer kristallklar schimmerte. Und auf keinen Fall ein Haar, das am Kopf womöglich aus der Reihe tanzt.

PS: Zeitmanipulation

Im 2022 erschienenen britischen Science-Fiction-Film „Lola“, der in einer dystopischen Vergangenheit spielt, haben die amerikanischen Isolationisten, denen Edward mit seinem unklugen Verhalten in die Hände gespielt hat, gesiegt. England hat den Krieg verloren und wird von den Nationalsozialisten beherrscht. Faschistenführer Oswald Mosley findet das großartig. Edward kommt wieder auf den Thron. Und was ist mit Wallis? Wird sie Königin?

Falls Sie „Lola“ noch nicht kennengelernt haben: Schauen Sie sich das an!

Wallis an ihrem 35. Hochzeitstag, 3. Juni 1972.
Sie war zum Begräbnis ihres Mannes nach London gekommen und beobachtet vom Buckingham Palace aus die Militärparade „Trooping the Colour“. Es gab eine Schweigeminute für den verstorbenen Edward VIII., Königin Elizabeth II. trug eine schwarze Armbinde zu Ehren ihres Onkels.

Personenverzeichnis

S

T

W

Verwendete Literatur

Cleveland Amory: Who Killed Society? New York 1960.

Cecil Beaton: The Wandering Years, Boston 1961.

Cecil Beaton: Self-Portrait with Friends: The Selected Diaries of Cecil Beaton 1926-74, London 1979.

Cecil Beaton: The Unexpurgated Diaries, London 2002.

Caroline Blackwood: The Last of the Duchess, New York 1995.

Michael Bloch: The Duke of Windsor's War, London 1982.

Michael Bloch: Operation Willi: The plot to kidnap the Duke of Windsor. July 1940, London 1984.

Michael Bloch (Hg.): Die Windsors. Briefe einer großen Liebe, München 1986.

Scotty Bowers: Full Service, New York 2013.

William Boyd: Any Human Heart, London 2002.

Piers Brendon: Edward VIII. 1936. The Uncrowned King, o.O. 2016.

Iles Brody: Gone with the Windsors, Philadelphia 1953.

John Culme, Nicholas Rayner: The Jewels of the Duchess of Windsor, London 1987.

Laurie Graham: Gone with the Windsors, o.O. 2006.

Nicholas Haslam: Redeeming Features: A Memoir, o.O. 2010.

Charles Higham: Trading with the Enemy, London 1983.

Charles Higham: Mrs. Simpson: Secret Lives of the Duchess of Windsor, London 1998.

Greg King: The Duchess of Windsor. The Uncommon Life of Wallis Simpson, New York 2020.

Gabriele Kohlbauer-Fritz, Tom Juncker: Die Wiener Rothschilds. Ein Krimi, Ausstellungskatalog des Jüdischen Museums Wien, 2021.

Alexander Larman: The Crown in Crisis. Countdown to the Abdication, London 2020.

Norman Lockridge: Lese Majesty. The Private Lives of the Duke and Duchess of Windsor, o.O. 1952.

Andrew Lownie: Traitor King. The Scandalous Exile of the Duke and Duchess of Windsor, o.O. 2021.

Ralph G. Martin: The Woman He Loved, London 1974.

Suzy Menkes: The Windsor Style, London 1987.

Andrew Morton: 17 Carnations. The Windsors, the Nazis and the Cover-Up, London 2015.

Andrew Morton: Wallis in Love. The Untold Life of the Duchess of Windsor, the Woman who changed the Monarchy, New York 2018.

Diana Mosley: The Duchess of Windsor, London 1980.

Anna Pasternak: The American Duchess. The Real Wallis Simpson, o.O. 2019.

Adrian Phillips: The King who had to go. Edward VIII., Mrs. Simpson and the Hidden Politics of the Abdication Crisis, London, o.J.

Ted Powell: King Edward VIII. An American Life, Oxford 2018.

Robert Rhodes James (Ed.): The Diaries of Sir Henry Channon, London 1967.

Roman Sandgruber: Pretty Kitty und die Frauen der Rothschilds, Wien 2023.

Martha Schad: Hitlers Spionin. Das Leben der Stephanie von Hohenlohe, München 2002.

Anne Sebba: That Woman. The Life of Wallis Simpson, Duchess of Windsor, London 2011.

Donald Spoto: Dynasty. The Turbulent Saga of the Royal Family from Victoria to Diana, New York 1995.

Gertrude Stein: Ida, E-Book.

Rose Tremain: The Darkness of Wallis Simpson, London 2006.

Rachel Trethewey: Before Wallis. Edward VIII's Other Women, o.O. 2018.

Hugo Vickers: Cecil Beaton, London 1985.

Hugo Vickers: The Private World of the Duke and Duchess of Windsor, London 1995.

Gore Vidal: Palimpsest. A Memoir, o.O. 1995.

Edwina Wilson: Her Name was Wallis Warfield, New York 1957.

Edward Windsor: A King's Story, London 1951.

Wallis Windsor: The Heart has its Reasons, New York 1956.

Philip Ziegler: King Edward VIII., New York 1990.

Aktenbestände

Zl. 304555/37, Österreichisches Staatsarchiv, AdR: „Der Herzog von Windsor in Österreich“, Bundeskanzleramt, Außenministerium, Geheimdienst.

Bildnachweis

akg-images / picturedesk.com: 108, 198

AP / picturedesk.com: 230

Karl Bach: 11, 14, 35 (2), 38, 44 (2) 114, 236 (2), 242

Getty Images: 185, 189, 245

Getty Images / Bettmann: 57, 217

Getty Images / Central Press: 234

Getty Images / Fairchild Archive: 229

Getty Images / Fiona Hanson - PA Images: 133

Getty Images / Fox Photos: 199, 211

Getty Images / General Photographic Agency: 117

Getty Images / Hulton Archive: 132

Getty Images / Hulton Deutsch: 89, 121, 176, 227

Getty Images / Keystone: 70, 79, 147, 165, 203, 210, 216, 233

Getty Images / Keystone-France: 28, 36 o., 59, 83

Getty Images / Peter Macdiarmid: 36 u.

Getty Images / Mirrorpix: 101

Getty Images / Popperfoto: 142, 150, 166, 168

Getty Images / Rolls Press/Popperfoto: 231

Getty Images / Ann Ronan Picture Library / Heritage Images: 180

Getty Images / ullstein bild: 115

Getty Images / United Archives: 224

Getty Images / Universal History Archive: 16, 186

Sammlung Hubmann / brandstaetter images / picturedesk.com: 13

Josephinum – Ethik, Sammlungen und Geschichte der Medizin, MedUni Wien: 25

Keystone / ÖNB-Bildarchiv / picturedesk.com: 240

National Portrait Gallery London: Frontcover, 2

National Portrait Gallery London / Fotos Karl Bach: 105, 110, 154, 171, 173, 182, 188, 190

Österreichisches Staatsarchiv (Zl. 304555/37): 51, 148

theroyalhistory.tumblr.com: 141

time.com: 192

ZUMA Press, Inc. / Alamy Stock Photo: 9

Dank

Andreas Brunner, QWien
Doris Eisl und Team, Landhaus zu Appesbach, St. Wolfgang
Rudolf Jerabek, Dieter Lautner, Stefan Mach, Archiv der Republik
Arnold Klaffenböck
Johannes Kraus
Jakob Lehne, Wien Museum
Hermance Saillard und Pierre Oilleau, Fondation Mansart, Paris

Die Autorin

© Sabine Hauswirth

Michaela Lindinger beschäftigt sich seit Langem mit kontroversiellen Figuren der Geschichte.

Die Autorin studierte Publizistik- und Kommunikationswissenschaft, Politikwissenschaft, Ägyptologie, Ur- und Frühgeschichte. Als Kuratorin des Wien Museums ist sie u.a. für die Porträt- und Modesammlung zuständig. Neben der Wiener Stadtgeschichte sowie Frauen- und Gendergeschichte befasst sie sich mit den Themen Tod, Erinnerungskulturen und der Geschichte der Kleidung.

Von Michaela Lindinger ist Band 1 der „Reihenweise kluge Frauen"-Reihe erschienen: „Hedy Lamarr: Filmgöttin – Antifaschistin – Erfinderin" sowie „Elisabeth Petznek: Rote Erzherzogin – Spiritistin – Skandalprinzessin" und zuletzt „Marie Antoinette: Zwischen Aufklärung und Fake News – Im Zentrum der Revolution – Königin der Lust".

Bisher erschienen:

Michaela Lindinger
Hedy Lamarr
256 Seiten
Hardcover
ISBN 978-3-222-15039-5

Mona Horncastle
Margarete Schütte-Lihotzky
304 Seiten
Hardcover
ISBN 978-3-222-15036-4

Mona Horncastle
Josephine Baker
256 Seiten
Hardcover
ISBN 978-3-222-15046-3

Michaela Lindinger
Elisabeth Petznek
256 Seiten
Hardcover
ISBN 978-3-222-15070-8

Ursula Prutsch
Leopoldine von Habsburg
272 Seiten
Hardcover
ISBN 978-3-222-15079-1

Susanna Partsch
Artemisia Gentileschi
256 Seiten
Hardcover
ISBN 978-3-222-15080-7

Michaela Lindinger
Marie Antoinette
272 Seiten
Hardcover
ISBN 978-3-222-15087-6

Gabriele Reiterer
Anna Mahler
256 Seiten
Hardcover
ISBN 978-3-222-15093-7

»Mein Muth ist unerschütterlich«

»Einen kämpferischen Geist im Herzen einer Frau«

»Die Zähne sind der springende Punkt im Tempel der Schönheit«

»Wollen Sie nicht für ein Jahr das ‚Daughter Mahlers'-Geschäft übernehmen?«

Liebe Leserin, lieber Leser,

hat Ihnen dieses Buch gefallen? Dann freuen wir uns über Ihre Empfehlung! Weil jede gute Geschichte davon lebt, weitergetragen zu werden. Erzählen Sie in Ihrem Freundeskreis davon, in Ihrer Buchhandlung, oder bewerten Sie es online.
Wollen Sie weitere Informationen zum Thema? Möchten Sie mit der Autorin in Kontakt treten? Wir freuen uns auf Austausch und Anregung unter

post@styriabooks.at

Inspiration, Geschenkideen und gute Geschichten finden Sie auch auf

www.styriabooks.at

/Styriabuchverlage
#wallissimpson
#herzoginvonwindsor
#reihenweiseklugefrauen

STYRIA
BUCHVERLAGE

ISBN 978-3-222-15125-5
Projektleitung: Ulli Steinwender
Bildrecherche: Helmut Maurer
Lektorat und Korrektorat: Arnold Klaffenböck
Coverdesign und Buchgestaltung: Bleed Vienna
Layout: Burghard List
Druck und Bindung: Graspo, Zlín
Printed in the EU
7 6 5 4 3 2 1